郑州大学人文社会科学精品学术著作资助项目资助出版

河南省社科基金项目“关洛学术争鸣与北宋理学的发展研究”（13ZX016）结项成果

郑州大学厚山人文社科文库
ZHENGZHOU UNIVERSITY HOUSHAN
HUMANITIES&SOCIAL SCIENCES LIBRARY

# 关洛之辩

## ——宋代关洛学派思想关系研究

魏涛 ◎ 著

中国社会科学出版社

**图书在版编目(CIP)数据**

关洛之辩：宋代关洛学派思想关系研究／魏涛著．—北京：中国社会科学出版社，2022.8
(郑州大学厚山人文社科文库)
ISBN 978-7-5227-0217-9

Ⅰ.①关… Ⅱ.①魏… Ⅲ.①理学—研究—中国—宋代 Ⅳ.①B244.05

中国版本图书馆 CIP 数据核字(2022)第 088815 号

出 版 人 赵剑英
责任编辑 韩国茹
责任校对 谢 静
责任印制 张雪娇

出　　版 中国社会科学出版社
社　　址 北京鼓楼西大街甲 158 号
邮　　编 100720
网　　址 http://www.csspw.cn
发 行 部 010-84083685
门 市 部 010-84029450
经　　销 新华书店及其他书店

印刷装订 北京市十月印刷有限公司
版　　次 2022 年 8 月第 1 版
印　　次 2022 年 8 月第 1 次印刷

开　　本 710×1000 1/16
印　　张 18
插　　页 2
字　　数 284 千字
定　　价 99.00 元

凡购买中国社会科学出版社图书，如有质量问题请与本社营销中心联系调换
电话：010-84083683

# 郑州大学厚山人文社科文库
# 编委会

# 总　序

哲学社会科学是人们认识世界、改造世界的重要工具，是推动历史发展和社会进步的重要力量。习近平总书记在哲学社会科学工作座谈会上深刻指出："一个没有发达的自然科学的国家不可能走在世界前列，一个没有繁荣的哲学社会科学的国家也不可能走在世界前列。"郑州大学哲学社会科学研究工作面临重大机遇。

一是构建中国特色哲学社会科学的机遇。历史表明，社会大变革的时代，一定是哲学社会科学大发展的时代。党的十八大以来，以习近平同志为核心的党中央高度重视哲学社会科学。习近平总书记在全国哲学社会科学工作座谈会上的重要讲话为推动哲学社会科学研究工作提供了根本遵循。《关于加快构建中国特色哲学社会科学的意见》为繁荣哲学社会科学研究工作指明了方向。进入新时代，我国将加快向创新型国家前列迈进。站在新的历史起点上，更好进行具有许多新的历史特点的伟大斗争、推进中国特色社会主义伟大事业，需要充分发挥哲学社会科学的作用，需要哲学社会科学工作者立时代潮头、发思想先声，积极为党和人民述学立论、建言献策。

二是新时代推进中原更加出彩的机遇。推进中原更加出彩，需要围绕深入实施粮食生产核心区、中原经济区、郑州航空港经济综合实验区、郑洛新国家自主创新示范区、中国（河南）自贸区、中国（郑州）跨境电子商务综合试验区、黄河流域生态保护和高质量发展等重大国家战略，为加快中原城市群建设、高水平推进郑州国家中心城市建设出谋划策，为融入"一带一路"国际合作和推进乡村振兴、推动河南实现改革开放、创新发展，提供智力支持，需要注重成果转化和智库建设，使智库真正成为党委、政府工作的"思想库"和"智囊团"。因此，站在中原现实发展的土壤之上，我校哲学社会科学研究必须立足河南实际、面向全国、放眼世界，弘扬焦裕禄精神、红旗渠精神、愚公移山精神、大别山精神和中原文化的优秀传统，建设具有中原特色的学科体系、学术体系，构建具有中原特色的话语体系，为经济社会发展提供理论支撑。

三是加快世界一流大学建设的机遇。学校完成了综合性大学布局，确立了综合性研究型世界一流大学的办学定位，明确了建设一流大学的发展目标，世界一流大学建设取得阶段性、标志性成效，正处于转型发展的关键时期。建设研究型大学，哲学社会科学研究承担着重要使命，发挥着关键作用。为此，需要进一步提升哲学社会科学研究解决国家和区域重大战略需求、科学前沿问题的能力；需要进一步提升哲学社会科学原创性、标志性成果的产出质量；需要进一步提升社会服务水平，在创新驱动发展中提高哲学社会科学研究的介入度和贡献率。

把握新机遇，必须提高学校的哲学社会科学研究水平，树立正确的政治方向、价值取向和学术导向，坚定不移实施以育人育才为中心的哲学社会科学研究发展战略，为形成具有中国特色、中国风格、中国气派的哲学社会科学学科体系、学术体系、话语体系做出贡献。

“十三五”时期以来，郑州大学科研项目数量和经费总量稳步增长，走在全国高校前列。高水平研究成果数量持续攀升，多部作品入选《国家哲学社会科学成果文库》。社会科学研究成果奖不断取得突破，获得教育部第八届高等学校科学研究优秀成果奖（人文社会科学类）一等奖 1 项，二等奖 2 项，三等奖 1 项。科研机构和智库建设不断加强，布局建设 14 个部委级科研基地。科研管理制度体系逐步形成，科研管理的制度化、规范化、科学化进一步加强。哲学社会科学团队建设不断加强，涌现了一批优秀的哲学社会科学创新群体。

从时间和空间上看，哲学社会科学面临的形势更加复杂严峻。我国已经进入中国特色社会主义新时代，开始迈向全面建设社会主义现代化国家新征程，逐步跨入高质量发展新阶段；技术变革上，信息化进入新一轮革命期，元宇宙、云计算、大数据、移动通信、物联网、人工智能日新月异。放眼国际，世界进入到全球治理的大变革时期，面临百年未有之大变局。

从哲学社会科学研究本身看，无论是重视程度、发展速度等面临的任务依然十分艰巨。改革开放40多年来，我国已经积累了丰厚的创新基础，在许多领域实现了从“追赶者”向“同行者”“领跑者”的转变。然而，我国哲学社会科学创新能力不足的问题并没有从根本上改变，为世界和人类贡献的哲学社会科学理论、思想、制度性话语权、中国声音的传播力、影响力还很有限。国家和区域重大发展战略和经济社会发展对哲学社会科学研究提出了更加迫切的需求，人民对美好生活的向往寄予哲学社会科学研究以更高期待。

从高水平基金项目立项、高级别成果奖励、国家级研究机构建设上看，各个学校都高度重视，立项、获奖单位更加分散，机构评估要求更高，竞争越来越激烈。在这样的背景下如何深化我校哲学社会科学研究体制机制改革，培育发展新活力；如何汇聚众智众力，扩大社科研究资源供给，提高社科成果质量；如何推进社科研究开放和合作，打造成为全国高校的创新高地，是我们面临的重大课题。

为深入贯彻习近平新时代中国特色社会主义思想和习近平总书记关于哲学社会科学工作重要论述以及《中共中央关于加快构建中国特色哲学社会科学的意见》等文件精神，充分发挥哲学社会科学“思想库”“智囊团”作用，更好地服务国家和地方经济社会发展，推动学校哲学社会科学研究的繁荣与发展，郑州大学于2020年度首次设立人文社会科学标志性学术著作出版资助专项资金，资助出版一批高水平学术著作，即“厚山文库”系列图书。

厚山是郑州大学著名的文化地标，秉承“笃信仁厚、慎思勤勉”校风，取“厚德载物”“厚积薄发”之意。“郑州大学厚山人文社科文库”旨在打造郑州大学学术品牌，集中资助国家社科基金项目、教育部人文社会科学研究项目等高层次项目以专著形式结项的优秀成果，充分发挥哲学社会科学优秀成果的示范引领作用，推进学科体系、学术体系、话语体系创新，鼓励学校广大哲学社会科学专家学者以优良学风打造更多精品力作，增强竞争力和影响力，促进学校哲学社会科学高质量发展，为国家和河南经济社会发展贡献郑州大学的智慧和力量，助推学校世界一流大学建设。

“厚山文库”出版资助的程序为：学院推荐，社会科学处初审，专家评审。对最终入选的高水平研究成果进行资助出版。

河南省政协副主席、郑州大学党委书记、郑州大学校长刘炯天院士，郑州大学副校长屈凌波教授等对“厚山文库”建设十分关心，进行了具体指导。

学科与重点建设处、高层次人才工作办公室、研究生院、发展规划处、学术委员会办公室、人事处、财务处等单位给予了大力支持。国内多家知名出版机构提出了许多建设性的意见和建议。在这里一并表示衷心感谢。

我校哲学社会科学研究工作处于一流建设的机遇期、制度转型的突破期、追求卓越的攻坚期和风险挑战的凸显期。面向未来，形势逼人，使命催人，需要我们把握科研规律，逆势而上，固根本、扬优势、补短板、强弱项，努力开创学校哲学社会科学研究新局面。

周　倩

2022 年 01 月 01 日

# 目　录

# 前 言

在中国古代学术史上，国家的统一与分裂、政治的稳定与动荡往往深刻影响到学术的发展，尤其是学术流派及其学风的形成与演变。从魏晋南北朝到隋唐，中国思想界日益呈现出儒释道三教并行的局面，儒家思想的独尊地位一步步受到冲击。自中唐始，以韩愈为代表的儒者开始思求对传统儒学进行改造，以捍卫儒家的道统，进而解决儒学适应人们在历经汉唐事功之学的外在追求后，日益倾向于对于安身立命之道内在向往的需要问题。中唐啖助、赵匡、陆淳等所推进的新春秋学的经学变革和韩愈、李翱对儒学理论的调整，使得在佛老理论冲击下岌岌可危的儒学迎来了新的发展契机。

宋王朝的统一，结束了唐末五代以来的分裂动乱局面，为学术的发展提供了稳定繁荣的时代环境。然而，这种统一、稳定的局面，并未维持很久，至宋仁宗（1022—1063 年在位）时，边境战事又频繁起来，不仅西北边境不断遭受西夏的侵扰，而且宋王朝每年还要对辽进献繁重的“岁币”，国内百姓的负担相当沉重，各种社会矛盾也逐渐激化。面对这种局面，范仲淹、李觏、王安石等人提出或实际主持了政治、经济、文化等方面挽救时局的改革。以超越汉唐，恢复儒家道统为职志，北宋诸儒以“明体用”，贯通内圣与外王，实现“性与天道合一”为理论目标，不断创新经史之学。在学术思想方面，汉魏以来兴起的佛教和道教历经隋唐，宗派繁盛，理论高妙，广泛渗透于社会各个阶层之中。而汉唐以来，儒家学者专注于对典籍的章句训释，“知人而不知天”，忽略或弱化了对义理的阐发。至宋初“大道精微之理”儒家已不能谈，自然无法与佛道抗衡。“儒门淡泊，收拾不住”，知识分子普遍游心于佛道而不能自拔，儒学理论受到严重的挑战。

如何挽救日益衰落的儒学，构建精微之理以应对佛老特别是佛教的挑战，成为宋初儒者切需解决的重要时代课题。在教育方面，自宋初各帝王视学开始，在国子监、州县学塑造孔子及其门人乃至前代诸儒像，并由当时儒臣撰写赞语，以立孔门学统。在全国上下掀起兴学高潮，从中央到地方，从官学到私学，以学官、儒臣为中心形成各种学派，渐成学统。① 也正是在这样的文化发展背景下，儒学开始实现其范式的转型。在就如何建构一种新儒学理论以应对佛老的问题上，知识界形成了不同的思考和讨论，而这则集中展现在不同思想流派之间的争鸣上。在讨论过程中，亦形成了学派与学派之间的同中有异、异中有同的复杂关系。

面对当时儒学发展的危机局面，无论是政治家、学者、文士，甚至隐者，他们皆以不同的进路进行理论建构，"从多元的文化传统中提炼不同的观念，进行思想整合与创发，从而展现不同形态的道论"②。所以说，如何有效回应佛老的冲击，不仅是张载所面临的问题，也是二程心之所忧的重要问题。张载在《正蒙·太和》中，针对佛老思想对人们的"牵引"和"误导"，尖锐地指出："不悟一阴一阳范围天地、通乎昼夜、三极大中之矩，遂使儒、佛、老、庄混然一途。语天道性命者，不罔于恍惚梦幻，则定以'有生于无'，为穷高极微之论。入德之途，不知择术而求，多见其蔽于诐而陷于淫矣。"③ 此处所言的"入德之途"就是证悟圣人境界的具体途径，即修养工夫的问题。其实这个问题孔孟而后一直没有得到妥善解决。若这个问题不解决，人们虽然身处名教社会，却感受不到名教之乐，有外而无内，有用而无体，人格分裂，价值失落，道统中断，从而引发儒学危机。李翱在《复性书》中指出："呜呼！性命之书虽存，学者莫能明，是故皆入于庄列老释。不知者谓夫子之徒不足以穷性命之道，信之者皆是也。"④ 历唐后期"兵强马壮者为之"的战乱，至北宋中期，这一问题愈来愈严重。许多人"不知择术而求"，误以为佛

① 吴国武：《经术与性理——北宋儒学转型考论》，学苑出版社 2009 年版，第 25 页。

② 林素芬：《北宋中期儒学道论类型研究》，台湾里仁书局 2008 年版，第 41 页。

③ （宋）张载：《正蒙·太和》，《张子全书》（增订本）卷一，西北大学出版社 2021 年版，第 1—2 页。

④ （唐）李翱：《复性书·上》，《李文公集》卷二，《文渊阁四库全书》第 1078 册，台湾商务印书馆 1983 年版，第 108 页。

老的心性之学就是入德门径。“多见其蔽于诐而陷于淫矣”，给名教造成了很大冲击。正如张载所言：“自其说炽传中国，儒者未容窥圣贤门墙，已为引取，沦胥其间，指为大道。乃其俗达之天下，致善恶知愚，男女臧获，人人著信。使英才间气，生则溺耳目恬习之事，长则师世儒崇尚之言，遂冥然被驱，因谓圣人可不修而至，大道可不学而知。故未识圣人心，已谓不必事其迹；未见君子志，已谓不必事其文。此人伦所以不察，庶物所以不明，治所以忽，德所以乱，异言满耳，上无礼以防其伪，下无学以稽其弊。”① 针对这种情况，张载通过从受《中庸》，至出入佛老，到返归六经及以后的学术和生活实践，提出了“以礼为教”的方法，倡导“知礼成性”，把在孔子那里反复强调的“礼”引入修养工夫论，从“立本”处着眼，落实于“修持”，解决学者“入德之途”的问题，遂使“以礼为教”成为关学学派的一个重要特色，被其后学长期坚持。在二程那里，他们认为：“孟轲死，圣人之学不传。道不行，百世无善治；学不传，千载无真儒。……先生出，倡圣学以示人，辩异端，辟邪说，开历古之沉迷，圣人之道得先生而后明，为功大矣。”② 朱熹也认为二程：“使夫天理之微、人伦之著、事物之众、鬼神之幽，莫不洞然毕贯于一，而周、孔、孟氏之传，焕然复明。”③ 沿着二程的自我认同及朱熹的表彰轨道，现代不少学者也提出了继韩愈之后，二程承继儒家道统的说法，甚而提出了“二程在宋明理学史上奠基之功无人堪比”④ 的观点。与以往的宋明理学研究观点不同，张载关学研究者，尤其是陕西的地方学人近年来不断呼吁应该重新认识和评价张载在宋明理学中的地位。过去长期认为的张载乃是通过二程才得以被思想界所了解和认知，关学只有通过洛学的传播其价值才被大家所认同的观点越来越受到冲击。表面上看，这是两个学派的地位之争，实际上反映的却是两大学派在宋代关系问题上的投影。

从另一个视角来看，理学作为儒学发展的新形态，其实从来都不是铁板一块，在其理论内部每一个方面、环节都充满了矛盾、辩难和相互影响、相

---

① （宋）张载：《文集抄·与吕微仲书》，《张子全书》（增订本）卷十二，第 225 页。

② （宋）程颐：《明道先生墓表》，《二程集》，中华书局 2004 年版，第 640 页。

③ （清）黄宗羲原著，全祖望补修：《宋元学案》卷十三《明道学案上》，中华书局 1986 年版，第 540 页。

④ 王心竹：《理学与佛学》，长春出版社 2011 年版，第 85 页。

互渗透。由于对传统儒学经典阐释的差别、为学方法的分歧等而衍生出不同的思想流派，这一点在北宋中期表现得最为明显。诚如漆侠先生所云："从宋学形成到宋学蜕变的全部过程看，矛盾斗争从未停息，这一事实充分说明了一部哲学史，也就是一部哲学思想、学术思想斗争史。一部宋学形成、兴盛和演变史，也就是宋学与其敌对学派，以及宋学内部诸学派之间的矛盾斗争史。正是这些矛盾斗争，才体现了宋学本身及宋学内部各学派的此起彼伏、兴盛衰落。"① 北宋中期，儒学思想和学派异彩纷呈，先后诞生了王安石新学、司马光涑水之学、张载关学、二程洛学、三苏蜀学等。这些学派在经学上多以义理发挥为主，在思想上皆能独树一帜，使北宋儒学达到极盛。各个学派的创立者皆以回应佛老的理论冲击为己任，从不同的方面推进着新儒学的理论建构。从而在北宋中期创造了一个学术思想、论道风气兴盛活泼的气象。在这样的背景下，理学作为一种新的学术范式，以三教融通下的新儒学形象开始登上历史的舞台。理学亦可称为"性理之学"，它的本质包含在心性理气的逻辑结构之中。② 理学家在论述自己的形上之思时，都自觉不自觉地对这些问题、范畴展开了分析与解释。这些作为理学家思考问题、讨论疑惑、辩难不已的话语、范畴，也有一个历史的阶段性内涵。而且，即使处于同一个时代的哲人们，也并不都一致地使用这些话语、范畴；即使使用，也并不都在同一内涵上达成一致。因此，各个学派在进行独立的理论建构时，亦在不断地同其他学派展开交流、讨论和理论争鸣。而该时期的学术争鸣，最鲜明地表现在张载关学和二程洛学之间。尽管张载去世后，关学、洛学一时间竟似乎表现为洛学的独大与关学的萧条，然而思想史的真实面貌是二程既在与张载的争辩中，又在承接张载弟子的实际中，批评、吸收、修正、改铸了关学，从而得以形成洛学的规模与思想传统。朱熹后来以私淑程颐的姿态完成理学的集大成与完整体系的创立，其实是在继承、批判关、洛二学思想的基础上实现的。当然，关、洛二学既同又异的思想内涵，也从正反两面定下了理学的规模与指向。从这个角度看，关、洛二系的融合，也就成为理学形态、规模与发展走向的决定性因素；而关、洛二系不同学旨与学风的激荡，也包含

① 漆侠：《宋学的发展和演变》，河北人民出版社、人民出版社 2011 年版，第 454 页。
② 向世陵：《善恶之上：胡宏·性学·理学》，中国广播电视出版社 2000 年版，第 2 页。

着理学形态与走向的秘密。[1]

在多年的研究中，随着对北宋思想史和整个宋明理学发展脉络的深入发掘，大家也越来越把眼光聚焦于张载关学和二程洛学的思想关系上，并逐步达成共识，理学的真正奠基者当是张载和二程。作为奠基阶段关、洛二学的代表人物，张载和二程分别以“气”与“理”描述世界本原，从而形成了宋明理学中的气本论与理本论。[2] 但二者在有关理学共同关注的理气性情知行问题，道体形上学与伦理学的融合，以及从形上学高度批判、吸收佛道二教等诸多方面都具有一致性，这体现了共同建构理学话语和致思架构的融合性特征。理学发展到南宋时期，终经朱熹而有了一个大的总结。朱熹以其“致广大、尽精微”的理论体系，吸收了张载、二程的气理思想于一炉，登上了理学发展史上的思想高峰。应该说，正是因其充分吸纳了张载、二程的思想精华，才创造性地发展出理学的集大成形态，以至成为宋理宗以后各朝各代所普遍尊奉的官方哲学，甚而远播异域，成为在世界文化史上都具有重要地位的思想流派。作为“庆历之际，学统四起”之时诸多理论创造的一部分，关学与洛学是理学产生时期的两大主要学派，在学派创立过程中，其代表人物的密切交往对其学说形成产生了何种影响，是研究北宋思想发展史的重要内容之一。张载与二程作为理学的奠基者和关洛学派的创始人，在中国哲学史的研究中受到学者的普遍关注，但是关于关洛学派关系的研究则较为薄弱。尽管关洛学派思想关系问题作为宋明理学研究的老问题，但是其中诸多细节问题并没有完全解决。在理学尚未占据统治地位的北宋时期，关洛学派之间的讨论，对于理学的形成与发展功莫大焉！关洛学派关系问题在张载、二程生前就已经受到学界的重视。张载去世后，其弟子多转依二程，出现了与二程思想的会通趋向，并引发了所谓“张载之学起源在于二程”的争议。至南宋时，朱熹除对二程思想有所汲取外，对张载思想也有所吸收。他尽管在《伊洛渊源录》中突出二程，但对于关洛之间包括《正蒙》所及之虚气关系、人性论、修养工夫论等问题亦有所回应。要破解历史上关学与洛学之间的真

① 丁为祥：《虚气相即——张载哲学体系及其定位》，人民出版社 2000 年版，第 201—202 页。

② 学界又认为，其实程颢与程颐学术理路并不相同，程颢开启了以陆九渊为代表的心学一派，程颐开启了以朱熹为代表的理学一派。本书除非要具体分析程颢、程颐在某些问题上的不同，一般笼统称为二程理学。

实思想关系，非仅通过张程之间的正面交锋及相互评价所可解决。基于此，笔者拟突破传统的道统、学派偏见，超越门户，直面张程之间的正面交锋和相互评价，澄清历史上关洛学派争鸣的文本建构，并从其弟子的视野进行追本溯源式考察，最后将其理论争鸣下贯到南宋，与中国哲学史上影响重大的朱陆之辩进行关联性讨论。对于关洛之辩的历史影响和历史地位进行新的评估，或可使得这一中国哲学史上的重要问题得以清晰展现。

# 第一章　共语道学

## ——关洛学派的形成及其关系争鸣

在北宋庆历以后的学术创建活动中，张载所创的关学属于当时濂、关、洛、涑水、新、蜀六大学派之一。在这六大学派中，如果稍加甄别即可看出，王安石所创的新学虽推尊孟子，且以《周官新义》开道，但其实际关怀则在时政尤其是财政方面，这正是关洛二系批评他的根本原因。因此，从学术形态来看，王安石可属政事之儒。与王安石政治上相对立的司马光，所开创的涑水学派则偏重于史学，实亦属于政事之儒。三苏的蜀学虽与二程洛学对立，一度形成洛蜀党争，但其学精神上既属道家又主要以文辞彰显，因而要将其算在儒学范围，也只能属于辞章之儒。至于周敦颐所创的濂学，虽然他被后世尊为道学之祖，但周敦颐在当时影响不大，无论是政治还是学术影响，都远在张载之下。虽然二程曾一度从学于周敦颐，但从二程的回忆中也可以看出，周对理学的影响远比张载要小。这样，就对理学的实际作用而言，当时的六大学派，实际上也就集中在关洛二系。张载、二程及其弟子、门人们，正是在自觉不自觉的形上讨论中，奠定了其后宋明理学思潮发展的话语、范畴系统，成为理学的真正奠基者。

## 第一节　关学的形成与发展

### 一　关学的形成

张载（1020—1077），字子厚，是北宋著名的思想家、哲学家，宋明理学的奠基者之一。他一生大部分时间是在宝鸡眉县横渠镇度过的，故世称横渠先生。又由于他长期在陕西关中讲学，以他为核心，形成了一个具有独特学术旨趣和风格的思想流派——关学。关学得名较晚。南宋朱熹在《伊洛渊源录》中首次将张载与周敦颐、邵雍、二程（程颢、程颐）等人的思想并列考察。

为解决“儒门淡泊，收拾不住”“学绝道丧”及社会上诸多学者“不知择术而求”的现实问题，以及建构儒家道德形上学体系的理论问题，张载本着“为天地立心，为生民立道，为去圣继绝学，为万世开太平”① 的强烈使命感，经过多年的读经、体会及教化实践，形成了“以《易》为宗，以《中庸》为体，以孔、孟为法”② 的学术体系，并构建了以“由太虚，有天之名；由气化，有道之名；合虚与气，有性之名，合性与〔知〕觉，有心之名”③ 为总纲的思想体系。通过学术探索与教化实践，张载的思想不断走向成熟。尤其是在 1071—1077 年，他经历了两次政治上的重大失意，其中第一次后，张载便退居横渠镇，真正开始了他比较集中的讲学立说的生涯，并以崇礼重德而名重一时。当时张载“倡道于关中”，“寂寥无有和者”，但缘于吕大钧“执弟子礼”，此后“学者靡然知所趋向”④，加上苏昞、范育等诸多弟子就教，形成了如黄宗羲所说之“关学之盛不下洛学”之盛况，表明关学学派得以形成。

当时张载讲学关中，“其门人未有殆庶者”⑤。但“其再传何其寥寥”，却是长期以来困扰士人的问题。明清之际先贤王夫之、全祖望等大多从外部政治原因着眼进行解释，颇显隔膜。程门大弟子谢良佐则从张载学说的进路着眼，认为关学“以礼为先”使门人“溺于刑名度数”，因不切实用，“遂生厌倦，故其学无传之者”。⑥ 谢氏对于张载后学学说的基本特点的把握是符合事实的，但将关学之衰归于不切实用，似乎乃是立足于门户之见对关学兴衰的认识，恐难令人信服。《晦庵先生朱文公集》卷四十二《答胡广仲二》言：“上蔡又论‘横渠以礼教人之失，故其学至于无传’，据二先生所论，却不如

① （宋）张载：《张子语录中》，《张子全书》（增订本），第 206 页。

② （元）脱脱等：《宋史》卷四百二十七《张载传》，第 12723 页。

③ （宋）张载：《正蒙·太和》，《张子全书》（增订本），第 2 页。

④ （清）黄宗羲原著，全祖望补修：《宋元学案》卷三十一《吕范诸儒学案》，第 1097 页。

⑤ （清）王夫之：《张子正蒙注·序论》，中华书局 1975 年版，第 3 页。

⑥ （宋）朱熹：《伊洛渊源录》，《朱子全书》第 12 册，上海古籍出版社、安徽教育出版社 2002 年版，第 1001 页。

此，盖曰：‘子厚以礼教学者最善，使人先有所据守。’”① 显然，二程并不这样看，当然这也反映了朱熹的看法。到底张载逝后有没有人继承其思想呢？

考索文献可见，有关张载之后关学发展的最早记载见于二程，但他们仅提及蓝田三吕、苏昞等。后冯从吾“以恢复孔孟儒之正传，索隐关中道统之脉络，发凡起例，探隐索迹”，编成《关学编》，对关学发展初步作了小结。有关张载之后宋代关学提到了张戬、吕大忠、吕大防、吕大钧、吕大临、苏昞、范育、侯仲良、刘愿九人。之后《宋元学案·吕范诸儒学案》讲：“关学之盛，不下洛学，而再传何其寥寥也？亦由完颜之乱，儒术并为之中绝乎？《伊洛渊源录》略于关学，三吕之与苏氏，以其曾及程门而进之，余皆亡矣。予自范侍郎育而外，于《宋史》得游师雄、种师道，于《胡文定公语录》得潘拯，于《楼宣献公集》得李复，于《童蒙训》得田腴，于《闽书》得邵清，及读《晁景迂集》，又得张舜民，又于《伊洛渊源录注》中得薛昌朝，稍为关学补亡。”② 其中提及张载之后学除蓝田三吕和苏昞、范育之外，还包括游师雄、种师道、潘拯、李复、田腴、邵清、张舜民、薛昌朝，这样张载之弟子达至十三人。后清人张骥作《关学宗传》，有关宋代部分除张载之外，还提到了张戬、吕大忠、吕大防、吕大钧、吕大临、苏昞、侯仲良、游师雄、潘拯、李复、张舜民、吕义山（吕大钧之子）、游翊、王湜、郭绪十五人。比《关学编》少了范育、刘愿，多出了游师雄、潘拯、李复、张舜民、吕义山、游翊、王湜、郭绪八人，比《宋元学案》所载少了范育、薛昌朝两人，多出了吕大防、吕义山、游翊、王湜、郭绪五人。万斯同《儒林宗派》卷八中载，张氏学派中，张载门人包括张戬、吕大忠、吕大钧、吕大临、苏昞、范育、种师道、游师雄、薛昌朝、潘拯、邵清、李复、范育十三人。从现存资料来看，北宋关学学派可考见的张载弟子有吕大忠、吕大钧、吕大临、苏昞、范育、游师雄、薛昌朝、种师道、潘拯、李复、田腴、邵彦明、张舜民等，其中，吕大钧、吕大临、苏昞、范育、李复等人对关学的形成与发展起了重要的作用。

据吕大临《横渠先生行状》载：“嘉祐初，见洛阳程伯淳、正叔昆弟于京师，共语道学之要，先生涣然自信曰：‘吾道自足，何事旁求！’乃尽弃异

① （宋）朱熹：《答胡广仲》，《晦庵先生朱文公集》卷四十二，《朱子全书》第22册，第1897页。

② （清）黄宗羲原著，全祖望补修：《宋元学案》卷三十一《吕范诸儒学案》，第1094—1095页。

学，淳如也。”[①] 此时张载已历经“受《中庸》”“出入佛老”而“反求之《六经》”，到嘉祐初，37岁的张载对《六经》已经作过系统的研究，与二程兄弟的京师会面，对张载有很大的促动，使他开始更为精进地致力于道学理论的探索。嘉祐四年（1059），程颢撰《答张载张子厚先生书》，回答张载（40岁）所问的“定性”问题。他们在书信中讨论的是宋明理学中的重要问题之一即实践工夫论[②]，这也是张载前期探索的一个主要问题。“定性未能不动，犹累于外物”，所要解决的是在心性修养中怎样才能不为外物所累的问题，而按照张载后来对工夫修为过程不同阶段的划分，这显然不是初学入手工夫。熙宁二年（1069），在张载（50岁）任崇文院校书期间，程颐写了《答张载先生书》及《再答》。从程颐的书信中可以看出，此时张载已经建立了“太虚即气”的宇宙本体论，此外，信中讨论的中心仍然集中于实践工夫论问题。据此可知，此时张载的思想已然比较成熟，不仅确立了自己哲学的完整构架，而且还形成了以“谨严”“勤勉”“精苦”和重“次序”为特色的工夫系统。相对比较成熟思想的形成，为张载赢得了一定的社会影响，这成为及门弟子入门的重要前提。

张载除了论及道德性命与礼的关系之外，还涉及礼在现实政治中的运用问题。具有强烈现实关怀的张载亲历庆历新政，虽然庆历新政以失败而告终，然而对当时社会的影响却很大，它开了有宋一代革新思潮的风气，成为后来王安石熙宁变法的前奏。作为庆历新政的主要发起者和推行者的范仲淹，此前与张载有过至少两次接触[③]，而且，范仲淹作为张载学术道路上的一个重要指引者，他变革社会的理想自然会对张载产生一定的影响。从38岁中进士到第一次进京前的这一段时间，张载先后在多处为官，其所到之地，“政事大抵以敦本善俗为先”[④]，而且在长期的为官生涯中，他变革当时社会政治的热情愈益强烈。在早年对《周礼》研究的基础上，张载不断地在现实中发掘这部

① （宋）吕大临：《横渠先生行状》，《张子全书》（增订本）附录一，第375—376页。

② 张亨：《定性书在中国思想史上的意义》，《思文之际论集》，台湾允晨文化实业股份有限公司1997年第1版，第407页。

③ 一次为1041年，张载（22岁）以书谒范仲淹；一次为1042年，范仲淹建好大顺城，张载（23岁）献《庆州大顺城记》一文。

④ （宋）吕大临：《横渠先生行状》，《张子全书》（增订本）附录一，第376页。

曾经影响自周代以来国家治理模式经典的当下意义，极力主张推行周代的封建制、井田制及其刑罚制度。正如其所言："井田而不封建，犹能养而不能教；封建而不井田，犹能教而不能养；封建井田而不肉刑，犹能教养而不能使。"① 王安石也非常推崇《周礼》，并且颁布《周官新义》作为士子考试的必考书目，然而他对《周礼》作了尽可能详尽的发挥，改变了其中的一些具体仪节，主张把握《周礼》的精神，为现实的国家治理服务。张载是在另外一个意义上推崇《周礼》的，认为它乃是"的当之书"，是仁君治理国家的典范，"学得《周礼》，他日有为却做得些实事。以某且求必复田制，只得一邑用法。若许试其所学，则《周礼》田中之制皆可举行，使民相趋如骨肉，上之人保之如赤子，谋人如己，谋众如家，则民自信"②。《周礼》中的基本仪节也是可以在现实中推行的，即便是改革不适合现实社会的一些礼仪制度，也只能采取渐变的方式。从而在对《周礼》的理解和运用上，王安石与张载发生了矛盾。面对变法张载讲道："言凡所治，务能变而任正，不胶柱也。处随之初，为动之主，心无私系，故能动必择义，善与人同者也。"③ "理势既变，不能与时顺通，非尽利之道。"④ "尧舜而下，通其变而教之也。……运之无形以通其变，不（类）〔显〕革之，使民宜之也。"⑤ "凡变法须是通，'通其变，使民不倦'，岂有圣人变法而不通也？"⑥ 他认为情况变了，就应该有所改变，但不应该"顿革"，又要求"善与人同"，取得人们的同意。这些与王安石的态度很不相同。在学术上，张载曾经称道王安石，他说："世学不明千五百年，大丞相言之于书，吾辈治之于己，圣人之言庶可期乎？顾所忧谋之太迫，则心劳而不虚；质之太烦，则泥文而滋弊。此仆所以未置怀于学者也。"⑦ 这里大丞相指王安石，这段话对王安石有赞扬有批评。所谓大丞相言之于书，当是指王安石的《周官新义》。对于当时的新旧党争，张载采取了中立的态度；他还在此后的实践中尽己所能去推行他的井田、封建和恢复古

---

① （宋）张载：《经学理窟·月令统》，《张子全书》（增订本）卷七，第89页。
② （宋）张载：《经学理窟·学大原上》，《张子全书》（增订本）卷五，第74页。
③ （宋）张载：《横渠易说·随》，《张子全书》（增订本）卷八，第117页。
④ （宋）张载：《横渠易说·系辞上》，《张子全书》（增订本）卷十，第178页。
⑤ （宋）张载：《横渠易说·系辞下》，《张子全书》（增订本）卷十，第182页。
⑥ （宋）张载：《横渠易说·系辞下》，《张子全书》（增订本）卷十，第182页。
⑦ （宋）张载：《张子语录中》，《张子全书》（增订本）卷十一，第207页。

礼的主张。这些对前期的吕氏兄弟影响甚大。

从嘉祐初见二程，到后来王安石新法开始颁行而退居横渠这一段时间，是张载思想日益走向成熟的阶段。此阶段所形成的工夫论和变革社会现实的理论一方面加速着张载关学学派理论特色的形成，另一方面也深深地影响着其该时期的及门弟子。

根据《宋史·张载传》记载，由于文彦博的推荐，张载在熙宁二年（1069）入京，被荐为崇文院校书，因与王安石不合，遂返归故里，退居横渠，开始了他的著书讲学生涯。此后的八年他基本上都是在眉县横渠镇度过的。他晚年所写的《移疾》一诗即反映了这一时期的生活："移疾谢华省，问耕还弊舍。扶持便疏慵，旷僻逃将迓。昼棋莎径侧，暮粥梧阴下。久矣澄清心，永媿桑弧射。"① 张载在熙宁十年（1077）所写《诗上尧夫先生兼寄伯淳正叔》一诗中云："顾我七年清渭上，并游无侣又春风。"② 描述了他在退居横渠之后一段悠然清苦的生活。也就在这种环境下，张载一边俯而读，仰而思，废寝忘食，有得则书之，著书立说；一边在其幼年时期读书的崇寿院讲学，将他的理论推而广之。现存的张载著作也主要是在这一段时间里完成的。《语录》是学生根据他平时讲学的笔记整理而成的，而《经学理窟》则是张载解释传统儒家经典的汇编和精要，代表作《正蒙》则是学生苏昞根据《论语》《孟子》的编排方法将其主要观点按照他的意思编排起来的一个总结性文献。可见，这一段时间，乃是张载思想真正走向成熟的时期。我们可以看到，这一时期，张载抛弃了"心统性情"等许多早年思想，并通过教育实践将其前期思想作了进一步完善和系统的总结，使得他一贯倡导的"以礼为教"思想有了更为丰富的理论内涵；天地之性与气质之性两性统一的人性理论也是在这个时候形成的，这为其以"太虚即气"为中心的天道观向"以礼为教"转化提供了重要的理论衔接。这一完善的理论辅之以针对佛老二氏而重构的"天道性心"的哲学体系，形成了比较鲜明的学派特色，"学者有问，多告以'知礼成性''变化气质'之道，学为圣人而后已"③ 的教育特色，亦被后世学者多所称许。

---

① （宋）张载：《文集辑补·移疾》，《张子全书》（增订本）卷十八，第369页。

② （宋）张载：《文集抄·诗上尧夫先生兼寄伯淳正叔》，《张子全书》（增订本）卷十二，第237页。

③ （宋）吕大临：《横渠先生行状》，《张子全书》（增订本）附录一，第376页。

该段时期思想的成熟，成为弟子及门甚至学派兴盛的重要条件。

黄宗羲说“关学之盛，不下洛学”，当时横渠倡道关中，及门学习者甚多，主要弟子盖皆为这一段时间所收。张载曾言：“此学以为绝耶，何因复有此议论？以为兴耶？然而学者不博。……今欲功及天下，故必多栽培学〔者〕，则道可传矣。”① 张载也充分认识到授徒讲学对于儒学复兴的意义，其要“为往圣继绝学”，就必然要通过后学代代传承，弘扬其学。据史传所载和年岁推断，可考见的弟子有吕大钧、吕大忠、吕大临、游师雄、苏昞、张舜民、种师道、邵彦明、李复、刘公彦、田腴、薛昌朝、潘拯等数十人。正是在张载的倡道和门人弟子的弘扬中，关学学派得以形成。

在以往的研究中，普遍认为关学学派形成于熙宁年间。在这方面以龚杰先生和刘学智先生为代表。前者认为宋神宗熙宁三年（1070）以后的七八年间是关学学派的“正式形成时期”。② 后者以吕大钧（1031—1082）拜张载为师的熙宁六年（1073）作为关学形成的标志。③而这样的观点最大的问题即在于关学形成到消亡只有短短四年或七年时间，何以能够说明“关学之盛，不下洛学”呢？当年胡安国在给宋高宗的奏本中言：“自嘉祐以来，西都有邵雍、程颢及其弟颐，关中有张载，皆以道德名世，著书立言，公卿大夫所钦慕而师尊之。”④ 认为宋仁宗嘉祐年间，实际上张载关学已经形成。《关学源流》一著中，撰者结合《吕和叔墓表》等相关材料，对于张载关学形成于熙宁年间说进行了有力的驳斥，提出了关学形成于嘉祐年间的可靠观点。⑤ 在笔者看来，以上争议的关键在于对吕大钧“执弟子礼”的时间上。从嘉祐二年（1057），张、吕成为同年友，到吕大钧认同张载思想。遂“执弟子礼”当不会太久。

## 二　张载逝后关学的发展

张载一生除短暂的从政生涯以外，大部分时间都从事于学术思考和讲学

① （宋）张载：《经学理窟·义理》，《张子全书》（增订本）卷五，第66页。

② 龚杰：《张载评传》，南京大学出版社1996年版，第197页。

③ 刘学智：《关学思想史》，西北大学出版社2015年版，第56页。

④ （明）陈邦瞻：《道学崇黜》，《宋史纪事本末》卷八十，中华书局2015年版，第868页。

⑤ 林乐昌主编：《关学源流》，陕西师范大学出版总社2020年版，第76—79页。

活动。张载早在未中举时，即已声名远扬，因此曾受时知永兴军事文彦博邀请，在长安讲学。《横渠先生行状》称："方未第时，文潞公以故相判长安，闻先生名行之美，聘以束帛，延之学官，异其礼际，士子矜式焉。"[①] 其后其讲学著述生涯一直延续到去世。在长期的思考和讲学过程中，张载自己的思想逐渐形成、发展并日益成熟；同时，随着名声的扩大和门人弟子的增多，关学学派也逐渐形成。思想日趋深入和门人弟子的增多，使得其理论之中所蕴含的不同发展方向之间的张力，也必然会随着门人性格及其经历的不同而增大，学派最终的分化便不可避免。

尽管北宋中期学派林立，但各学派并非是在孤立中发展的，而是在彼此交织、互动中丰富和完善。这种情况既反映在如关学和洛学这样的"共倡道学"的学派之间，也发生在新学、洛学、蜀学这样广义的"新儒家"学派之间。当然，互动的具体展开形式是有所不同的。洛学虽也把新学和蜀学列为儒家学派，但对其持批评态度，与此不同，在关学和洛学之间，因为有共同的思想宗旨和学术倾向，因而更多的是在彼此激励和义理商榷中互相影响、共同成长；而他们的门人弟子在两派之间的门户观念也较小，他们不但直接参与了张、程当面的讨论，促成了地方学派之间的互动，而且在张载去世之后，他的弟子大多转投到二程门下继续深研义理，展现出两大学派之间密切的学术关系。

早在关学和洛学两派形成之前，张载和二程的思想互动就开始了，此时三人的思想也都尚处于形成而未定型阶段。嘉祐元年（1056）张载至京师汴梁，在相国寺设虎皮椅讲《易》。《宋史》卷四百二十七《张载传》记曰："尝坐虎皮讲《易》京师，听从者甚众。"[②] 时同在京师的二程也来与张载讨论易学，张载虽自认为己学不如二程，但同时自信"吾道自足，何事旁求！"[③] 由此开始了张载和二程"共倡道学"的学术创造活动。尽管后来的道学正统之争中，产生了张载是否师事二程的问题，但从客观历史来看，这次张载和二程的论学活动，显然使三人在道学使命的承担上达成了一致，而此时三人的思想均尚处于形成阶段，二程似乎并不具备使张载师事之的可能。

---

① （宋）吕大临：《横渠先生行状》，《张子全书》（增订本）附录一，第375—376页。

② （元）脱脱等：《宋史》卷四百二十七《张载传》，中华书局1985年版，第12723页。

③ （宋）吕大临：《横渠先生行状》，《张子全书》（增订本）附录一，第375页。

实际上，也正是这次论学活动，开启了后来张程之间多次的会面讨论和书面商榷，同时也为张载门人在张载去世后问学二程打下了铺垫，也隐约预示着关学思想在张载去世之后的分化和发展方向。

张载创立关学之初，关中学子便积极追随。冯从吾《关学编》卷一《季明苏先生》称："先生名昞，字季明，武功人。同邑游师雄，师横渠张先生最久，后又卒业于二程子。"① 张载弟子中，尤以蓝田吕氏兄弟最为踊跃。仁宗嘉祐二年（1057），张载与程颢、吕大钧等人同时中进士。这一年，吕大钧即已成为张载的弟子。张载开始在关中讲学时，首和者就是吕大钧，接着，其兄吕大忠、其弟吕大临都相继拜张载为师。蓝田吕氏兄弟五人登科及第，在北宋政治和学术发展史上具有重要的影响。范育《吕和叔墓表》说："君与先生为同年友，一言而契，往执弟子礼问焉。"② 张载思想的一个重要特点是重视礼学，吕大钧尤其重视践履实行，"始学必先行其所知而已，若天道性命之际，正惟躬行礼义，久则至焉"③。这突出地表现在他的日常生活一切依照古礼而行。"始居谏议丧，衰麻敛葬丧祭之事，悉捐俗习事尚，一仿诸礼，后乃寖行于冠昏、饮酒、相见、庆吊之间。其文节粲然可观。"④ 这对关中礼教的推行和关学学风的形成起了重要的作用，以致张载"亦叹其勇为不可及"。但张载除了重视礼学实践外，同时也重视在身心上的体会与守约，所以针对吕大钧的性格特点，张载一开始便"谓'学不造约，虽劳而艰于进德'，且谓'君勉之，当自悟'"⑤。吕大钧开始时虽"信己不疑"，但"久之，君之志既克少施，而于趣时求中，未能沛然不疑，然后信先生之学本末不可逾，以造约为先务矣"⑥。由此可见，尽管张载之学以其博大著称，但张载也非常强调身心体会和守约务本，后一方面显然与二程所建立的洛学学派的思想特色和倾向更为接近，也是二者之间的可沟通之处。张载之学同时重视博学和守约两端，因此在张载后来的学生中，产生了不同的路向。

---

① （明）冯从吾撰：《关学编（附续编）》卷一，中华书局1987年版，第13页。

② （宋）吕大钧、吕大临等著，陈俊民辑校：《蓝田吕氏遗著辑校》，《儒藏》（精华编）第220册，北京大学出版社2007年版，第489页。

③ （宋）吕大钧、吕大临等著，陈俊民辑校：《蓝田吕氏遗著辑校》，第489页。

④ （宋）吕大钧、吕大临等著，陈俊民辑校：《蓝田吕氏遗著辑校》，第489页。

⑤ （宋）吕大钧、吕大临等著，陈俊民辑校：《蓝田吕氏遗著辑校》，第489页。

⑥ （宋）吕大钧、吕大临等著，陈俊民辑校：《蓝田吕氏遗著辑校》，第489页。

熙宁三年（1070），张载与王安石意见不合，于是辞官回横渠镇著述讲学，并论定井田、宅里、发敛、学校等。这既是张载广收门人、真正形成学派的开始，“学者有问，多告以知礼成性、变化气质之道，学必如圣人而后已，闻者莫不动心有进”①；也是张载于天下推行礼法不成而试图推行于一乡的艰巨实验的开始，“方与学者议古之法，共买田一方，画为数井，上不失公家之赋役，退以其私，正经界，分宅里，立敛法，广储蓄，兴学校，成礼俗，救灾恤患，敦本抑末，足以推先王之遗法，明当今之可行”②。这二者之间的交织，使关学的思想和学风特色清楚地呈现了出来。在去世前一年，即熙宁九年（1076）秋，张载最重要的著作《正蒙》修成，他嘱咐门人说：“此书予历年致思之所得，其言殆与前圣合与？大要发端示人而已，其触类广之，则吾将有待于学者。正如老木之株，枝别固多，所少者润泽华叶尔。”③ 因此，张载去世后，其门人尊《正蒙》与《论语》等，可以说这是关学学派的经典之作。《正蒙》一书由张载弟子苏昞按《论语》《孟子》体例，分为十七篇，且经范育写序推广。可以说《正蒙》一书的流传，与关学弟子的学术活动是分不开的。同一年，吕大钧集弟兄友朋诸人的实践经验和理论智慧编成《吕氏乡约》，以“德业相劝，过失相规，礼俗相交，患难相恤”四个纲目约束和处理乡党邻里关系和事务，充分突出了儒家修、齐、治、平的道德理想和行为规范。通过《乡约》推行礼仪教化，敦化民俗，规范了士人、民众的行为，促进了关中风俗的道德化，将单个家庭与整个社会联系在一起，试图营造和谐的德性社会，并为后世《乡约》的制定奠定了基础。

张载久居关中，其弟子多为关中学人。从地理环境上看，关中在北宋时为边防重地，时有军事冲突。一则由于关中地区民风淳朴，二则因他们做官以后很多人都从事过边防事务，这使得关学学风不但关心自身的道德修养，而且特别关心社会的现实问题。由此关学形成了其自身鲜明的特点：一方面，在自然观和宇宙论方面，重视“气”与“造化”的作用，并通过“太虚”与“气”二而不二关系和“天叁”模式的建构，形成了一个“一有无”“同庸圣”“合内外”的天人合一哲学体系，展现出“勇于造道”的

① （宋）吕大临：《横渠先生行状》，《张子全书》（增订本）附录一，第376页。

② （宋）吕大临：《横渠先生行状》，《张子全书》（增订本）附录一，第377页。

③ （宋）吕大临：《横渠先生行状》，《张子全书》（增订本）附录一，第377页。

鲜明特色。因而关学弟子严异端之辩，大多力辟佛老和各种世俗迷信，与洛学弟子不同，而少有陷于佛老的情况发生，并且注重研究法律、兵法、天文、医学等各方面的问题。另一方面，在社会政治哲学上，关学学派既重视为现实社会的政治、伦理、礼仪、法度提供一个本体论的依据，同时也形成了以“躬行礼教为本”的实学特色。这种朴实的学风使关学的承传更多地体现在道德和社会践履而不是理论探索中。在后世的理论探索方面，最有代表性的是李复和蓝田三吕。李复发展了关学重“气”的特点，蓝田三吕则发展了关学重视礼教的特点。而张载的早逝和三吕、苏昞转向二程问学，也使得这种分化显得更加明显。

李复年岁小于吕大临、苏昞、范育等，但因他在张载去世后未入洛从师二程，而且同张载一样，特别重视气的作用，后人遂将其看作“关学正传”的代表。或许也正因此，李复在传统的“道学史”中并不受重视，不但在《宋史》中无传，冯从吾编辑的《关学编》中也未收录其人。直到全祖望在撰写《宋元学案》时从各种史料中考证他曾从学于张载的弟子时，才收入了关于李复的简略记载。李复是长安人，并在军旅之中长期供职，对西北的军事形势比较熟悉，这与上述第一方面的特点是十分吻合的。李复涉猎的领域也十分广泛和博杂，除军事外，他对于音律、盐法、水利、历法、地理、术数等多有研究，尤其精于历法、易学，对于医药亦有独得之见，时人尊之为“通儒”。李复思想最突出的特点是注重气的自然论。在本体论方面，李复倾向于元气论，认为易之太极判为两仪，太极就是元气，元气分裂而形成两仪，即元气由浑沌未形而分为阴阳之气，之后按一定的法则形成芸芸众生。与张载相似，他也给予《周易》以充分的重视，对于自然之理和天文历法有很深的研究。这与二程、吕大临重视工夫修养和人伦道德显然有区别。

吕大临、苏昞入洛以后，一方面保持“躬行礼教”的关中学风，对古代井田、兵制、礼仪继续保持研究，“每欲掇习三代遗文旧制，令可行，不为空言以拂世骇俗”①；另一方面则是对修养工夫理论加深了理解，这集中反映在收入今《二程集》中的《东见录》《中庸解》和《论中书》等诸多文献之中。《东见录》是吕大临对二程语录的记载，既翔实，又可靠，在后世对二程思想

① （元）脱脱等：《宋史》卷三四〇《吕大临传》，第10848页。

的理解方面，发挥了极为重要的作用。《中庸解》则以解说《中庸》章句的形式，逐句阐释经典，发挥道学对儒家经典的理解，同时在综合吸收张载重"礼教"和二程重"天理"的思想特色的基础上，尝试建立更为系统全面的道学思想理论。吕大临、苏昞入洛以后，所解决的一个重要问题就是对于道德修养工夫的深入。《论中书》中记载了吕大临与程颐关于"喜怒哀乐未发之谓中"的集中讨论，对以后洛学之道南学派有重要的影响，直到朱熹那里仍对吕大临有极高评价。

张载去世以后，表面上看，伴随着三吕、苏昞、范育入洛，似乎关学的盛况不再，实则不然，张载的思想依然被李复、范育、蓝田三吕等所坚守。当然其发展情况着实无法和张载在世时相比拟。全祖望认为："关学之盛，不下洛学，而再传何其寥寥也？亦由完颜之乱，儒术并为之中绝乎？"[①] 他将关学之衰归为战乱，或有些片面。王夫之则认为："学之兴于宋也，周子得二程子而道著。程子之道广，而一时之英才辐辏于其门；张子教学于关中，其门人未有殆庶者。而当时巨公耆儒如富、文、司马诸公，张子皆以素位隐居而末由相为羽翼，是以其道之行，曾不得与邵康节之数学相与颉颃，而世之信从者寡，故道之诚然者不著。"[②] 他认为关学无法达致洛学之盛况，乃因张载没有与当时的鸿儒巨胄相互交流有关。在笔者看来，全祖望、王夫之所言仅涉及影响关学发展的外在因素，若过分强调这些方面，则易掩盖张载逝后关学仍有发展的事实。虽然张载去世后，关学之传者不多，但并未中绝。其学在元明清时期不断有学者继承发展。从而构成了作为宋明理学重要派别之一的气学。明代中叶，王廷相直面程门后学对张载学说的抨击，力挺张载的学说。在他的《慎言》《雅述》《横渠理气辩》等论著中公开肯定《正蒙》的观点。在他之后，明代后期继承和发展张载学说的还有高攀龙、韩邦奇、王廷翰、唐征鹤等人。之后就是王夫之，他以"希张横渠之正学"为己任，全面继承和发展了张载的思想。其所作《张子正蒙注》可谓后世继承张载学说里程碑式的著作。由于王夫之看到很多来自程门及其后学对张载气学的误解和批评，所以在该注中他有的放矢地矫正和反驳了程朱理学的观点，而且站在

---

① （清）黄宗羲原著，全祖望补修：《宋元学案·序录》，第6页。

② （清）王夫之：《张子正蒙注·序论》，第3页。

气学的立场审视程朱理学的问题。到清代，戴震、黄宗羲、颜元等人更是强烈批判理学“以理杀人”的弊端，强调实体实用，发扬了张载崇实蹈虚的学风。同时在关中大地，后世也涌现出了像吕柟、冯从吾、李二曲、刘古愚等关中名儒，本着承绪地方学统之宗旨，不断将张载关学之精神发扬光大。

## 第二节　洛学的形成与发展

### 一　洛学的形成

程颢（1032—1085），字伯淳，学者称明道先生，洛阳（今河南洛阳）人。仁宗嘉祐二年（1057）进士，先后任京兆府鄠县（今西安市鄠邑区）主簿、江宁府上元县（今江苏南京江宁区）主簿，泽州晋城（今山西晋城）县令。神宗初年，吕公著推荐他到朝廷任太子中允、监察御史里行，每次进见神宗均劝之以“尧舜之事”、君道当以“至诚仁爱”为本，神宗虽未采纳，但仍以礼待之。后因反对王安石变法，被贬回洛阳。当时旧党人物司马光、富弼、吕公著等也退居洛阳，程颢与他们交往甚密，互相标榜，形成了一支重要的在野政治舆论力量。神宗去世后，高太皇太后听政，司马光、吕公著等被重新起用，他们贬黜新党，废除王安石变法，甚至撤除王安石的新学制。程颢也被调入朝廷，授京正寺丞，但未及上任即病逝于家中，时年 54 岁。

程颐（1033—1107），字正叔、学者称伊川先生。在太学时，以《颜子所好何学论》而知名，未中进士。其父程珦屡次得“任子恩”，但程颐均把机会让给同族，无心仕途，一心向学。直到哲宗即位，旧党执政后他才接受司马光、吕公著等的推荐，授汝州团练推官，充西京国子监教授。哲宗元祐元年（1086），官拜秘书省校书郎，授崇政殿说书，成为哲宗（时年十岁）的老师之一。他利用经筵向皇帝讲授“圣贤之道”，并褒贬时政，无所避讳，引起朝中一些大臣的不满。后程颐深感朝廷为官之难，遂力请辞官归田。元祐八年（1093），哲宗亲政，决心继承神宗变法事业，遂贬黜旧党，程颐也被视为“奸党”，放归田里。后被贬为涪州编管，其间写成《伊川易传》。徽宗即位，才归洛阳，并恢复权判西京国子监职。在洛阳期间，从程颐而学者日众。后徽宗复行新法，程颐又被列为“元祐奸党”，甚至被以“惑乱众听”之罪名“尽逐学徒”。后程颐迁往洛阳龙门南之伊皋书院，继续讲学。1104 年至嵩县耙耧山下隐居，1107 年去世。

程颢和程颐被学者称为“二程”。张载是二人表叔，比程颢大 12 岁，早去世 8 年；比程颐大 13 岁，早去世 30 年。此外，张载与大程同为嘉祐二年（1057）进士，属于“同年”。因程颢、程颐长期讲学于洛阳，从学弟子颇多（其中包括三吕、苏昞等原来的关学学者），二程及弟子们共同开创了北宋理学的洛学学派。朱熹将二程弟子所记二程语录加以综合、整理，编定为《河南程氏遗书》《河南程氏外书》等。明清学人辑录二程著作成《二程全书》。今有中华书局出版的《二程集》。但大程与小程的学术倾向也有所不同，这方面已有古今不少学者作过考察，笔者在此不展开详细论述。洛学创始人程颢、程颐是著名的哲学家，也是著名的教育家。当时向他们求学的人很多。据河南省嵩县程村二程祠中的《二程门人名单碑》记载，二程门人共 93 人（含私淑弟子）；《程伊川年谱》记载的程门弟子为 87 人；《伊洛渊源录》列 42 人；《儒林宗派》列 52 人；《宋元学案》列 86 人，含私淑 13 人；《理学宗传》列 22 人；《王著作集》列 58 人。在现代研究中，程膺、张红均所撰《二程故里志》[①] 确定的程门弟子为 93 人；王巧生的《二程弟子心性论研究》[②] 则考证出二程弟子 70 人；经过李敬峰博士的翔实考证，最终在《二程门人》[③] 一著中确定二程门人 82 人。当然，二程门人大多不喜撰著，留存至今的材料非常有限，相信随着新资料的发掘，可能会有一些新的二程门人陆续被发掘出来。二程兄弟虽同时讲学，但程颢中年早逝，就从学者而论，凡师事程颢者，后大都又从学于程颐。因此，难说谁是程颢弟子或程颐弟子，一般只说二程门人。

## 二 “程门四学士”与洛学的多向发展

在南宋时期，二程洛学由其弟子在不同地区讲学传播。[④] 正如真德秀所言：

---

① 程膺、张红均：《二程故里志》，河南大学出版社 1992 年版。

② 王巧生：《二程弟子心性论研究》，湖北人民出版社 2016 年版。

③ 李敬峰：《二程门人》，中央编译出版社 2020 年版。

④ 朱汉民、陈谷嘉在《湖湘学派源流》中指出：“南宋理学得以发展并走向集大成，主要是二程洛学南传的结果。”（湖南教育出版社 1992 年版，第 23 页。）此为的当之论。

> 二程之学，龟山得之而南，传之豫章罗氏，罗氏传之延平李氏，李氏传之考亭朱氏，此一派也。上蔡传之武夷胡氏，胡氏传其子五峰，五峰传之南轩张氏，此又一派也。若周恭叔、刘元承得之为永嘉之学，其源亦同自出。然惟朱、张之传，最得其宗。①

在真德秀看来，二程洛学主要分三支在南宋传播发展，其中一支自杨时经罗从彦而李侗传至朱熹，形成闽学；另外一支乃经谢良佐传至胡安国。而胡宏而张栻，形成湖湘学；还有一支经由周行己、刘安节等的传播发展为永嘉之学。另据《宋元学案》的说法：

> 洛学之入秦也以三吕，其入楚也以上蔡司教荆南，其入蜀也以谢湜、马涓，其入浙也以永嘉周、刘、许、鲍数君，其入吴也以王信伯。②
>
> 伊川之学，传于洛中最盛，其入闽也以龟山，其入秦也以诸吕，其入蜀也以谯天授辈，其入浙也以永嘉九子，其入江右也以李先之辈，其入湖南也由上蔡而文定，其入吴也以王著作信伯。③

尽管有学者指出，真德秀和全祖望在这里的论述重点和偏向略有差异，④但合而观之，洛学在二程之后向很多区域开枝散叶应是毋庸置疑的事实。从思想史发展的脉络来看，由洛学先后衍生出了湖湘之学、陆王心学、朱子学、永嘉学派等。这些学派都在洛学的基础上有所发挥和发展，它们自宋至明清、直到现代，仍各有遗绪。这里就其概要略述之。

### （一）谢良佐与心学路向

众所周知，在程门弟子中，谢良佐较多地继承和发展了程颢的心学思想。谢良佐（1050—1103），字显道，世称上蔡先生，程颢、程颐之门人。神宗元

---

① （宋）真德秀：《真文忠公读书记》卷三十一，《文渊阁四库全书》第706册，台湾商务印书馆1983年版，第106页。

② （清）黄宗羲原著，全祖望补修：《宋元学案·序录》，第5页。

③ （清）黄宗羲原著，全祖望补修：《宋元学案》卷二十四《上蔡学案》，第1053页。

④ 李敬峰指出："全氏之论意在说明洛学在各地的肇始者，而真德秀则明确提出洛学经传衍而成的三大学派。"（见氏著《二程后学研究》，中国社会科学出版社2020年版，第118页。）

丰八年（1085）进士，知应城县，徽宗时监西京竹木场。宋徽宗建中靖国（1101）初，官京师，因预言徽宗“不免一播迁”，而以蜚语坐系诏狱褫官，废为民，不久卒。谢良佐创立了上蔡学派，是心学的奠基人、湖湘学派的鼻祖，在程朱理学的发展史上起到了桥梁作用。

谢良佐说：“心者何也？仁是已。仁者何也？活者为仁，死者为不仁。今人身体麻痹不知痛痒谓之不仁，桃杏之核可种而生者谓之仁，言有生之意。推此，仁可见矣。”① 什么是“仁”？谢良佐首先强调“生即是仁”，仁是生，桃杏之核有生意，故称之谓桃仁、杏仁。此乃对程颢“以生论仁”思想之继承。他讲出了以生论仁的道理，指出了心即是仁，仁即是天理，这个天理乃是具有生机动力的活动之体。因此，心能活生生地感通于外界事物，能发用自然之灵觉，便是体认了天理。所以，谢良佐说：“仁者，天之理，非杜撰也。”是“天理当然而已矣”。② 于是“心”“理”“仁”这些都成为天地万物的最高准则，也都具有了宇宙本体的意义。

关于谢良佐多发挥程颢心学之说，朱熹在《上蔡祠记》中已有明确论述。他说：“然其（指谢良佐，引者注）为人，英明果决，强力不倦，克己复礼，日有课程……如以生意论仁，以实理论诚，以常惺论敬，以求是论穷理，其命理皆精当，而直指穷理居敬为入德之门，则于夫子教人之法又最为得其纲领。”③ 黄宗羲也说：“上蔡在程门中英果明决。其论仁，以觉，以生意；论诚，以实理；论敬，以常惺惺；论穷理，以求是。皆其所独得，以发明师说者也。……夫上蔡此言，亦犹《识仁篇》所云：‘识得此理，以诚敬存之而已。’”④ 这都说明谢良佐受程颢思想的影响较深，决定了程门后学三个重要发展路向之一——心学的形成。⑤

---

① （清）黄宗羲原著，全祖望补修：《宋元学案》卷二十四《上蔡学案》，第917—918页。

② （清）黄宗羲原著，全祖望补修：《宋元学案》卷二十四《上蔡学案》，第918页。

③ （宋）朱熹：《德安府应城县上蔡谢先生祠记》，《晦庵先生朱文公文集》卷八〇，《朱子全书》第24册，第3793页。

④ （清）黄宗羲原著，全祖望补修：《宋元学案》卷二十四《上蔡学案》，第925页。

⑤ 当然，谢良佐的思想因其只探本体的倾向和特点，亦被视为与“先察识，后涵养”工夫的湖湘学派有着密切关系。同时“谢良佐对于朱子思想的形成多有发蒙之效”（李敬峰：《二程后学研究》，第68页）。笔者以为，尽管谢良佐对于湖湘学派和朱子学的形成都产生了一定的作用，但从主导方面来看，其主要导发的乃是心学。

谢良佐之后，程颢的心学多向发展，全祖望在《宋元学案》中说："程门自谢上蔡以后，王信伯、林竹轩、张无垢至于林艾轩，皆其前茅，及象山而大成，而其宗传亦最广。"① "象山之学，本无所承，东发以为遥出于上蔡，予以为兼出于信伯。盖程门已有此一种矣。"② 这是说，程颢的心学倾向由谢良佐继承，后经王藏（信伯，1082—1153）、张九成（横浦，1092—1159）、林光朝（艾轩，1114—1178）之传绪，陆九渊（象山，1139—1193 年）集大成，明代王阳明发扬光大。这种序列的表述，有师承关系，也有思想渊源。

**（二）游酢、杨时的理学路向**

发展理学路向的程门弟子首为游酢。游酢（1053—1123），字定夫，建州建阳长坪（今福建省南平市建阳区麻沙镇长坪村）人，学者称廌山先生，又称广平先生，谥文肃。

游酢早年师事二程，为"程门四学士"之一。少颖悟，过目成诵。初与兄醇俱以文行知名，所交皆天下士。程颐一见，"谓其资可适道"③。熙宁五年（1072），20 岁的游酢行冠礼之后，离开长坪，慕名赴洛阳拜见明道先生程颢。先生对这位风华正茂的弟子十分赞赏，便断言"其资可与进道"④。同年八月，程颢出任河南扶沟县知县，特意举荐游酢任该县教谕。从此，游酢学有专攻，成为闽北最早接受"洛学"的学者。元丰四年（1081），与杨时、谢良佐以师礼见程颢于颍昌（今河南省许昌市），录有《明道先生语》。不到一年，与杨时一道告别老师。程颢嘱咐他们把理学传向南方，目送其离去，怡然自得地说："吾道南矣！"⑤ 其时，游酢已师事程颢十年，而杨时还不到一年，"吾道南矣"，主要还是对游酢而说。然而，如今学者津津乐道"吾道南矣"这个典故时，只说杨时而不提游酢，实恐有悖于历史事实。另据《游定夫先生年谱》所云："《语录》云：定夫一日来访，中立曰：适从何来？定夫曰：某在春风和气中坐三月而来。问其所之，乃自明道处来也。试涵泳春

① （清）黄宗羲原著，全祖望补修：《宋元学案》卷五十八《象山学案》，第 1884 页。

② （清）黄宗羲原著，全祖望补修：《宋元学案》卷二十九《震泽学案》，第 1047 页。

③ （清）游智开编撰：《游定夫先生年谱》，《儒林年谱》十一，《儒藏史部》第 61 册，四川大学出版社 2005 年版，第 282 页。

④ （清）游智开编撰：《游定夫先生年谱》，《儒林年谱》十一，《儒藏史部》第 61 册，第 282 页。

⑤ （宋）程颢、程颐：《河南程氏外书》卷十二，《二程集》，第 429 页。

风和气之言，则仁义礼智之人，其发达于声容色理者，如在目中矣。”[①] 此即后世所广为流传的“如沐春风”的典故。这一方面展现出明道的为学气象，同时也表现了游酢深受明道思想之影响。元丰五年（1082），登进士，调萧山尉，改博士。元祐八年（1093），游酢已是进士出身的太学博士，41 岁的他仍好学不辍。这时其师程颢已辞世八年。这年冬天，游酢为了进一步探索孔孟儒学思想，便冒着大风雪偕好友杨时一起再到洛阳拜程颐为师。游酢、杨时来到程家门外时，正巧先生瞑目静坐，两人见状，不敢贸然惊扰，便恭敬侍立一旁静候。待先生醒来时，天色已晚，先生叫他俩改日再来。待其转身走出门外，才见落雪已经积有一尺多深。此即在历史上流传甚广的强调尊师重道之“程门立雪”的典故。游酢正是凭着这种勤勉好学的精神，尽得理学的真谛，成为程门四大弟子之一。他学成归闽，悉心传授理学，使理学得以南传，并“中兴于南”，这与后来朱熹理学思想的形成有着密切的师承关系，因而被尊称为“道南儒宗”。

在程门四大弟子中，游酢被列为第一大弟子：“二程得孟子不传之秘于遗经，以倡天下。而升堂睹奥，号称高弟者，游（酢）、杨（时）、谢（良佐）、吕（大临）其最也。”[②] 游酢传播“二程”理学的主要功绩在于作《明道先生语录》，将程颢平时的言行记录整理成书。后来杨时准备收集伊川先生语录时，也请游酢提供材料，因为游酢记录有不少有关二程的第一手资料。朱熹与“二程”生不同时，无缘当“二程”的学生，只能算是四传弟子。朱熹后来成为“集理学之大成者”，其中也有游酢传播理学的功劳。朱熹整理的《河南程氏遗书》《伊洛渊源录》等书，很多都采用了游酢整理的史料。

在程门弟子中，对后世理学发展影响最大的恐莫过于杨时。杨时较多地继承和发展了程颐的理学思想，后经罗从彦而李侗，至朱熹而集其大成，形成了致广大而尽精微的理学体系。黄百家说：“顾诸子各有所传，而独龟山之后，三传而有朱子，使此道大光，衣被天下。”[③]

杨时（1053—1135），字中立，人称龟山先生。程颢、程颐之门人。杨时主要是在本体论上继承了二程的理学思想。他认为“理”是宇宙万事万物的

① （清）游智开编撰：《游定夫先生年谱》，《儒林年谱》十一，《儒藏史部》第 61 册，第 292 页。
② （清）黄宗羲原著，全祖望补修：《宋元学案》卷二十五《龟山学案》，第 947 页。
③ （清）黄宗羲原著，全祖望补修：《宋元学案》卷二十五《龟山学案》，第 947 页。

最高准则，理先验地存在于天地万物产生之前，是产生万事万物的根源。所以他说："盖天下只是一理。"① 又说："'明则有礼乐，幽则有鬼神，幽明本一理。'故所以感之者，亦以一理。"② 这是说，天地之间精气的聚散变化，社会的伦理纲常，都本源于这个"理"。正是这个"理"贯穿于一切事物之中，"'有物'必'有则'，'物'即是形色，'则'即是天性"③。由此可以看出杨时对程颐理一元论的继承和发展。杨时认为，"理"是独立于客观事物之外的精神实体，不依赖于人们的意识而存在，但人们必须"循理而动"。他对程颐提出的"理一分殊"说作了进一步发挥，着重将其运用到社会领域，为伦理道德学说提供了本体论基础。杨时说："河南先生言'理一而分殊'，知其'理一'，所以为仁；知其'分殊'，所以为义。所谓'分殊'，犹孟子言'亲亲而仁民，仁民而爱物'。其分不同，故所施不能不差等。"④ 这就是说，天下的万殊之物，都是由一理之本体派生而来的，而这一理之本又规定了万物之所以是殊异的。知道万物一本于理，所以爱人，推己及人；知道万物各有异殊，才有上下尊卑等级之别。权衡世界上万物分殊的等级差别，而又认识到它们本于一理，这就掌握了"理一分殊"的精髓。于是杨时把社会的等级秩序看成是理的规定性。他说："夫惟理一而分殊，故圣人称物，远近亲疏各当其分，所以施之，其心一焉，所谓平施也。"⑤ 这就是说，既然"理"规定了一个有等级地位不同的社会秩序，那么人就应该各安其分。杨时从"理一分殊"的思想方法出发，论证了人伦上的尊卑亲疏及封建秩序的合理性，把儒家伦理学说提高到了哲学本体论的高度。

在认识论方面，杨时继承了二程"格物致知"的思想，并把二程思想中的一些矛盾点加以调和，把格外物和正心诚意统一起来，提出了自己的"格物致知"论。在他看来，致知必先格物，格物以后方能致知。故他说："为是道者，必先乎明善，然后知所以为善也。明善在致知，致知在格物。"⑥ 又说：

① （宋）杨时：《语录》四，《杨时集》卷十三，中华书局2018年版，第376页。
② （宋）杨时：《语录》二，《杨时集》卷十一，第312页。
③ （宋）杨时：《语录》四，《杨时集》卷十三，第388页。
④ （宋）杨时：《语录》二，《杨时集》卷十一，第297页。
⑤ （宋）程颢、程颐：《河南程氏粹言》卷二，《二程集》，第1203页。
⑥ （宋）杨时：《答李杭》，《杨时集》卷十八，第494页。

"格物而后知至，知至斯知止矣，此其序也。"[①] 通过格物达到知至，是明善的唯一途径，而致知的目的是要穷理。故他说："盖言致知当极尽物理也。理有不尽，则天下之物足以乱吾之知，思祈于意诚心正远矣。"[②] 杨时在论述"格物"的过程中，充分认识到了"格外物"的意义。他说："凡形色之具于吾身，无非物也，而各有则焉。目之于色，耳之于声，口鼻之于臭味，接乎外而不得遁焉者，其必有以也。知其体而不可遗，则天下之理得矣。"[③] 这里似乎有主体接触客体，而后可获得关于事物道理的认知之意。这与程颐通过"遍格众物"之方法而达到认识目的的思想无疑具有一致性。

此外，在北宋末年，洛学摆脱了"伪学"的境遇，影响日大，信众日多，整理二程语录和遗著的问题极其迫切。这一工作的迟滞将会产生程门众弟子思想观念的不统一，从而导致洛学内部的分裂。而在二程的弟子中，只有杨时"独邀耆寿"，且享有"南渡洛学大宗"之盛誉，所以统一洛学思想的任务自然就落在了他的身上。而杨时自己对此亦颇有自信地说道："某自抵京师，与定夫从河南二先生游，朝夕闻其绪言，虽未能窥圣学门墙，然亦不为异端迁惑矣。"[④] 为此，杨时晚年用了大量的精力编校二程著作。他曾致书胡安国道："某衰朽，杜门待尽，平时亲故凋丧略尽，绝无过从者，惟时亲书册以自适耳。家所藏书，为贼弃毁，仅存一二。《语录》常在念。先生之门，余无人，某当任其责也。蒙寄示二册，尤荷留念。然兹事体大，虽寡陋不敢不勉。"[⑤] 他还说："《语录》子才所寄已到，方编集。诸公所录，以类相从，有异同，当一一考正，然后可以渐次删润，非旬月可了也，俟书成即纳去。"[⑥] 杨时费尽心力，搜集了来自各方诸公所记语录，然后用文言加以改写，编成《伊川语录》，然惜乎未能存留至今。对于搜集到的语录，他还"以类相从"，而成《粹言》，几成理学"大纲"，后编入《二程全书》，累传至今，影响甚大。朱子对其评价甚高："程氏一家之学，观于此书，亦可云思过半矣。"[⑦]

---

① （宋）杨时：《答学者其一》，《杨时集》卷二十一，第566页。
② （宋）杨时：《答胡康侯其一》，《杨时集》卷二十，第535页。
③ （宋）杨时：《题萧欲仁大学篇后》，《杨时集》卷二十六，第693页。
④ （宋）杨时：《与陆思仲》，《杨时集》卷十八，第487—488页。
⑤ （宋）杨时：《答胡康侯其第十一》，《杨时集》卷二十，第553页。
⑥ （宋）杨时：《答胡康侯其第十四》，《杨时集》卷二十，第557页。
⑦ （清）纪昀等：《四库全书总目》卷九十二，中华书局1965年版，第778页。

二是校正《伊川易传》。经其校正的《伊川易传》广为流传，影响深远。他曾言：“伊川先生著《易传》，方草具，未及成书而先生得疾。将启手足，以其书授门人张绎。未几而绎卒，故其书散亡，学者所传无善本。政和之初，予友谢显道得其书于京师，示予而错乱重复，几不可读。东归，待次毗陵，乃始校定，去其重复，逾年而始完……其谬误有疑而未达者，姑存之以俟知者，不敢辄加损也。然学者读其书，得其意，忘言可也。”① 他还仿照其师旧例，聚徒讲学，在浏阳、萧山、余杭、无锡等地讲学历十八年之久，盛极一时，卓有影响。作为程颐思想的正宗传人，杨时不负乃师所期，在南方不断传播和发展二程洛学思想，成为“承洛启闽”的关键人物。

**（三）吕大临兼传关洛与永嘉之学的形成**

吕大临（1040—1092），字与叔。其先汲郡（今河南卫辉）人，后移居京兆蓝田（今陕西蓝田），学者称玉溪先生。先从学于张载，张载逝后转依二程。无心仕途，最后以门荫得太学博士，授秘书省正字。吕大临一生著述甚丰，然传世者仅有《考古图》十卷。陈俊民先生历多年潜心整理，成《蓝田吕氏遗著辑校》一部，为学界研究吕大临及其兄长们学术思想的主要凭依。我们说，无论是学术经历，还是学术成就，吕大临都首先应该是理学家和关学大师。吕大临先受教于张载，后就学于二程的特殊经历，加之其理论上的重要贡献，使得他在关学史和洛学史中都具有不可忽视的重要地位。学承关洛，融通关洛，辅之以其独特的致思取向，为后世理学的发展开启了一个重要方向。

全祖望说：“伊洛之学，东南之士，龟山、定夫之外，惟许景衡、周行己亲见伊川，得其传以归。景衡之后不振，行己以躬行之学，得郑伯熊为之弟子，其后叶适继兴，经术文章，质有其文，其徒甚盛。”② 这说明永嘉之学与二程洛学有师承渊源关系，但永嘉之学又不完全同于二程洛学，而是对二程洛学有继承，有发展，也有修正。正如全望所说：“永嘉诸先生从伊川者，其学多无传，独先生（行已，引者注）尚有绪言。南渡之后，郑景望私淑之，遂以重光。故水心谓永嘉之学‘觇千载之已绝，退而自求，克兢省以御物欲

---

①（宋）杨时：《校正易传后序》，《杨时集》卷二十五，第675—676页。

②（清）黄宗羲原著，全祖望补修：《宋元学案》卷三十二《周许诸儒学案》，第1133页。

者，周作于前，郑承于后’。然则先生之功不可没也。”① 这是说，永嘉之学由周行己开其端，郑伯熊承其后，他们仍以传播洛学为主，虽有异说，而渊源皆出于洛学。但是，郑伯熊之后，永嘉之学逐渐由薛季宣、陈傅良、叶适的事功之学占据了主流。在永嘉学派形成的过程中，周行己类似于该学派的创立者。他检验着他那个时代的知识与思想，并将经受住检验的知识按自己的方式组织成一个体系。在知识与思想的追索中，周行己先从荆公新学，继而转向程、吕之说，前引叶适的话即可见此一过程。元祐二年（1087）周行己在太学时，向太学博士、关学传人吕大临问学。② 后来约在元祐五年（1090）又赴洛阳向程颐学习。当然，这一过程并非出于周行己的自觉选择，事实上，许景衡、沈躬行与谢佃等永嘉诸子“偕同郡诸儒”，“越数千里外，窃从程（颐）吕（大临）二氏问学”。③ 换言之，当时永嘉诸子的求学经历大致是先在太学从吕氏问学，后赴洛阳从程颐学习。这一经历后来逐渐演化为永嘉地方学术的某种特征，横渠之学、伊洛之学成为当地学术的两个主要面向。王十朋在赞美家乡之学风时，曾言：“吾乡谊理之学甲于东南……士子群居学校，战艺场屋，笔横渠而口伊洛者纷如也。”④ 根据永嘉诸子的求学经历，全祖望认为周行己等人乃“横渠之再传”，并称“世知永嘉诸子之传洛学，不知其兼传关学”。⑤

张九成作为南宋心学创立过程中的重要人物，宋室南渡以后的程门后学之一，因反对秦桧而著称于当时的状元，在出知温州期间，对永嘉学术有着切身感受。他说：“永惟仙里，圣学盛行。元承、元礼、少伊诸公，表见于朝廷，而彦昭、恭叔、元忠之流，力行于太学。渡江以来，此学尤著，精深简妙，深入洙泗堂壶中。其至矣哉！”⑥ 张九成将洛学在永嘉盛行的源头归于周

① （清）黄宗羲原著，全祖望补修：《宋元学案》卷三十二《周许诸儒学案》，第1132页。

② 全祖望认为周行己师事吕大临的时间应与他至洛阳从伊川学同时。参见《宋元学案》卷三十二《周许诸儒学案》，第1131页。

③ （宋）陈傅良：《重修瑞安县学记》，《陈傅良先生文集》卷三十九，浙江大学出版社1999年，第496页。

④ （宋）王梅溪：《送叶秀才序》，《梅溪王先生文集后集》卷二十七，明正统五年校刻本，第5页。

⑤ （清）黄宗羲原著，全祖望补修：《宋元学案》卷三十二《周许诸儒学案》，第1131页。

⑥ （宋）张九成：《横浦集》卷十八《与永嘉何舍人》，《文渊阁四库全书》第1138册，台湾商务印书馆1983年版，第419页。

行己等人，并将永嘉这批最初的洛学学者的作用与意义划分为“表见于朝廷”与“力行于太学”两类，然后认定其影响造就了永嘉本地“此学尤著”。楼钥也注意到了洛学在温州的流行：“河南二先生起千载之绝学以倡学者，此邦之士渐被为多，议论词篇，类有旨趣。”①

今人讨论永嘉学派，首先想到的就是周行己。谈起周行己的思想，往往强调其“兼传关洛”的学术特征。然遍观载有周行己生平的史料，明确提及其“兼传关洛”的只有两则。一是叶适《温州新修学记》中引时任温州知州留元刚语，其曰：“昔周恭叔首闻程、吕氏微言，始放新经，黜旧疏，挈其俦伦。”② 其中提及周曾从程颐、吕大临学。但此处并未强调吕大临的关学倾向，程、吕并举或许还只是在叙述周的洛学渊源。二是全祖望所作的《周许诸儒学案》，其中提道：“世知永嘉诸子之传洛学，不知其兼传关学。……周浮沚、沈彬老又尝从蓝田吕氏游，非横渠之再传乎？”③ 全祖望论周行己“兼传关学”是从师承脉络上判断的，未继续深入思想内部。若从师承来看，虽然吕大临先学于横渠，再学于二程，身兼关洛二家学问之特点终生未改④，但他仍然被后世学人视为程门最重要的弟子之一，如《宋史》中便提到其与谢良佐、游酢、杨时并称“程门四先生”。周行己也特别看重吕大临程门弟子的身份，他在为吕大临所写的挽诗中说，“平生已作老蓝川，晚意贤关道可传”⑤，“犹有伊川旧夫子，飘然鹤发照沧浪”⑥。因周行己的文集大量佚失，目前我们所见的《浮沚集》是四库馆臣从《永乐大典》中辑出来的，并非其文集全貌。而依据现有材料，我们仅从师承脉络上较难直接辨别周行己思想中关学与洛学的具体分量。

从周行己思想的内在理路来看，可以更清晰地看出其“兼传关洛”与“洛学为本”的特点。首先，在关于世界的本原问题上，周行己认为，“道本无名，所以名之曰道者，谓其万物莫不由之也”，“所以太虚之中，氤氲相荡，

① （宋）楼钥：《温州进士题名序》，《攻媿集》卷五十三，四部丛刊初编本，第 72 页。
② （宋）叶适：《温州新修学记》，《叶适集》卷十，中华书局 1961 年版，第 178 页。
③ （清）黄宗羲原著，全祖望补修：《宋元学案》卷三十二《周许诸儒学案》，第 1131 页。
④ 程颐也说：“吕与叔守横渠学甚固，每横渠无说处皆相从，才有说了，便不肯回。”（见《河南程氏遗书》卷十九，《二程集》，第 265 页。）
⑤ （宋）周行己：《哭吕与叔四首》，《周行己集》，上海社会科学院出版社 2002 年，第 209 页。
⑥ （宋）周行己：《哭吕与叔四首》，《周行己集》，第 210 页。

升降浮沉，动静屈伸，不离乎二端。散殊而可象者为物，物者阴阳之迹也”。[①] 用“道”“理”或“太极”来作为本原性的概念，这种观念本于濂洛之学，而后句言“气”则正合张载之关学。气分阴阳，谓之二端。二端动静变化，相反相成，是物质之本原。结合全文来看，周行己虽然表示“气”之阴阳产生有形之事物，但最终将“道”放在第一性的位置。他在《经解》中说：

> 万物皆有太极，太极者，道之本也。万物皆有两仪，两仪者，道之大用。无一则不立，无两则不成，太极即两以成体，两仪即一以成用。故在太极不谓之先，为两仪不谓之后。然则谓之一阴一阳者，不离乎一也。谓之道者，不离乎两也。……夫所谓吾子之道，中而已矣。或偏于仁，或偏于知，过乎中者也。日用而不知，不及乎中者也。太极即中也，中即性也。太极立而阴阳具乎其中矣，性成而阴阳行乎其中矣。[②]

这里明显体现的是张载“一物两体”的思想。而其中的“太极即中也，中即性也”则是在重复吕大临“中即性也”的观点。值得注意的是，程颐本身亦言气。他说：“性出于天，才出于气……才则有善与不善，性则无不善。”[③] 也就是说，讨论人性，须从性、气二端综合把握，这也无怪乎周行己思想中也糅杂了“气”说。[④] 周行己还在给徽宗皇帝的上书中讲：“天下之人，同于一体。”[⑤] 这种观念似乎可与横渠的“民胞物与”相关联。除以上二者外，周行己现存的文字中似乎没有可以直接与关学相联系的论述。周梦江认为，关学重视学以致用的实学倾向对周行己的学风有所影响。[⑥] 这一点或可以作为补充说明，但亦须注意可以作为周行己经世思想来源的绝不止关学一派，新学、蜀学、洛学诸家莫不有经世致用的面向。所以，周行己对关学思想的传承依然是一个需要进一步讨论的问题。

---

① （宋）周行己：《经解一》，《周行己集》，第 19 页。

② （宋）周行己：《经解》，《周行己集》，第 19—20 页。

③ （宋）程颢、程颐：《河南程氏遗书》卷十九，《二程集》，第 252 页。

④ 周梦江：《试论周行己》，《浙江学刊》1985 年第 6 期。

⑤ （宋）周行己：《上皇帝书二》，《周行己集》，第 4 页。

⑥ 周梦江：《试论周行己》，《浙江学刊》1985 年第 6 期。

周行己思想以洛学为本的特征首先体现在其对程颐“持敬”的认同与阐发中。[①] 周行己认为：“盖敬者，君子修身之道也，所以闲邪而存其诚者也。敬斯定，定斯正，正者德之基也。”[②] 在周行己眼中，“敬”被视为君子修身之道的根本，这与程颐的观点无二。其又言：“然则如之何斯可以为善矣？曰修身也，践言也。修身者必敬，践言者必忠。忠与敬者，善之大端，入德之要也。”[③] 这里就勾勒出了一个忠、敬—践言—修身—善的循序渐进的阶梯，可以很明显地看出源自伊川。周行己又通过论述礼来强调克制私欲的重要性。他认为：“礼者，中而已矣。万物之至情，天下之达德也。”[④] 礼正是要以合理的人间秩序来摒除个人不当的欲求。若是与外物相接，产生过分的情感则有可能忘却自我的原则而迁就外物，则成其所谓“欲且不足以益我，适所以丧我”[⑤]。周行己的这种克制私欲的思想便是从程颐“持敬”的观点衍化而来的。其解《曲礼》中的“俨若思”说：“俨若思者非思也……盖其心定者其容寂，此俨者所以若思而非思也。”[⑥] 这里的“思非思”可联想至《中庸》所谓“喜怒哀乐之未发谓之中”，而“心定者其容寂”则是言持敬之君子有震惊百里、不丧匕鬯的涵养。

周行己关于性的观点也本诸洛学。他认为：“性者，道之质也，礼乐者，道之具也。”[⑦] 常人若是能做到一切合礼又本于己性，那便是所谓的成人，可与圣人同。这正是程颐所说的“理也，性也，命也，三者未尝有异。穷理则尽性，尽性则知天命矣”[⑧]。周行己不仅吸收了洛学“性即理”[⑨] 的观点，同时还强调了程颐所谓“知天命”的可能性。由此出发，学不仅要为己，更是指向成圣，这便将初期宋儒的雄豪之气继续发扬光大了。

周行己还在不少文章中直接表彰了洛学和程颐。他在给戴明仲的墓志铭

---

① 陆敏珍：《被拒绝的洛学门人：周行己及其思想》，《中国哲学史》2010 年第 3 期。
② （宋）周行己：《经解二》，《周行己集》，第 23 页。
③ （宋）周行己：《经解九》，《周行己集》，第 31 页。
④ （宋）周行己：《经解六》，《周行己集》，第 29 页。
⑤ （宋）周行己：《经解三》，《周行己集》，第 25 页。
⑥ （宋）周行己：《经解二》，《周行己集》，第 23 页。
⑦ （宋）周行己：《经解二》，《周行己集》，第 33 页。
⑧ （宋）程颢、程颐：《河南程氏遗书》卷二十一下，《二程集》，第 274 页。
⑨ （宋）程颢、程颐：《河南程氏遗书》卷二十二上，《二程集》，第 292 页。

中写道："道学不明，世儒蔽聪明于方册文辞之间，不知反身入德之要。"[①]将道德之学与文章之学明确地区分开，并强调道德应反身自求，这与洛学的反身求诚合辙。又在给刘安节的祭文中强调"道问学"的作用，并且赞扬程颐为"万世师表"，总结洛学的为学方法为"致知格物，默通玄授。一理达元，万殊同妙"[②]。他甚至在给好友薛唐卿所收藏的秦玺做的跋文中，细数李斯焚书坑儒、拥立胡亥、杀扶苏蒙恬等罪状来批判其书法。这种道德为本的评价视角无疑极具洛学之风。

周行己以洛学为本的特征还体现在他教与学的实践中，他自始至终将"尊德性"看作教育的首要目标。[③] 周行己在太学任教之时因对德行的特别强调而特别为弟子所忌惮，李廌在答赠周行己的诗歌中便写道："行己端慎，太学诸生忌之。"[④] 在涉及宋代教育的讨论时，绝不可忽视科举制度的影响。在周行己现存的十二篇《经解》中，解《曲礼》者九句，余下解《论语》《孟子》《周易》各一句，观其时科举细则，可见其所论经典数量比重正合考试范围所划的大经、小经之分。[⑤] 事实上，程颐授徒亦毫不讳言科举亦为学习的目标之一，他甚至认为："人若不习举业而望及第，却是责天理而不修人事。"[⑥]

周行己对科举的态度也颇具洛学之风。宋代通过科举制度吸纳知识分子进入统治阶层，这也就使得"学而优则仕"的义与"书中自有黄金屋，书中自有颜如玉"的利联结在了一起。程颐批判的"科举之事，不患妨功，惟患

---

① （宋）周行己：《戴明仲墓志铭》，《周行己集》，第 145 页。

② （宋）周行己：《祭刘起居文》，《周行己集》，第 225 页。

③ 王凤贤：《北宋——浙东学术的"草昧时期"》，《浙江学刊》1990 年第 5 期。

④ （宋）李廌：《答周行己相赠行己端慎太学诸生忌之》："佳人寓云端，饵霞服灵烟。举手谢时人，信尔非我缘。谁令山中瓢，酌此阛阓泉。舍尔芝兰芗，一染渐余膻。铅黄强为容，孰竟谓子妍。眷焉反初素，此道自古然。"［（宋）李廌：《济南集》卷二，《文渊阁四库全书》第 1115 册，台湾商务印书馆 1983 年版，第 717 页。］

⑤ 其时科举，"进士罢试诗赋，专治经术，各专大经一，中经一，愿专二大经者听。第一场试大经义三道，《论语》义一道。第二场试中经义三道，《孟子》义一道。第三场试论一首。第四场试子史时务策二道"［（清）徐松《宋会要辑稿·选举三》，中华书局 1957 年版，第 5314—5315 页］。大经有《礼记》《春秋左氏传》，中经有《毛诗》《周礼》《仪礼》，小经则有《周易》《尚书》《穀梁传》《公羊传》。（见梁庚尧《宋代科举社会》，东方出版中心 2017 年版，第 21 页。）

⑥ （宋）程颢、程颐：《河南程氏遗书》卷十八，《二程集》，第 185 页。

夺志"[1] 便是指此。举子们虽皆熟读圣贤经典，然内在之目标往往趋于多样，这就使得不少士人沦入纯粹为应试而读书的境地。周行己对此种现象批判道，"夫道之不明，天下学士沦于流俗，以圣人书为发策决科之具"，即许多天资卓越的读书人只是溺耳目恬习之事，师世儒崇尚之言，终不明白要"反一言以识诸身"。[2] 他认为朝廷选拔人才应留有少量名额，给那些不拘泥于科举的法度，不精于记诵之学但"心之所存者"。[3] 除却义与利的纠缠，科举带来的另一个后果便是官方权威思想的控制。读书人若想通过科举出仕，则必须按照官方规定的经典内容、解释模板来学习。因此，宋代的教育一直被两股力量拉扯，一方是朝廷为了自身利益而意图操控教育，另一方则是士人努力要摆脱这种操控，贯彻自己对社会所怀抱的独立理想。对于周行己而言，不论是此前在新学方兴未艾之际便投于程门的"违志开道"，还是后来在哲宗"绍圣绍述"与蔡京当道的情况下，在太学、齐州和温州弘扬洛学，都反映了他怀有突破现实的超越情怀。

周行己在徽宗大观三年（1109）遭到御史毛注以"师事程颐"的名目弹劾而被罢齐州教授归乡，可见其坚守洛学若此。归乡后，其筑浮沚书院，以洛学授徒。他在浮沚书院为学生所作的策问范文《风俗盛衰》中极力强调道德风化的重要性，[4] 并把程颐的文章用作为学生讲述《周易》与《礼记》的讲义[5]。

整体而言，周行己的思想是以洛学为本的。从求学经历看，周行己于太学学习了四年新学。而后吕大临任太学博士时，其思想开始转向关、洛之学，最后投于程颐门下，正式成为洛学门人。从教学经历看，周行己于太学博士、温州教授、齐州教授任上莫不以洛学思想教授生徒。在现实生活中，他也时刻以洛学的观念鞭策自己。虽然周行己行动上的失范受到程门学者的诸多批评，然就其思想而言却从未脱离程门谱系。朱熹的再传弟子，被视为理学正

---

① （宋）程颢、程颐：《河南程氏外书》卷十一，《二程集》，第416页。

② （宋）周行己：《邓子同墓志》，《周行己集》，第149页。

③ （宋）周行己：《谢祭酒司业书》，《周行己集》，第222页。

④ （宋）周行己：《风俗盛衰》，《周行己集》，第43—45页。

⑤ 《浮沚集》中的《易讲义序》（《周行己集》，第61页）和《礼记讲义序》（参看《周行己集》，第63页），实则是程颐的遗文《易序》和《礼序》，在周梦江之前历代辑录周行己文的学者均未特别关注到此点（《周行己集》前言，第13页）。

宗的真德秀便将二程后学划分为三脉：杨时至罗从彦至朱熹为一脉，谢良佐至武夷胡氏至张栻为一脉，另一脉便是周行己及其所传而成的永嘉之学。[①] 可见周行己的洛学底色还是为一些学者所承认的。

综上可见，洛学在二程之后被其后继者发展出了不同的理论方向。[②] 在一定意义上来说，洛学在朱子集大成之后基本退出了历史舞台。然而，在后世学术史中，除了以上所及之二程洛学外，还有一种情况不容忽视，此即在中州大地，自二程去世之后，代有从捍卫和传承中州学统的意旨上弘扬二程之学者，从而形成了广义的洛学。[③] 自清代大儒河南睢阳汤斌以来，不断有学者对洛学的传承谱系进行梳理，以致形成了汤斌《洛学编》、尹会一《洛学续编》、郭程先《洛学补编》、王滌心《洛学拾遗》、曹肃孙《洛学拾遗补编》、刘宗泗《中州道学存真录》和耿介《中州道学编》等洛学史发展谱系的建构文献。这为后世把握二程洛学及其中州后学、广义的洛学提供了重要的文献支撑和学术史依据。洛学不仅在南传过程中衍生出后世的朱子学、陆九渊心学、湖湘学派等，也在其思想的萌生处中州大地代有传人，形成了完整的宋元明清时期的中州学统。自二程后，赵复、许衡、曹端、王廷相、孟化鲤、杨东明、尤时熙、孙奇逢、汤斌、耿介、冉觐祖等中州大儒在对二程理学的

---

① （宋）真德秀：《真文忠公读书记》卷三十一，《文渊阁四库全书》第706册，台湾商务印书馆1983年版，第106页。

② 李敬峰指出："洛学在经历过弟子的传承、学派的分化以及历史的抉择之后衍化的三个方向，其中朱子闽学渐趋为官方所重，成为元、明、清三代的科场程式，影响至深至远；程门后学王苹、张九成开启心学端绪之后，初步提出心学的诸多概念和范畴，后经学无师承的陆九渊的阐扬、王阳明的建构，心学始与理学并驾齐驱，相互斗争又相互依存，基本主导宋以来理学史的格局；而事功哲学虽然曾经与朱熹、陆九渊显赫一时，但一方面其并非儒家主流，另一方面则被朱子严厉批判，打入异端。在两方面因素的综合影响下，事功哲学的影响日益式微，'但大体可以确定的是，叶适之学流入日本之后，日本古学派的伊藤仁斋、狄生徂徕都或多或少地受到他的影响'。但无论如何，自宋代之后，影响中国学术史格局的儒家学术流派皆是由二程洛学开出的。"（见氏文《二程洛学的传承、分化与走向》，《中州学刊》2019年第11期。）这里非常清晰地勾勒出了二程之后洛学的三种发展方向，可谓的当之论。

③ 这一点实际上和张载关学具有一致性。在中国学术史上，实际上只有关学和洛学有比较完整的代代相沿且不断地被接续、补充的地方学术传承谱系。关学及关学史的建构方法及理论研究对洛学及洛学史的研究有一定的参考价值。［详参林乐昌《论关学概念的结构特征与方法意义》，《中国哲学史》2013年第1期；李敬峰：《关学史著作之演变——以〈关学编〉为中心》，《社会科学家》2017年第5期；张波：《关学与关学史正名》，《常熟理工学院学报》（哲学社会科学版）2018年第3期。］

弘扬与发展中延续着洛学在中原大地的传承谱系。

## 第三节 关于“横渠之学源于程氏”问题辨析

### 一 关于张载的学承问题

关于张载的学术传承问题，史上向有争议，除了众所周知的“横渠之学源于程氏”之说外，尚有多种观点。

第一，张载为“高平门人”说。黄宗羲、全祖望在《宋元学案》之《横渠学案》中云：“高平一生粹然无疵，而导横渠以入圣人之室，尤为有功。”① 在《高平学案》中，张载更是被明确地列入“高平门人”。仔细考察该说，其实是根据吕大临《横渠先生行状》和《宋史·张载传》所载范仲淹劝张载读《中庸》一事而发。据《横渠先生行状》载，张载：

> 少孤自立，无所不学。与邠人焦寅游，寅喜谈兵，先生说其言。当康定用兵，时年十八，慨然以功名自许，上书谒范文正公。公一见知其远器，欲成就之，乃责之曰：“儒者自有名教，何事于兵?”因劝读《中庸》。先生读其书，虽爱之，犹未以为足也，于是又访诸释老之书，累年尽究其说，知无所得，反而求之六经。②

根据《宋史》所载，范仲淹“少有志操，既长，知其世家，乃感泣辞母，去之应天府，依戚同文学，昼夜不息”③。范仲淹中进士之前，一直从学于戚同文，确为戚之弟子无疑。而张载又曾经范之点拨，故而黄、全认为张氏之学源于高平。侯外庐、张岂之、邱汉生《宋明理学史》认为该说“颇为牵强”，主张：“范仲淹之所以劝张载读《中庸》，是因为他看到张载能够在学术上有所发展，不愿让他投身军事。范仲淹的指点，对张载在学术上的发展，无疑有很大作用，但这并不能说明张载便是范门弟子，因为范仲淹未收其为

① （清）黄宗羲原著，全祖望补修：《宋元学案·序录》，第1页。

② （宋）吕大临：《横渠先生行状》，《张子全书》（增订本）附录一，第375页。

③ （元）脱脱等：《宋史》卷三百一十四《范仲淹传》，第10267页。

门徒，张载也从未从其学。”[①] 陈俊民先生对张载为“高平门人”之说亦不认同。他指出：“张载上书范仲淹时，正值西夏侵扰西北，范仲淹出任陕西招讨副使兼知延州。张载血气方刚，喜欢‘谈兵’，上书无非是要求从戎镇边，或对战事出谋献策，‘以功名自许’；而范仲淹之所以劝张载读《中庸》，是因为‘知其远器’，发现他在学术上可能有发展前途。知人善任，鼓励提携，这对张载进入理学活动，创立关学，成为著名理学家，诚然关系重大，但他们之间并无师承关系。”[②] 进而陈俊民先生结合《高平学案》一段记载作了进一步说明：“汪玉山与朱子书云：‘范文正公一见横渠奇之，授以《中庸》，若谓从学则不可。’全祖望说：‘张子之于范文正公，是当时固成疑案矣。’（《鲒埼亭集外编》卷三十八）既然大前提是‘疑案’，‘追溯’的结论，当然难以成立。”[③] 陈先生依据《宋元学案》的自身矛盾，驳斥了张载为“高平门人”说，应该说有理有据，笔者深以为然。张立文先生也以为：“此时张载道学思想尚未形成，其为学重点也不在这方面，故以读《中庸》为未足，而有尽究释、老之书之举。因此从张载道学思想的渊源来说，确不能说师于高平范仲淹。”[④] 杨立华教授在《气本与神化》一书中对于张载为高平门人之说并未置否定之词，而是借助于《张载集》中保留的张载早年的一篇文章《庆州大顺城记》论证了张载与范仲淹并非仅有投书范仲淹这种一般意义上的交往，当在此后确立了更为密切的交往关系。[⑤] 朱汉民先生认为，开宋学风气之先的范仲淹，曾勉励张载研读《中庸》，对张载成为宋学的代表人物和一代宗师起了很大作用和影响。[⑥] 林乐昌先生亦认为，范仲淹授《中庸》，是张载走上学

① 侯外庐、张岂之、邱汉生主编：《宋明理学史》，人民出版社 1987 年版，第 92—93 页。

② 陈俊民：《张载哲学与关学学派》，台湾学生书局 1990 年版，第 11 页。

③ 陈俊民：《张载哲学与关学学派》，第 11 页。

④ 张立文：《宋明理学研究》，人民出版社 2002 年版，第 182 页。

⑤ 杨立华在《气本与神化》中云：“今《张载集·文集佚存》中载有《庆州大顺城记》一文，详细记载了范仲淹筑大顺城的事迹。从行文的格式和语气上看，这篇文章很像是幕客的文字。范仲淹筑城是在庆历二年三月，而赐名‘大顺’则是当年五月的事情。此时张载已经是二十三岁。由此可知，张载在初次谒见之后，仍与范仲淹有一定的交往。或者甚至曾有短时间游于范仲淹幕府的经历。”（见氏著《气本与神化——张载哲学述论》，北京大学出版社 2007 年版，第 17—18 页。）

⑥ 朱汉民：《宋儒〈中庸〉学的学术渊源与思想发展》，《北京大学学报》（哲学社会科学版）2019 年第4 期。

术道路的起点；此后，《中庸》对张载理学思想的发展产生了持续的和多方面的影响，尤其对张载理学纲领的确立和理学体系的建构之影响更加深刻。① 但若据此将张载视为高平门人，则或不妥。而范立舟则从历史事实考辨的角度对范仲淹与张载之间的授受关系提出了全面质疑，他认为范仲淹授张载以《中庸》，甚至张载拜见范仲淹都是源自吕大临的虚拟建构，并不符合当时的历史事实，从而将张载为高平门人说连根拔起。② 从总体来看，张载为高平门人说应该是站不住脚的。

第二，张载师于侯可说。陈俊民先生指出："庆历之际出现了巨大的理学思潮。一时间，'学统四起，齐鲁则有士建中、刘颜夹辅泰山（孙复）而兴，浙东则有明州杨（适）、杜（醇）五子，永嘉之儒志（王开祖）、经行（丁昌期）二子，浙西则有杭之吴存仁（当作师仁），皆与安定湖学相应。闽中又有章望之、黄晞；……关中之申（颜）、侯（可）二子，实开横渠之先'。真是'筚路蓝缕，用启山林'（《宋元学案》首卷《序录》）。别的学统不论，尤其是华阴侯可'主华学之教者，几二十年'，'自陕而西，多宗其学'，使关学初具规模，'实有功关中'。……据《宋史·孝义传》和《宋元学案》所载，庆历之际的侯可，很可能是张载的师承。因为，一方面，侯可与张载思想相通。比如，少时，'以气节自喜'；年壮，'笃志为学，祁寒酷暑，未尝废业'。特别是能'博物强记，于礼之制度、乐之形声、《诗》之比兴、《易》之象数、天文地理、阴阳气运、医算之学，无所不究'。另一方面，当时，'自陕而西，多宗其学'。而侯可是二程的舅舅，张载又是二程的表叔，张载尊崇侯可，全在情理之中。"③ 陈先生认为："张载丰富的自然科学知识，就是由此而来。他将自然科学中的哲理同儒家经学相融合，结果使关学在不违背理学'崇儒'宗旨的前提下，成为这一思潮中的一个独立学派，这不能不算是侯可之功。"④张载对当时的自然科学知识十分重视。他研究了天文、地理、历算、生物等多个领域，并运用这些知识认识宇宙现象。他吸取了中国古代天体论中浑天说与宣夜说两种学说，创立了自己独特的天体观。他说：

---

① 林乐昌：《论〈中庸〉对张载理学建构的特别影响》，《哲学与文化》2018 年第 9 期。

② 范立舟：《范仲淹、张载思想授受关系的历史考察》，《人文杂志》2017 年第 3 期。

③ 陈俊民：《张载哲学与关学学派》，第 13—15 页。

④ 陈俊民：《张载哲学与关学学派》，第 15 页。

“天包载万物于内。”[①] “地纯阴凝聚于中，天浮阳运旋于外，此天地之常体也。(常)〔恒〕星不动，纯系乎天，与浮阳运旋而不穷者也。日月五星逆天而行，并包乎地者也。地在气中，虽顺天左旋，其所系辰象随之，稍迟则反移徙而右尔；间有缓速不齐者，七政之性殊也。月阴精，反乎阳者也，故其右行最速；日为阳精，然其质本阴，故其右行虽缓，亦不纯系乎天，如（常）〔恒〕星不动。……恒星所以为昼夜者，直以地气乘机左旋于中，故使恒星、河汉因北为南，日月因天隐见。太虚无体，则无以验其迁动于外也。”[②] 凝聚的大地处在天的中央，飘浮着的天挟着日月星辰运转于地的周围，把地紧紧地裹在中间。天与太虚有同样的性质和状态。重视自然科学的特点还体现在《正蒙·动物》等篇中，并且对后世关学传承者李复产生了重要影响。陈俊民先生从地缘、学术取向、亲缘关系等三个层面论证了张载学承侯可的观点。《宋明理学史》也注意到了张载与侯可、申颜之间的关系，但否定了陈先生的观点。该著谈道：“北宋时期，在张载之先，还有侯可、申颜两位学者，被认为‘实开横渠之先’（《宋元学案·序录》）。但侯、申二人在学术上无甚建树，张载也与二人无师承关系，所以严格地说，此二人亦不应作为关学之先。”[③] 应该说，侯可的思想观点对于张载应当产生了一定的影响，但截至目前，尚未发现有任何材料可以证明侯可乃是张载的老师，两人之间的师承关系恐难成立。

第三，张载无师承说。张载自己也强调“学贵心悟，守旧无功”[④]，认为自己的学说乃得之于“心”。[⑤] 张载自己曾对门人弟子讲：“吾学既得于心，则修其辞命”。[⑥] 吕大临在《横渠先生行状》中对张载的读书生活作了这样的记载：“终日危坐一室，左右简编，俯而读，仰而思，有得则识之，或中夜起坐，取烛以书，其志道精思，未始须臾息，亦未尝须臾忘也。”[⑦] 可见张载当年在理论创发过程中的精思力践，也说明其个人努力在思想形成中的不可替

---

① （宋）张载：《正蒙·乾称》，《张子全书》（增订本）卷二，第 43 页。

② （宋）张载：《正蒙·参两》，《张子全书》（增订本）卷一，第 4 页。

③ 侯外庐、张岂之、邱汉生：《宋明理学史》，第 93 页。

④ （宋）张载：《经学理窟·义理》，《张子全书》（增订本）卷五，第 68 页。

⑤ 侯外庐、张岂之、邱汉生：《宋明理学史》，第 93 页。

⑥ （宋）吕大临：《横渠先生行状》，《张子全书》（增订本）附录一，第 377 页。

⑦ （宋）吕大临：《横渠先生行状》，《张子全书》（增订本）附录一，第 376 页。

代的重要作用。这一点在程颐的《答横渠先生书》中也有进一步的验证：

> 观吾叔之见，至正而谨严。如“虚无即气则虚无”之语，深探远赜，岂后世学者所尝虑及也？（然此语未能无过。）余所论，以大概气象言之，则有苦心极力之象，而无宽裕温厚（一作和）之气，非明睿所照，而考索至此，故意屡偏而言多窒，小出入时有之。（明所照者，如目所睹，纤微尽识之矣。考索至者，如揣料于物，约见仿佛尔，能无差乎？）更愿完养思虑，涵泳义理，他日自当条畅。①

尽管这里程颐对于张载的为学气象与路径有所批评，但也从一个侧面展现出张载在其思想创立过程中所付出的艰辛努力。陈亮亦曾言：“横渠张先生崛起于关西，究心于龙德正中之地，深思力行而自得之；视二程为外兄弟之子，而相与讲切，无所不尽。”② 朱熹也说：“横渠之学，是苦心得之”，“学者少有能如横渠辈用功者，近看得横渠用功最亲切，直是可畏”③。“明道之学，从容涵泳之味洽；横渠之学，苦心力索之功深。”④ 朱熹这里将张程平行地加以比较，从而别其异同，他还说：“伊川说‘仁者天下之公，善之本也’，大段宽而不切。如横渠说‘心统性情’，这般所在，说得的当。又如伊川谓‘鬼神者造化之迹’，却不如横渠所谓‘二气之良能也’。”⑤ 进而明张载之学不源出于二程。《宋明理学史》中亦认为：“关学没有渊源，张载也无师承。张载的学说，是他经过几十年的探索，自己体会出来的。”⑥ 据此可见，张载之学实乃深思力行而得，不可拘泥于一般的学术渊源而进行盲目的定位。

## 二　“横渠之学源于程氏”说辨正

关于张载之学的形成，程门四先生的吕大临、杨时、游酢都认为，关学

① （宋）程颢、程颐：《河南程氏文集》卷九，《二程集》，第 596 页。
② （宋）陈亮：《伊洛正源书序》，《陈亮集》卷十四，中华书局 1974 年版，第 162 页。
③ （清）黄宗羲原著，全祖望补修：《宋元学案》卷十八《横渠学案下》，第 774 页。
④ （宋）黎靖德编：《朱子语类》卷九十三，中华书局 1986 年版，第 2363 页。
⑤ （宋）黎靖德编：《朱子语类》卷九十三，第 2363 页。
⑥ 侯外庐、张岂之、邱汉生：《宋明理学史》，第 93 页。

源于洛学。

先师从张载、后学于二程的吕大临在《横渠先生行状》中甚至说，张载在洛阳与二程共论“道学之要，先生涣然自信曰：‘吾道自足，何事旁求！’乃尽弃其学而学焉”。即在与二程论学之后，张载放弃了自己的学说而从学于二程。

但是，二程并不赞成这个说法。程颐指出：“表叔平生议论，谓颐兄弟有同处则可，若谓学于颐兄弟则无是事。倾年属与叔删去，不谓尚存斯言，几于无忌惮。”① 二程认为，可以说张载与其论过学、与其学说有相似之处，但是倘若说张载从学于二程，则是没有道理和依据的，并嘱咐吕大临把这种“无忌惮”之话删去。后来吕大临把它改成“乃尽弃异学，淳如也”。程颐的话是合情合理的。

对于此事，朱熹的《伊洛渊源录》曾有记载：“按《行状》今有两本，一云‘尽弃其学而学焉’，一云‘于是尽弃异学，淳如也’。其他不同处亦多，要皆后本为胜。疑与叔后尝删改如此，今特据以为定。”② 在朱熹看来，吕大临的前后两种说法是有区别的，原因可能是他修改了自己的观点，因此要以他后来说的“尽弃异学，淳如也”为依据。与吕大临的游移态度不同，二程的另一弟子杨时则毫不隐讳地说：“横渠之学，其源出于程氏，而关中诸生尊其书，欲自为一家，故予录此简以示学者，使知横渠虽细务必资于二程，则其他故可知已。”③ 杨时所说的“此简”，系张载写给程颐的一封信，信中询问其叔父的葬事，末有“提耳肯激”的话，这其实是张载的自谦之辞。杨时则认为，张载像这样的“细务”都要请教二程，其他的事情想必更是如此了，并由此断言“横渠之学，其源出于程氏”，要求关学学者不要无视洛学而自立门户。《龟山集》所收《跋横渠与伊川简》，可能就是指这封信。④ 游酢也说：

先生道德之高致，经纶之远图，进退之大节……先生生而有妙质，闻

① （宋）程颢、程颐：《河南程氏外书》卷十一，《二程集》，第414—415页。
② （宋）朱熹：《伊洛渊源录》卷六小注引，《朱子全书》第12册，第1002页。
③ （宋）朱熹：《伊洛渊源录》卷六小注引，《朱子全书》第12册，第1002页。
④ （宋）朱熹：《伊洛渊源录》卷六小注引，《朱子全书》第12册，第1002页。

> 道甚早。年逾冠，明诚夫子张子厚友而师之。子厚少时自喜其才……既而得闻先生议论，乃归谢其徒，尽弃其旧学，以从事于道。其视先生虽外兄弟之子，而虚心求益之意，恳恳如不及……其后子厚学成德尊，识者谓与孟子比，然犹秘其学，不多为人讲之……子厚用其言，故关中学者躬行之，多与洛人并。推其所自，先生发之也。①

朱熹也附和这种说法："张公之于先生，论其所至，窃意其犹伯夷之于孔子。"② 在他们看来，张载虽学有所成，能自成一家，创立关学，然穷其源头，却是从二程那里学来的，如果把张载与二程相比较，张载是伯夷式的贤人，二程才是孔子那样的圣人。他还说："横梁之学，实亦自成一家，但其源则自二先生发之耳。"③ 自南宋以来，古代学人深受此种观点的影响，以至于在"北宋五子"中将张载列于二程之后。

龚杰先生认为，上述抑张扬程的言论是不符合历史事实的，其理由如下：第一，从现有史料看，张载学无师承，走的是自学成才之路，因而他创立的关学具有鲜明的学术个性和不同于洛学的显著特点；第二，张载没有提及，程颐也公开否认双方有所谓的师承关系。二程也说过许多推崇张载的话。程颐说："某接人多矣，不杂者三人：张子厚、邵尧夫、司马君实。"④ 正叔（程颐）谓："洛俗恐难化于秦人。"子厚谓："秦俗之化，亦先自和叔有力焉，亦是士人敦厚，东方亦恐难肯向风。"⑤ 龚先生的观点似也在为张载关学的独立性辨明，其理由也是值得重视的。

虽然张载较少在其著作中提及二程兄弟，但并非未提。对此陈俊民先生曾云："嘉祐二年（1057），张载年三十七，刚登进士第，思想虽不一定'不逾矩'，其学当立，已成事实。而二程还是二十四五的青年，张载又是他们的表叔，怎么能在比他们年长十二三岁的长辈亲戚面前如此傲慢？因而他批评弟子不删斯言，是毫'无忌惮'。……张程思想之间的互相影响，相互吸收是

---

① （宋）朱熹：《书行状后》，《伊洛渊源录》卷三，《朱子全书》第 12 册，第 947—948 页。

② （宋）朱熹：《论孟精义·自序》，《朱子全书》第 7 册，第 12 页。

③ （宋）朱熹：《伊洛渊源录》卷五，《朱子全书》第 12 册，第 1002 页。

④ （宋）程颢、程颐：《河南程氏遗书》卷二上，《二程集》，第 21 页。

⑤ （宋）程颢、程颐：《河南程氏遗书》卷十，《二程集》，第 115 页。

肯定的；但一定要说张源于程，显然这是在程朱思想日渐变成统治思想的趋势下，程门弟子高其学、神其道的门户之说。”① 陈先生的这一说法尽管带有一定的揣测性，然背后有着重要的年龄评判预设，不无道理。但也要注意，二程兄弟虽然年龄小张载十余岁，但其思想成熟较早，这一点我们可以从程颢《定性书》中看出来。所以单纯从年龄上来做评判，似乎不完全妥当。姜国柱先生在《“关学”与“洛学”》一文中指出：“我们说，张载和二程在学术思想方面，互相影响、彼此联系、取长补短，‘关学’与‘洛学’既有相同之处，又有相异之点，这是客观存在的事实，但不能说‘关学’是发之于‘洛学’的。由于张家和程家有姻亲关系，这从历史上的记载和张载与二程来往的诗文中都可以看出他们联系之密切。”② 这种观点在关学与洛学的关系研究中可谓占据了主导地位，基本上客观地反映了张程思想交流的实际。之后，北京大学的杨立华教授在《宋明理学十五讲》中指出：

> 张载有一段时间已经有了自己的思想系统。据记载，嘉祐元年的时候，他在开封，准备第二年的科举。那个时候，张载常常在一个寺庙给人家讲《周易》，而且是坐虎皮之上讲《周易》。这个形象我很喜欢。“听从者甚众”，听他讲的人很多，讲得好。结果，某天晚上二程兄弟来了，来看表叔。和二程兄弟聊了聊之后，张载意识到自己的问题，见到厉害的了，于是第二天撤去虎皮，跟听者说：我平时跟你们讲的都是瞎说，你们去跟二程兄弟学。这是他成学的第二阶段。我相信，如果不是因为亲戚上的年辈关系张载会真正成为二程的弟子。吕大临写张载的《行状》中有一句话：“尽弃其学而学焉”，即张载完全抛弃了自己的学说追随二程兄弟学习。这个话吕大临没有根据是不会写的。当年程颐就跟吕大临说：你这个不像话，“表叔平生议论，谓颐兄弟有同处则可，若谓学于颐兄弟则无是事”，说你赶紧给我删了。后来程子又读到《行状》的这个版本，非常愤怒，说我当年就嘱咐他删掉，怎么就不删呢？这几乎是“无忌惮”了！吕大临这样写难道是要取悦二程吗？我们知道，张

① 陈俊民：《张载哲学与关学学派》，第8页。

② 姜国柱：《“关学”与“洛学”》，《哲学研究》1982年第9期。

> 载去世之后，他的弟子基本上都追随二程学习，吕大临也是这样。吕大临是什么样的人呢？你去看《二程集》中程颐和吕大临的辩论。程颐评价吕大临：凡是张载没说过的，我一跟他说他就懂，就接受；只要是横渠说过的，此人就不改了。可见吕大临对张载的服膺。所以，一定是张载本人亲口这样说过，否则吕大临不会这么写。由此可见当时道学初兴的阶段，这些人物虚怀若谷的人格。①

杨立华对于这一学术公案提出了不同的看法。我们不能说杨教授的说法完全没有道理，但我们不能因为张载讲了“尽弃其学而学焉”的话就认为张载的思想没有二程高明，更不能据此而贬低关学的地位。实际上在北宋那个学术空气比较自由、学术交流较多的时期，相互之间取长补短乃是经常的事情。

朱熹在《伊洛渊源录》卷六此条文末有一按语云：

> 按《行状》今有两本，一云“尽弃其学而学焉”，一云“尽弃异学，淳如也”。其他不同处亦多，要皆后本为胜。疑与叔后尝删改如此，今特据以为定。……而横渠之学，实亦自成一家，但其源则自二先生发之耳。②

杨立华评价此段引文说：“朱子这段议论相当平允，可以视为此一公案的定论。”③ 并指出，以吕大临之性情质直，兼对张载之学笃信不疑，能为此事，很有可能是张载生前曾有过类似的表述。张立文先生指出：“朱熹在这里打了一个圆场，一是说明吕大临有一个删改本，而程颐见到的是未删改本，今以删改本为定；二是对杨时跋文持否定态度，认为张载之学，‘自成一家’，但其源则自二程发之耳，此未免又留有尾巴。张载与二程学术之间，互有影响，这是不能否定的，然其源不一定是二程发之……张载其学源于二程为不确。”④ 张岱年先生对此曾进行了专门回应和讨论，他说：

---

① 杨立华：《宋明理学十五讲》，北京大学出版社2015年版，第122页。

② （宋）朱熹：《伊洛渊源录》卷六小注引，《朱子全书》第20册，第1002页。

③ 杨立华：《气本与神化——张载哲学述论》，第23页。

④ 张立文：《宋明理学研究》，第181—182页。

> 程颐的态度是比较公允和客观的……但二程弟子中仍有不少人不顾程颐的训示依然认为张载曾学于程颢，如游酢所写《程明道先生行状后》说："先生生而有妙质，闻道甚早，年逾冠，明诚夫子张子厚友而师之。"（《伊洛渊源录》卷三引）这些话主要是企图贬低张氏而抬高二程的地位。①

张先生的观点是非常准确的。基于正统观念和道统思想的影响所致的门户之见，在中国学术史中并不鲜见。这里所说的"张子厚友而师之"的观点即是缘于此。张载逝世后，程颢也曾作《哭张子厚先生》，对与张载结伴郊游、探讨道学而"共修"的情谊做了缅怀，其诗曰：

> 叹息斯文约共修，如何夫子便长休！东山无复苍生望，西土谁共后学求？千古声名联棣萼，二年零落去山丘。寝门恸哭知何限，岂独交亲念旧游？②

看来，张载与二程确实多有学术上的探讨和交流，但说张载之学源自二程之学是不符合历史事实的。张载之学源自洛学，应当是二程后学出于抬高其门户而对二程的溢美之词。我们知道，道统论是理学的核心理论之一，它对于儒学理论的延续性、信仰的坚定性、体系的稳定性等具有重要作用。而他所展现出的严密的谱系性和排他性，往往使得思想史书写者"一旦执着于某一学者或学派的道统论立场编撰理学史，就难以写出完整、准确、全面的反映历史真实的学术史，难免形成一些片面见解和学术偏见"③。二程后学的"横渠之学源于二程"之论即是出于此。

综上可见，张载之学是在与二程的相互交流中日益发展起来的独立的思想体系，关洛两个学派是平等的关系。有学者以张载较二程年长十余岁，且为其表叔，而认为当是张载影响了二程；也有学者提出二程虽然年轻，但是思想成熟较早，且有张载京师论《易》撤虎皮之举，从而说是二程影响了张载。后一种观点在学界影响甚大，时至今日还有不少学者在坚持这种观点。

---

① 张岱年：《关于张载的思想和著作》，《张载集》前言，中华书局1978年版，第13页。

② （宋）程颢：《铭诗·哭张子厚先生》，《河南程氏文集》卷三，第485页。

③ 朱汉民：《照着儒学学统重写理学史》，《复旦学报》2018年第3期。

其实若结合历史实际去考察，在思想史、哲学史研究中要判定到底谁影响了谁的问题，本身就是比较困难的事情。我们更多地应该关注于思想史发展的内在逻辑及思想演化发展的链条，这样的考察将使我们对于思想史发展的真实有更为清晰的认知。当然其实还有两种观点，一种是张程的相互继承说，一种是“二源并流”说。① 表面上看，张载与二程之间思想的相互吸收应是比较稳妥的观点，但其实它的背后展现的是经历过博弈之后的折中之举，也是想当然的一种说法。考察张程各自的思想演化发展历程，可见尽管他们经过了较长一段时间的学术思想交流，但各自在坚持自身思想的前后稳定性和独特性上表现得都是比较坚定的，也是比较自信的。很难说谁在哪些方面继承了对方。所以这种有和稀泥之嫌的观点其实是站不住脚的。相较而言，后者却相对比较允当，但也存在一定的问题。之所以说“二源”，乃是认为张程的思想发端于不同的环境、来自不同的学术传承谱系，“并流”则强调两个思想流派之间各自的思想独创性，以及在后世发展过程中的相对独立性。这确实在很大程度上反映了两者思想关系的真实。之所以说它似乎还不是那么完美，则是基于我们对于侯可这个曾经在陕西一带有着重要影响的学者的关注。从目前不少的材料来看，我们似乎都可以推断，作为二程之舅的侯可，其思想一定在很大程度上影响了二程，同时因为地缘的因素，也在一定意义上影响了一心向学且孜孜不倦的二程的表叔张载。尽管目前尚没有直接的材料证明侯可与张载之间有何学术交往，但其重视自然科学、重气的思想特点与典籍中所载之侯可思想非常接近。若如此说，我们当对所谓的“二源”说有新的认识。即张程既属“二源”，亦为同源。至于程氏门人在后世提到的“横渠之学源于程氏”之说，更多的是程门弟子的门户之见，而张载的自谦之语所引发的误会也是不可忽视的因素。

---

① 王绪琴：《气本与理本——张载二程易学本体论的建构及其问题》，中国社会科学出版社 2017 年版，第 216 页。

# 第二章　正面交锋

## ——从张载、二程四次论辩看关洛关系

在整个关洛学派关系的讨论中，最核心的内容是张载与二程围绕道学核心话题所展开的正面交锋。这四次正面交锋既有直面的讨论，也有以书信形式展开的研讨。其中第一次和最后一次皆属于当面讨论，第二次和第三次则主要是书信往来。尽管从外在形式来看，张程之间的讨论似乎不多，然这由多种因素所致，其中一个重要的因素恐怕是有关材料尤其是书信的佚失。另外，尽管从现存材料来看，张程之间的讨论次数有限，但所讨论的问题覆盖面却是非常之广，展现出两大学派创立者开阔的学术视野、两大学派的理论分歧和他们恢复儒家道统、建构新儒学的强烈使命感。张载与二程的学术讨论，最直接地展现在四次论辩中。通过对四次论辩的考察，进一步把握张程所要讨论的主要问题，并立足于两者的思想整体来进行深度解析，是切实把握关洛学派思想关系的关键环节。

### 第一节　第一次论辩——京师论《易》

"京师论《易》"，乃是见诸史籍的张载与二程之间第一次直接碰撞且有重大影响的论学事件。张载年长二程十几岁，张载与二程见面时，他已在京师说《易》，其思想框架已初步形成。而二程当时很年轻，虽闻道甚早，然思想体系尚处形成阶段。对张载的学问，程颢当是敬畏的。熙宁初，"神宗问明

道以张载、邢恕之学，奏云：‘张载臣所畏，邢恕从臣游。’”①

## 一　“京师论《易》”史实稽考

关于“京师论易”，其时间、经过、结果在历史上都存在着一些争议，《横渠先生行状》、《宋史》、张载年谱等皆未达成一致，故此需要进一步去梳理以求历史真实。

### （一）“论《易》”时间

关于张载讲《易》的时间，盖有三种说法：其一，“嘉祐初”说。该说法主要依从吕大临、李幼武以及继后的《理学宗传》《宋元学案》等。吕大临在《横渠先生行状》中说：“嘉祐初，见洛阳程伯淳、正叔昆弟于京师，共语道学之要。先生涣然自信曰：‘吾道自足，何事旁求！’乃尽弃异学，淳如也。”② 而李幼武在《皇朝名臣言行录外集》中亦是采用“嘉祐初”的说法。至于《宋元学案》《理学宗传》亦是附吕大临《横渠先生行状》之论。其二，“嘉祐元年”说。此乃归曾祁在其《横渠先生年谱》中持有的说法。曾祁案曰：“嘉祐元年丙申，三十七岁。先生初至京师……见洛阳程伯淳、正叔昆弟于京师，共语道学之要，先生涣然自信曰：‘吾道自足，何事旁求！’乃尽弃异学，淳如也。”③ 其三，“嘉祐二年”说。清人武澄持此说：“嘉祐二年，先生因举进士至京师，坐虎皮讲《易》，故《宋史》特载之，而不云嘉祐初者，略也。”④

然而，综观以上三论，后两者盖缘于“嘉祐初”之说。或者说，归谱与武谱明晰了“嘉祐初”的具体时间。然而哪一种说法为确呢？

张波在《张载年谱》中作了较为翔实的考辨：

> 《行状》：“先生嘉祐二年登进士第，始仕祁州司法参军。”《续资治通鉴长编》卷一八五：“（嘉祐二年）春正月癸未，翰林学士欧阳修权知

---

① （宋）程颢、程颐：《河南程氏外书》卷十二，《二程集》，第443页。

② （宋）吕大临：《横渠先生行状》，《张子全书》（增订本）附录一，第375页。

③ 归曾祁：《横渠先生年谱》，《儒林年谱》八，《儒藏》史部第58册，四川大学出版社2005年版，第499页。

④ （清）武澄：《张子年谱》，《儒林年谱》八，《儒藏》史部第58册，第479页。

贡举。先是，进士益相习为奇僻，钩章棘句，寖失浑淳，修深疾之，遂痛加裁抑，仍严禁挟书者。”宋李植《皇宋十朝纲要》卷六：“三月御殿试礼部奏名进士。”宋陈均宋本《皇朝编年纲目备要》：“（嘉祐二年）三月亲试举人，初免黜落。”①

由此推断，张载嘉祐二年（1057）举进士之事当属无疑，恰逢是年正月欧阳修主考。依“正月”考试推测，张载理应提前于嘉祐元年（1056）至京师，故此，张载与二程讲《易》之事应在嘉祐元年。且《宋人年谱丛刊》中《明道先生年谱》亦作“嘉祐元年”，亦可作旁证。

**（二）“讲《易》关中”“乃归陕西”说之驳辩**

关于“京师论《易》”除时间外，其发生地点和结果，在历史文献中也有着不同的说法。

对于“讲《易》关中”之说，盖后世讹传之语，实则无任何证据支撑。如陆世仪在《思辨录辑要》中所言：

古人虚心、诚朴无一念，自是无一念欺人。如横渠讲《易》关中，二程来过相与论《易》，遂自撤其皋比曰“吾不如也二程”，亦不以为嫌。此是古人虚心诚朴处，近代儒者各立宗旨，各分门户，互相标榜，互相诋排，以视古人真堪愧死。②

观以上材料，其未能予以足够的证据以证明“讲《易》关中”的说法。反观《宋史》《横渠先生行状》《程氏外书》中“京师”“坐虎皮”语，故可得出：“讲《易》关中”之说应该为谬误之辞，不合历史所载。

对于“乃归陕西”之语，亦是后世之谬传。此说法应源自尹和靖之辞，其于《河南程氏外书》曰：

---

① 张波：《张载年谱》，西北大学出版社 2015 年版，第 41 页。

② （清）陆世仪：《思辨录辑要》卷三十，《文渊阁四库全书》第 724 册，台湾商务印书馆 1983 年版，第 283 页。

> 横渠昔在京师，坐虎皮，说《周易》，听从甚众。一夕，二程先生至，论《易》。次日，横渠撤去虎皮，曰：吾平日为诸公说者，皆乱道。有二程近到，深明《易》道，吾所弗及，汝辈可师之。（逐日虎皮出，是日更不出虎皮也。）横渠乃归陕西。①

而《张子全书》（卷十五）、《性理大全》所载“乃归陕西”语，盖亦是援引尹和靖之语，皆不足以为证。参上文关于横渠嘉祐二年（1057）“登进士第”及“始仕祁州司法参军”之事，则可证“乃归陕西”之说不可靠。若是“乃归陕西”，如何参加科举考试？何以次年三月进京考取进士？何以次年任祁州司法参军职官？由此推之，“乃归陕西”之说亦不可信。

综上之论，“讲《易》关中”“乃归陕西”说皆不合史实，当属不实之论。

## 二　“京师论《易》”所反映的问题

“京师论《易》”除了引发如前所论的“横渠之学源于程氏”的学术公案外，也关涉到张载与二程关于易学思想的交流这一问题。然限于文献，对此我们也只能进行一定的揣测。

应该说，易学在张程三人思想之中占有很重要的位置。其实，当时易学研究甚是盛行，诸如胡瑗的《周易口义》，欧阳修的《易童子问》，王安石的《易说》，苏轼的《东坡易传》。所以从某种意义上来说，张、程作为易学研究者，“京师论《易》”的出现是再正常不过的事情了。《宋元学案》中言横渠“以《易》为宗”，王夫之亦附曰：“张子之学，无非《易》也。”② 王夫之之论有其合理性，因为张载晚期作品《正蒙》中曾多次援引《周易》的思想，正如韦政通在《中国思想史》中所说：“横渠和邵、周一样，都曾以《周易》为其思想的出发点，早期的《易说》不必说，即便晚期的《正蒙》依旧笼罩在易学的氛围之中，《易传》以后，没有人能像他那样，用极富哲思而又简洁的文字，表达形上义理组织形上系统的。”③ 程伊川也非常重《易》，他说：“看《易》，且要知时。凡六爻，人人有用。圣人自有圣人用，贤人自

---

① （宋）程颢、程颐：《河南程氏外书》卷十二，《二程集》，第436—437页。

② （清）王夫之：《张子正蒙注·序论》，第4页。

③ 韦政通：《中国思想史》，台湾水牛出版社1994年版，第1084页。

有贤人用，众人自有众人用，学者自有学者用；君有君用，臣有臣用，无所不通。”①

由此可以推断：张载和二程是十分重视易学的，并且将其作为重要的经学思想来源。且张载《正蒙》之书，亦是取《易》之蒙卦，其意为“‘蒙以养正’，使蒙者不失其正，教人者之功也”②。当然，在张载、二程论及天道观、心性论、阴阳动静之说、诚神几之道、礼乐之论等内容时都渗透着易学思想，其义理易学脱落了象数型占筮易学，以显微之细处著见天下之达道，为道学之发展，纲纪之定正，提供了重要的理论来源，可谓“弥纶天下之道”。恰若王船山曰：

> 《周易》者，天道之显也，性之藏也，圣功之牖也，阴阳、动静、幽明、屈伸，诚有之而神行焉，礼乐之精微存焉，鬼神之化裁出焉，仁义之大用兴焉……自朱子虑学者之骛远而忘迩，测微而遗显，其教门人也，以《易》为占筮之书而不使之学，盖亦矫枉之过；几令伏羲、文王、周公、孔子继天立极、扶正人心之大法，下同京房、管辂、郭璞、贾耽壬遁奇禽之小技。而张子言无非《易》，立天，立地，立人，反经研几，精义存神，以纲维三才，贞生而安死，则往圣之传，非张子其孰与归！③

张载、二程作为义理派，尤其是义理易学的大师，其不仅以易学架构新的哲学体系以驳斥佛老，还借助易学发展道学理气观、心性说等思想。正如余敦康先生所言：“张载所承担的这四项研究课题（第一个命题讲世界观，第二个命题讲人生观，合起来就是有关内圣心性之学的全部内容。第三个命题是讲由内圣开出外王，由心性修养扩展到经世致用。还有一个命题是名教之乐），最后都在他所建构的‘以《易》为宗，以《中庸》为体’的易学体系中顺利完成了。”④ 程氏易学亦复如是，且影响甚是重大。二程之后，理学学派易学著作甚多，然其著述在思想义理方面大都以理学为本，仅略作修正，

---

① （宋）程颢、程颐：《河南程氏遗书》卷十九，《二程集》，第249页。

② （宋）张载：《正蒙·中正》，《张子全书》（增订本）卷一，第19页。

③ （清）王夫之：《张子正蒙注·序论》，第4页。

④ 余敦康：《内圣外王的贯通——北宋易学的现代阐释》，学林出版社1997年版，第279页。

鲜有超越程颐易学范式之作。正如顾炎武所说:“昔说《易》者,无虑数千百家,然未见有过于《程传》者。”① 当代易学家吕绍纲先生曾指出,伊川的《周易程氏传》直接孔子解《易》传统,乃以理学解《易》的代表作,在理学范式下,其当之无愧乃一座难以逾越的高峰。

张程“京师论《易》”,展现了北宋时期易学发展的热潮。作为当时有一定造诣的易学学者,张载、程颐,包括邵雍都有传世易学名著问世。山东大学王新春教授甚至指出程颢也是易学大家。② 嘉祐初入京师时,张载的易学思想已初步确立。而张程的交流也促使他们的易学思想不断趋于成熟。朱伯崑先生对此说:

> 张载易学体系的形成,同程氏易学也有一定的联系。二程和张载都把其易学看成是批判佛老两家的武器,同属于宋易中的义理学派。其易学有共同点,也有不同之处。据说,张载早年在开封坐虎皮椅说《易》,听者甚众。一夕,二程至,同张载讨论易学问题。次日,张载说《易》,撤去虎皮说:“吾平日为诸公说者皆乱道,有二程近到,深明易道,吾所弗及,汝辈可师之。”(《外书》十二)此事乃程氏弟子所记,可能有些夸张,但张载推崇程氏易学,曾受二程的影响,是可以肯定的。③

朱先生的看法是比较公允的,并且他还进一步指出,张载易学既是在对程氏易学的吸收中,又是在同程氏易学的斗争中形成的。④ 当然这里的斗争我们更应该理解为论辩交流,而非过去唯物、唯心研究范式下对子结构中的斗争。事实上,张岱年先生还明确指出:“张载在开封讲《易》时,可能已经开始写《易说》了。”⑤ 这一说法是比较符合张载的学术历程的。从范仲淹授《中庸》到出入佛老“左右采获,十有余年”⑥,然后“返归六经”,“理会得

---

① (清)顾炎武:《亭林文集》卷三,中华书局 1966 年版,第 3 页。

② 王新春:《仁与天理通而为一视域下的程颢易学》,《周易研究》2006 年第 6 期。

③ 朱伯崑:《易学哲学史》第二卷,昆仑出版社 2005 年版,第 256 页。

④ 朱伯崑:《易学哲学史》第二卷,第 257 页。

⑤ 张岱年:《关于张载的著作与思想》,《张载集》前言,第 15 页。

⑥ (宋)朱熹:《鞠歌第五十一》,《楚辞集注·楚辞后语》卷六,《朱子全书》第 19 册,第 308 页。

六七年”①，初步奠定了其学术基础。作为群经之首的《易》经，自是张载研究的重中之重，故此推测，《横渠易说》之写作始于开封讲《易》之时，是完全有可能的。

## 第二节　第二次论辩——《定性书》

由张载年谱、《二程子年谱》、《宋史》等材料可知，张载、程颢嘉祐二年（1057）御殿试，礼部奏名进士。次年，程颢调任京兆府鄠县主簿，而张载仕祁州司法参军。两人虽身居异地，仍有较多的书信往来，《答横渠先生定性书》即是两人在此期间留下的重要文献材料。游酢《书明道行状后》云：“逮先生之官，犹以书抵扈，以定性未能不动致问。先生为破其疑，使内外动静，道通为一，读其书可考而知也。”② 这里所说的“扈”，是鄠县的古称。游酢所言，可为二人此期交往之明证。吕大钧、范育和苏昞等人，应该也都是在这一时期开始从学于张载的。杨立华指出，此时的张载虽然已深得道学之精要，但恐怕还未能真正地建构起自己的体系。这也是张载在思想上与二程较为接近的一个时期。③ 由于张载的信件已经散佚，今已不可得知，故仅以程颢的《定性书》为核心展开这一次张、程学术论辩的浅析。

### 一　张、程“定性”时间辨正

关于张、程此次“定性”问题的学术论辩，其具体时间仍然是比较模糊的，目前对于《定性书》的写作时间有三种说法。

其一，朱熹“二十二三时作”说。该说法源自《朱子语类》：“明道十四五便学圣人，二十及第，出去做官，一向长进。《定性书》是二十二三时作。”④ 朱子之说确否？根据《宋人年谱丛刊》中《二程子年谱》卷一《明道

---

① （宋）张载：《经学理窟·义理》，《张子全书》（增订本）卷五，第71页。

② （宋）游酢：《河南程氏遗书》附录，《二程集》，第334页。

③ 杨立华：《宋明理学十五讲》，第123页。

④ （宋）黎靖德编：《朱子语类》卷九十三，第2359页。

先生年谱》所载："（程颢）嘉祐元年丙申，二十五岁。"[①]那么程颢在二十二三之时，尚未考取进士，更遑论其"调任京兆府鄠县主簿"之事了。故此，朱子之"《定性书》是二十二三时作"说明显谬误，拂逆史实，不可参信。

其二，嘉祐三年（1058）说。清池生春、诸星杓在其《明道先生年谱》中置此事于嘉祐三年。《年谱》中曰："三年戊戌，二十七岁。任鄠县主簿……先生有妙质，闻道甚早。年逾冠，明诚。夫子张子厚友而师之。其视先生虽外兄弟之子，而虚心求益之意恳恳如不及。逮先生之官，犹以书抵扈，以'定性未能不动'致问。"[②]然此池生春、诸星杓之说亦无十足的证据，此处保留对此说法的疑问。

其三，嘉祐四年（1059）说。姚名达《程伊川年谱》、张立文《宋明理学研究》、徐远和《洛学源流》等持此说。牟宗三先生在《心体与性体》中曾言："明道此答书，朱子谓是'二十二三时作'（见《语类》卷第九十三），此恐未必。近人似有考其为二十七八时作，此或较可信。答书末尾有云：'吏事匆匆，未能精虑。'只要吾人能查出其为吏之时与处，此事即易决定。但此并不要紧。总之，明道成熟相当早，此书总是成熟之作，亦与其后来之发展（如前各节所述）并无不合处，而后来之发展亦未见有不同处。其思理与境界固常一贯也。"[③]

根据程颢《游鄠县山诗十二首序》云："嘉祐二年，始应举得官，遂请于天官氏，愿主簿书于是邑，谓厌饫云山，以偿素志。今到官几二年矣，中间被符移奔走，外干者三居其二，其一则簿书期会，仓廥出入，固无暇息。"[④]根据以上记载得知：程颢答书当在二人各赴其职之后，张载寄书与在鄠县的程颢讨论"定性"。又据《定性书》所云"吏事匆匆，未能精虑"看，其情况与《游鄠县山诗十二首序》云"今到官几二年矣……固无暇息"等语相符。再结合程颢嘉祐二年（1057）"调任京兆府鄠县主簿"之史实，"官几二

① （清）池生春、诸星杓：《二程子年谱》卷一，《儒林年谱》八，《儒藏》史部第58册，第818页。

② （清）池生春、诸星杓：《程子年谱》卷一，《儒林年谱》八，《儒藏》史部第58册，第821—822页。

③ 牟宗三：《心体与性体》中册，吉林出版集团有限公司2013年版，第194—195页。

④ （宋）程颢：《游鄠县山诗十二首序》，《河南程氏文集》卷三，《二程集》，第472—473页。

年”即程颢入鄠两年时，即为嘉祐四年。

综上所述，朱子“定性书是二十二三时作”当为谬说，而嘉祐四年之说，较嘉祐三年之说更为可信。

## 二 《定性书》与张、程思想分歧

《定性书》原称为《答横渠张子厚先生书》（清吕留良刻本题目作《答横渠先生定性书》），而今所谓《定性书》之名，是后人加上去的，盖缘于张载语“定性未能不动，犹累于外物”之句而来。程明道先生的《答横渠先生定性书》全文如下：

> 承教，谕以“定性未能不动，犹累于外物”，此贤者虑之熟矣，尚何俟小子之言！然尝思之矣，敢贡其说于左右。
>
> 所谓定者，动亦定，静亦定，无将迎，无内外。苟以外物为外，牵己而从之，是以己性为有内外也。且以性为随物于外，则当其在外时，何者为在内？是有意于绝外诱，而不知性之无内外也。既以内外为二本，则又乌可遽语定哉？
>
> 夫天地之常，以其心普万物而无心；圣人之常，以其情顺万事而无情。故君子之学，莫若廓然而大公，物来而顺应。《易》曰：“贞吉悔亡。憧憧往来，朋从尔思。”苟规规于外诱之除，将见灭于东而生于西也。非惟日之不足，顾其端无穷，不可得而除也。
>
> 人之情各有所蔽，故不能适道，大率患在于自私而用智。自私则不能以有为为应迹（一作物）。用智则不能以明觉为自然。今以恶外物之心，而求照无物之地，是反鉴而索照也。《易》曰：“艮其背，不获其身，行其庭，不见其人。”孟氏亦曰：“所恶于智者，为其凿也。”与其非外而是内，不若内外之两忘也。两忘则澄然无事矣。无事则定，定则明，明则尚何应物之为累哉？
>
> 圣人之喜，以物之当喜；圣人之怒，以物之当怒。是圣人之喜怒，不系于心而系于物也。是则圣人岂不应于物哉？乌得以从外者为非，而更求在内者为是也？今以自私用智之喜怒，而视圣人喜怒之正为如何哉？夫人之情，易发而难制者，惟怒为甚。第能于怒时遽忘其怒，而观理之

是非，亦可见外诱之不足恶，而于道亦思过半矣。

心之精微，口不能宣；加之素拙于文辞，又吏事匆匆，未能精虑，当否伫报，然举大要，亦当近之矣。道近求远，古人所非，惟聪明裁之！①

朱子称："'定性'字，说得也诧异，此'性'字，是个'心'字意。"②在朱熹看来，性为不动的本体，不存在动与不动的问题；另一方面性又不能不动，亦即需要通过心之动而表现情③，因而只能说"定心"而不可言"定性"。牟宗三和劳思光也认同朱熹的说法。④ 从明道答书可见，"定性"一词来自张载而非二程，而在明道的哲学体系里，其性、心、情意义基本相通，几无实质上的差别。⑤

从程颢的答书中，可以见出张载思想中原有定性之说。按照张载之说，人性本有虚而清通之神，以生感而有知之明，则存此神，即所以定性，故曰"存神其至矣"。根据唐君毅先生的分析，张载言"精义入神"之工夫，"精义入神以达天德，乃有仁之敦化，以合天道。今欲恒存此虚而清通之神，以定性，即有'如何不为外物所累，以失其定静'之一问题。"⑥ 这一"外物"由闻见之知而知，因而与攻取之欲紧密相连，即展现出动之性。如何不被外物所动，着实为张载哲学中之真问题。张载在《正蒙》中通过如下方式来解决这一问题：在有形之物接续不已地呈于前，而见天命不已时，随时尽心以尽性，而知义之所在，而以此义之合于命者为天理；并随时穷此理，以至于此天命之不已者。然而在与明道讨论时，张载是否已形成《正蒙》中该思想，则无法获知。通过明道答书可见，他认为，张载只求内定其性以求去外物之累为非是，也就是说以其只存此神之虚而清通之工夫为非是。之所以称其

---

① （宋）程颢：《河南程氏文集》卷二，《二程集》，第460—461页。

② （宋）黎靖德编：《朱子语类》卷九五，第2441页。

③ （宋）朱熹：《知言疑义》："性不能不动，动则情矣。"（《晦庵先生朱文公文集》卷七三，《朱子全书》第24册，第3562页。）

④ 牟宗三：《心体与性体》中册，第235页；劳思光：《新编中国哲学史》第三卷上册，广西师范大学出版社2005年版，161页。

⑤ 郭晓东：《识仁与定性——工夫论视域下的程明道哲学研究》，复旦大学出版社2006年版，第130页。

⑥ 唐君毅：《中国哲学原论》（原教篇），中国社会科学出版社2006年版，第84页。

"非是"，是因为其心存有内与外的对待和区分。则此内之应外，即是牵己而从之。既然是牵己以从外，则外亦会累内。现在要去除外物之累，则外物之来至于内者无穷，最终将永远无法保持内心的定静。因为有此内外之区分，则难以成就定性之工夫。

而从一般立论层而言，定性问题，似乎别无他道可以解决，只有忘却内外之一条途径。也就是说人要忘记内与外，忘记内之静与应外之动之分，则无应外之动，对外物无"将执""迎待"等，也就无累心之事。对于明道来说，"定"不是指有内外动静之分的"静"，而是"动亦定，静亦定，无将迎，无内外"。心定，性亦定。就是说，不但心之未发时（静）为定静，已发时（动）也必须是定静的，我们根本不需要在已发之时把"动"强制住，去人为地求得一个定，而是要在动中即人情事变中于生活世界体会此本心性体原本就不曾动，实际上就是孟子所讲的"不动心"之意。通过此答书，可见张载内心原有内外之分，故而使外物之诱的问题被逼显出来。程颢则因采用直上直下忘此内外之分的办法，根本不会面对先分后合的问题。实际上程颢之忘此内外之分，自然解决了横渠内外如何合的问题。

需要指出的是，这里的忘内外，并不是无此心性之应物之事，而是不以物为外，不以此外物与内心为对应，不以心物为相对待；而知其为一体之一感一应的两个方面，而感应无间。联系明道的思想整体，即可注意到，已发之际的"不动心"如何可能呢？在他看来，其实只要顺理而动，依理而行，使得动静皆合于理即可。如其所言："'介于石'，理素定也。理素定，故见几而作，何俟终日哉？"[①] 明白了此当定之理，则可"见几而作"，自不碍其定。一旦从内心深处明白体察到了本心之贞定，就自然无须终日蝇营狗苟，以外物为累，从而"规规于外诱之除"。如此，则虽世间外物万变，应物无穷，其实未尝有动，只是"心普万物而无心""情顺万物而无情"而已。在程颢看来，尽管此乃天地、圣人之境，但并非凡人所不可致。天地圣人最重要的在于其有公心，然后方可有大贞定。对于一般的学者而言，定性的工夫并非如横渠一样刻意于绝外诱，而在于"廓然而大公，物来而顺应"。能廓然大公，则无物我之分。无我并不是"内欲不萌"，只是不刻意执于我而忘我；"无

① （宋）程颢、程颐：《河南程氏遗书》卷十一，《二程集》，第131页。

物”并非“外不接物”，只是因“物各付物”而忘物。这样则可以达至“内外两忘”的境界。这种“廓然而大公，物来而顺应”的思想，后来为真德秀所继承，发展为“理自内出而周于事，事自外来而应以理。理即事也，事即理也”①。而此“廓然而大公”，即定性之理定于中也。而“物来而顺应”，即以天地万物为我，亦孟子所言“万物皆备于我”。程颐在《颜子所好何学论》中认为，外诱引起的情欲高涨会使本性破坏，而程明道则认为这种观点“是有意于绝外诱，而不知性之无内外也。既以内外为二本，则又乌可遽语定哉?”只知规规于外诱之除，把内外之别看得太认真，而不知内外在根本上是一体的，这样不能做到定性。只有超越己与物、内与外的界限，进入与物同体的无分别境界，才能保持本性不变，即定性。如《颜子所好何学论》所云：

> 君子之学，必先明诸心，知所养（一作往）。然后力行以求至，所谓自明而诚也。故学必尽其心。尽其心，则知其性，知其性，反而诚之，圣人也。故《洪范》曰：“思曰睿，睿作圣。”诚之之道，在乎信道笃。信道笃则行之果，行之果则守之固：仁义忠信不离乎心，造次必于是，颠沛必于是，出处语默必于是。久而弗失，则居之安，动容周旋中礼，而邪僻之心无自生矣。②

这里提出了孟子所谈到的“尽心”对于修身养性的重要性，与程颢的“定心”之说有紧密的关系。在《定性书》中程颢所谈的本心或本性是万物一体的大公之心。他认为人心、人情之蔽在于自私用智，只要廓然大公，就能顺物而不逆于物，心普万物而无私心，情顺万事而无私情。是故，明道在《定性书》中云：“第能于怒时遽忘其怒，而观理之是非，亦可见外诱之不足恶，而于道亦思过半矣。”《定性书》所讲的“性”，相当于朱熹及其后理学家们常讲的心概念。《定性书》所主张的修养工夫在于保持一个内外一本、动静皆定的本心。这一点在伊川那里也有明显的展现，即他所提出的“定人之主心”的说法。在其看来，心为人主，若是人心不定，则人主不定，则“流

① （宋）真德秀：《真文忠公读书记》卷二，《文渊阁四库全书》第705册，第76页。

② （宋）程颐：《河南程氏文集》卷八，《二程集》，第577—578页。

转动摇，无须臾停，所感万端”，即亦横渠所言之“累于外物”，衍生诸多烦忧。再者，人心不定则不稳，犹人心不中正，如此这般便会“言跲”“事困”“行疚”“道穷”。故以“豫”，即素定，方能通动静之道、合内外之事，中正人心，不累于外物。正如《河南程氏遗书》卷二下曰：

> 人心作主不定，正如一个翻车，流转动摇，无须臾停，所感万端。又如悬镜空中，无物不入其中，有甚定形？不学则却都不察，及有所学，便觉察得是为害。着一个意思，则与人成就得个甚好见识？（一作“无意于学，则皆不之察，暨用心自观，即觉其为害。存此纷杂，竟与人成何见识！”）心若不做一个主，怎生奈何？张天祺昔常言：“自约数年，自上着床，便不得思量事。”不思量事后，须强把它这心来制缚，亦须寄寓在一个形象，皆非自然。君实自谓“吾得术矣，只管念个中字”，此则又为中系缚。且中字亦何形象？若愚夫不思虑，冥然无知，此又过与不及之分也。有人胸中常若有两人焉，欲为善，如有恶以为之间；欲为不善，又若有羞恶之心者。本无二人，此正交战之验也。持其志，便气不能乱，此大可验。要之，圣贤必不害心疾，其它疾却未可知。它藏府，只为元不曾养，养之却在修养家。（一作“持其志，使气不能乱，此大可验。要之，圣贤必不病心疾，它藏府有患，则不尝专志于养焉”。）……人道莫如敬，未有能致知而不在敬者。今人主心不定，视心如寇贼而不可制，不是事累心，乃是心累事。当知天下无一物是合少得者，不可恶也。（伊川语）①

“人心作主不定”则人“无定形”，伊川发挥孟子的“持志养气”说来论证“心定”的重要性。总而言之，《定性书》探讨的问题，是如何“定性”。至少在程明道看来，“定”之所以能“定”，不在于抑制本心，亦不在于驱逐外诱，只要随顺天理、保持内外一本，则“时行则行，时止则止”，无分于内外动静而无所不定。而要达到这一境界，其关键又在于落实“廓然而大公，物来而顺应”的工夫。

此明道之答横渠书之问，而横渠书信已不得而知。如以今之《正蒙》文

① （宋）程颢、程颐：《河南程氏遗书》卷二下，《二程集》，第52—53页。

本来看，则张载自是以人在感知外物时，能感知之性在内，所感之物在外。这一感知只是依一虚而清通之性之神而有，故一开始不必谓此感知外物乃牵己性而从外物之事。唯在此所感知之外物，连于人之气之攻取之欲，当性感知外物为其所牵引时，而物亦为性所累。此则正为横渠所欲去除的方面。又明道之谓“天地之常，以其心普万物而无心；圣人之常，以其情顺万事而无情”，亦合于横渠之言“‘上天之载’有感必通。”① 有天体物不遗，圣人之神惟天，故能周万物而知。“无心之妙，非有心所及也。”② 唯明道于此特就圣人之心之情言，而天地之心亦应有此情，而横渠未重此情之义。然在天与圣人上说，其心既体万物不遗，即已是合内外，而亦在无内外之境；则明道与横渠之旨，似应不殊。惟横渠大概以此圣人之合内外，乃由次第工夫而致。人必先有在内或对外工夫，然后方有此合内外。在明道看来，则是直由天地圣人之体万物而无内外，以言吾人之为学者，亦当直以内外两忘为工夫，以直下至澄然无事、而定而明之境。横渠则谓人当先存内之虚而清通之神以定性，而澄然无事之境，而定而明，则非可一言而决。此在人之天资高者，固能之，然未必人人皆能。又明道言：“圣人之喜，以物之当喜；圣人之怒，以物之当怒。是圣人之喜怒，不系于心而系于物也。”此言系于物，乃所以遮其系于心。实则圣人之心于物来顺应，实亦不系于物。此物来顺应之境，如何能致，如何知物之当喜，物之当怒？以知理之是非，亦皆非易事。横渠于此，先言穷理。后伊川、朱子亦以格物穷理，补明道之所未及，则又正是还同于横渠之先穷理，然后能合内外以尽性至命之论。至于明道之言“怒时遽忘其怒”，实亦乃非天资高者不能为。若在常人，则先无工夫，于怒时亦未必能遽忘其怒也。故此明道之《定性书》之文之义，尚可有种种补充，亦不可据之以薄横渠之见。此中唯明道之直下标出“内外两忘”，为学圣之工夫，则固有深旨。而人真能直下“廓然大公”“内外两忘”，亦可当“澄然无事”，亦即不可能“用智”。又我们虽然可以看到，横渠伊川朱子之说，谓人于若干事上，必须先有格物穷理之功，然人亦自有种种更不待格物穷理之功，而理已明白，自能直心而发之物来顺应之事。然人之先有内外之见者，在此情形下，

---

① （宋）张载：《正蒙·天道》，《张子全书》（增订本）卷一，第6页。

② （宋）张载：《正蒙·天道》，《张子全书》（增订本）卷一，第6页。

仍不能物来顺应。其故不在物理之未明，或物之当喜当怒之理之不见，而在其不能直心顺理以成其即感即应。此中之病痛，纯在人心之自身。此时人之内外之见，正足增益此病痛。此病痛原于人之缘其知有内而自私，更以外为外而用智，以成其穿凿。人以心知为内，为我之内之所有，亦即自私此心知为我有。自私此心知为我有而属内，则阻塞其应感，乃用智以成其穿凿，则反不见已呈现于前而实已明白之物之当喜当怒之理，遂不能顺理以喜怒。有此自私用智二病，人不能达于物来顺应之境，则人唯有先直下忘此内外之分，方能直下兼拔此二病之根。此固是一鞭辟近里之工夫。于此处，亦不须更言穷理，而言穷理或正成其用智之凿，亦未可知。此一直下忘内外，而物来顺应，诚为不易，或只天资高者，方能一念契入，而当下澄然无事。然此亦天资高者之实学所存。若天资不及者，则虽不能至，亦当心向往之。

《定性书》的核心在于如何排除外物的干扰，以求得内心的宁静。主要落实在一个“定”字上。由定而静，由定而达到“内外之两忘”，由定而达到“廓然而大公，物来而顺应”的精神境界。“苟规规于外诱之除，将见灭于东而生于西也。非惟日之不足，顾其端无穷，不可得而除也。”因此，在明道看来，横渠对问题的提法本身就有问题，像横渠那样求定，要么入于虚静一途，要么根本不可能真正地定得下来，这就意味着必须另辟蹊径。

程明道《定性书》之言，略可得知他依旧遵袭儒家的纲常观念，即天地、圣人、君子、生民等。其曰“天地之常”“圣人之常”“君子之学”“人之情”，划分为四层而各有定分。正如《宋元学案》所云：

> 嘉靖中，胡柏泉松为太宰，疏解《定性书》，会讲于京师，分作四层：“一者，天地之常，心普物而无心，此是天地之定。二者，圣人之常，情顺物而无情，此是圣人之定。三者，君子之学，廓然大公，物来顺应，此是君子之定。四者，吾人第于怒时遽忘其怒，观理是非，此是吾人之定。吾人希君子，君子希圣人，圣人希天地。”是日，天下计吏俱在京，咸会于象房所，约五千余人。罗近溪、耿天台、周都峰、徐龙湾并参讲席，莫不饱饫斯义。①

① （清）黄宗羲原著，全祖望补修：《宋元学案》卷十三《明道学案上》，第548页。

由上可见，“天地之常”者，心普物而无心；“圣人之常”者，情顺物而无情。然“天地之常”与“圣人之常”，其实一也。程颢在《遗书》卷二上说：“圣人即天地也。天地中何物不有？天地岂尝有心拣别善恶，一切涵容覆载，但处之有道尔。若善者亲之，不善者远之，则物不与者多矣，安得为天地？故圣人之志，止欲‘老者安之，朋友信之，少者怀之’。”① 故此，程颢认为圣人与天地万物为一体，具有博大的胸怀，欲使百姓和万物各得其所。程颐亦有相似之语，其曰：“圣人之心，未尝有在，亦无不在，盖其道合内外，体万物。”② 简而言之，圣人之心普照万物，遍体万物，其道贯通内外。程颢说：“至于无我，则圣人也。”③ 程颐说：“惟圣人至公无我，故虽功高天下而不自有，无所累于心。”④ “圣人之公心，如天地之造化，生养万物，而孰尸其功？”⑤ 认为圣人最大公无私，是有功于天下的人。故而程颐又说：“若圣人，则如天地，如‘老者安之’之类。”⑥ 程明道认为圣人即是实行博施济众的道德实践的仁者；程颐认为只有圣人能够具备博施济众的道德实践的能力，欲使四海内外男女老幼皆被其恩泽。虽然两人在圣人之境界的描述上有所差异，然“若圣人，则如天地”的思想却是一致的。故此，“天地之定”与“圣人之定”具有一体性，即心普万物而无心，情顺万事而无情。换而言之，圣人以天地万物为己之心、为己之情，达到了心顺应万物而情齐天地的境界。

总之，《定性书》所探讨的焦点问题是如何定性即如何定心。在明道看来，“定”之所以能定，不在于强制本心，也不在于驱逐外诱，只要随顺天理，则“时行则行，时止则止”，无分于内外动静而无所不定。而要达到这一境界，关键在于能否切实下“廓然而大公，物来而顺应”之工夫。朱子认为，《定性书》之大纲，只在此两句，这种说法大体上没错。然而，朱子认为，这只是“工夫之已成处”而不是学者之下工夫处，则非是。明道明明说，廓然

---

① （宋）程颢、程颐：《河南程氏遗书》卷二上，《二程集》，第17页。
② （宋）程颢、程颐：《河南程氏遗书》卷三，《二程集》，第66页。
③ （宋）程颢、程颐：《河南程氏遗书》卷十一，《二程集》，第126页。
④ （宋）程颢、程颐：《书解》，《河南程氏经说》卷二，第1034页。
⑤ （宋）程颢、程颐：《书解》，《河南程氏经说》卷二，第1035页。
⑥ （宋）程颢、程颐：《河南程氏遗书》卷二上，《二程集》，第22页。

大公则无事，无事则定，定则明，这分明是把“廓然大公”作为工夫而不是作为效验看。其实，这种“廓然大公”之工夫，就是明道后来所说的“识仁”之工夫，即是在应事之际，来体会此心体之大公，从而达到“不动心”的境界。而这也正是程颢反对张载“规规于外诱”的“定性”（定心）观点之原因。程颢所谈的实际上是一种高远的道德理想，而张载所谈的乃是切近学者实际的入手工夫。

## 三　张、程“定性”工夫论歧异

### （一）“天人合一”与“天人本无二”的思想差异

张载认为，天地与人皆为一“气”尔。他说：“均死生，一天人，惟知昼夜，通阴阳，体之不二。”① 这是张载“天人一物”② 的终极性命题。在其看来，万物都秉承着“天性”，人亦是如此，正所谓“性者万物之一源”也。③ 与此同时，张载还继承了《易传》中关于天、地、人的论述，提出“易一物而合三才”的说法。《正蒙·大易》言：“易一物而合三才：阴阳气也，而谓之天；刚柔质也，而谓之地；仁义德也，而谓之人。”④ 此外，张载指出，“人事”“人谋”应该与“天道”“自然”达到合一的状态，而并非天与人相分离。其曰：

> 天人不须强分。《易》言天道，则与人事一（衮）〔滚〕论之。若分别则只是薄乎云尔。自然人谋合，盖一体也。人谋之所经画，亦莫非天理耳。⑤
>
> 释氏语实际，乃知道者所谓诚也，天德也。其语到实际，则以人生为幻妄，以有为为疣赘，以世界为阴浊，遂厌而不有，遗而弗存。就使得之，乃诚而恶明者也。儒者则因明致诚，因诚致明，故天人合一，致学而可以成圣，得天而未始遗人，《易》所谓不遗、不流、不过者也。彼语虽似是，观其发本要归，与吾儒二本殊归矣。⑥

---

① （宋）张载：《正蒙·乾称》，《张子全书》（增订本）卷二，第44页。
② （宋）张载：《正蒙·乾称》，《张子全书》（增订本）卷二，第44页。
③ （宋）张载：《正蒙·诚明》，《张子全书》（增订本）卷一，第11页。
④ （宋）张载：《正蒙·大易》，《张子全书》（增订本）卷二，第31页。
⑤ （宋）张载：《横渠易说·系辞下》，《张子全书》（增订本）卷十，第190页。
⑥ （宋）张载：《正蒙·乾称》，《张子全书》（增订本）卷二，第44页。

此处即是说，“天道”之中本来就蕴含着“人事”，人的主观能动性的发挥是与自然的规律相统一的，故此人之正常的谋略经画活动依旧归属于天理，即“人谋”亦“莫非天理”也。当然，张载以儒家的现实精神来肯定人生，认为人之“明”与天之“诚”是相互贯通的，可以通过工夫修养熏习成为圣人，故此张载反对佛教虚幻的“真如”及“空”论等思想。如上“儒者则因明致诚，因诚致明，故天人合一，致学而可以成圣，得天而未始遗人”之说，着重是从提升境界的角度为儒者提出了实现“天人合一”之方法。而“（大）〔天〕人异用，不足以言诚；天人异知，不足以尽明。”①，因此需要我们以“自诚明，自明诚”的工夫来达到“天人合一”之境界。如此一来，便契合了张载所说的“人生固有天道”② 之语。张载批判汉唐儒学“知人而不知天，求为贤人而不求为圣人”，从而提出“故思知人不可不知天”。这里所谓的“不知天”实际上是认为汉唐之儒在对天的理解上出现了偏差，将超越的宇宙本体之“天”经验化了。而张载提出这一问题的指向则是要挺立出其天人合一的理论模式。而这一理论模式则是通过超越认识论而指向境界论的“合内外”来得以实现的。

在张载看来，天和人是有分有合的。合的前提是分，亦即天使万物各自有其独立性，故不可以以人混天，天与人之间存在着分隔，存在着差异。从这个意义上而言，张载的“天人合一”从思想方法上是要强调“有差别性的统一”，其所用之“合”，实际上谈的是统一性，这在其“合虚与气有性之名，合性与知觉有心之名”中所言之合是一致的。此外，张载还批评佛教“不知本天道为用”，主张“得天而未始遗人”，通过个人内圣与外王的双重践履来实现“心天合一”“天礼合一”而致“天人合一”。

反观程颢之思想，与张载迥然有异。程颢认为：“天人本无二，不必言合。”③ 他明确地批驳了张载的“天人合一”论，认为其将浑圆统一的天人关系割裂为天人二本之说，实在是不恰当的。在《遗书》中，程颢明言：“合天人，已是为不知者引而致之。天人无间。”④ 进一步凸显了“天人无间”之

① （宋）张载：《正蒙·诚明》，《张子全书》（增订本）卷一，第11页。

② （宋）张载：《张子语录中》，《张子全书》（增订本）卷十一，第209页。

③ （宋）程颢、程颐：《河南程氏遗书》卷六，《二程集》，第81页。

④ （宋）程颢、程颐：《河南程氏遗书》卷二，《二程集》，第33页。

可作为本体。故此，“性”无内外之说是契合程颢理本论的，若言“性”有内外之分则悖于程颢的天理思想。我们也知道，在明道看来，“‘生之谓性’‘人生而静’以上不容说”① 已点破了一个基本的本体论事实：人生存在世界中，道体现在世界中，我们只能在世界之中来领会此性与道，人与世界并不是相互对待的内外关系，而是仁者与天地万物浑然一体。既曰浑然一体，则物就不是外，那么己也无所谓内，因此，道不能有内外之分，性亦不能有内外之分。

《张载集》中横渠“合内外”之工夫论，集中展现在如下数语中：

> 人谓已有知，由耳目有受也。人之有受，由内外之合也。知合内外于耳目之外，则其知也过人远矣。②
>
> 耳目虽为性累，然合内外之德，知其为启之之要也。③
>
> 有无一，内外合，庸圣同。④
>
> 若圣人，则不专以闻见为心，故能不专以闻见为用。无所不感者，虚也。感即合也，咸也。以万物本一，故一能合异；以其能合异，故谓之感。若非有异，则无合。天性，乾坤、阴阳也，二端故有感，本一故能合。天地生万物，所受虽不同，皆无须臾之不感，所谓性即天道也。⑤
>
> 学者有专以礼出于人，而不知礼本天之自然，告子专以义为外，而不知所以行义由内也，皆非也，当合内外之道。⑥
>
> 立本既正，然后修持。修持之道，既须虚心，又须得礼，内外发明，此合内外之道也。⑦

由以上六语，明显可以看出张载“平物我，合内外”的思想。相较于程颢“无分”之言，张载的“分”“合”之道是比较容易理解的。既然言“合”，

---

① （宋）程颢、程颐：《河南程氏遗书》卷一，《二程集》，第10页。
② （宋）张载：《正蒙·大心》，《张子全书》（增订本）卷一，第14页。
③ （宋）张载：《正蒙·大心》，《张子全书》（增订本）卷一，第14页。
④ （宋）张载：《正蒙·乾称》，《张子全书》（增订本）卷二，第43页。
⑤ （宋）张载：《正蒙·乾称》，《张子全书》（增订本）卷二，第43页。
⑥ （宋）张载：《经学理窟·礼乐》，《张子全书》（增订本）卷四，第60页。
⑦ （宋）张载：《经学理窟·气质》，《张子全书》（增订本）卷四，第64页。

则必定有“分”，故此“合内外之德”“天性，乾坤、阴阳也，二端故有感，本一故能合”“合内外之道”等语，皆表明“德”“道”“天性”“乾坤”“阴阳”等都不是终极的本体存在，这些皆为“太虚即气”活动的二次体，合此二端方能得见其一本，即气。再者，以“物”“我”关系为例，张载明显与程颢不同。程颢提倡一种“浑然与物同体”“以天地万物为一体”的观念。而张载恰好以“平物我”的思想，去鉴“见”识。如以下之言：

> 人当平物我，合内外，如是，以身鉴物便偏见，以天理中鉴则人与己皆（鉴）〔见〕，犹持镜在此，但可鉴彼，于己莫能见也，以镜居中则尽照。只为天理常在，身与物均见，则自不私。己亦是一物，人常脱去己身则自明。①

张载以“平物我”的工夫，即通过“物”我之分离，如可持镜以鉴己鉴物，从而“脱去己身”达到明诚的境界。于是乎，张载这种由分而致合的工夫，尤其是这种“合内外”的观念，充分彰显了其穷索工夫。而这在明道看来是颇为繁琐的，他认为：“存久自明，安待穷索?”② 于是乎，张载的“合内外”之说明显异于明道“不须防检，不须穷索”的理念。所以，《定性书》中程颢的“性无内外”说，导向了力求浑圆的“不须防检，不须穷索”的工夫论，而张载的“合内外”之工夫则显得“苦心穷索”，竭力而行了。

若仔细推究即可见，在张载那里所强调之“合”往往可理解为“整合”。张载特别注意对“合”的原则之规定，他强调“非有异，则无合”③，合的前提是“有异”。此外正需感通能力。他说：“无所不感者，虚也。感即合也，咸也。以万物本一，故一能合异；以其能合异，故谓之感。……二端故有感，本一故能合。”④ 天地万物之所以可以感通，根本在于万物“本一”，否则不存在“合异”之可能。从这里我们可以看出，张载并非没有看到程颢所强调的“天人本一”，而是基于现实中万事万物之差异性存在的客观情况而提出了

① （宋）张载：《经学理窟·学大原下》，《张子全集》（增订本）卷四，第78页。
② （宋）程颢、程颐：《河南程氏遗书》卷二上，《二程集》，第17页。
③ （宋）张载：《正蒙·乾称》，《张子全书》（增订本）卷二，第43页。
④ （宋）张载：《正蒙·乾称》，《张子全书》（增订本）卷二，第43页。

以“合内外”为中心的修养工夫路径。进而还以“合虚与气”来界定性，批评佛老单纯以“虚”言“情”及陋儒单纯以“气”言“性”的两偏之失。

在《定性书》中，明显可以看出：程颢极其重视“顺情”“顺物”的思想。关于“情”，明道曾说：“或谓贤者好贫贱而恶富贵，是反人之情也。”这恰恰说明了，明道提倡顺情，而非反人之情。但是，“顺情”必须是顺应正常的情欲。如果超越正常的情欲需求，抑或是无法满足正常的情欲需求的话，势必会造成国家混乱。纵观历史，若国君超越正常的情欲而不是“顺情”，就会产生夏桀、殷纣之祸；若人民没有满足正常的情欲而无法“顺情”，就会产生陈胜、吴广之类的起义。故，一国之发展，唯有“顺情”而行道，方能歌舞升平、国泰民安。其实，戴震在《孟子字义疏证》中，也有相似的见解：“理也者，情之不爽失也；未有情不得而理得者也。”[①] 在戴震看来，若是不得情，那又如何得理呢？所以，唯有顺情无爽失，才能得理、得圣人之常。

除此之外，明道还提出了“顺情”之法的关键所在：系于物。这里，我们不难发现明道“与物同体”的思想；这种思想，也侧面论证了其“顺物”的工夫论。夫惟顺物，方能顺情，方可物我同一。这种境界，颇类似于孟子“万物皆备于我”和“天人合一”的境界。换言之，我们需要顺天地万物喜怒之情，方可至于“物我同一”之境。相反，若是认识不到己与物一体，己身就会体验到过分的欲望，物就会对自我构成外诱。

明道于《秋日偶成》一诗中写道：

> 闲来无事不从容，睡觉东窗日已红。万物静观皆自得，四时佳兴与人同。道通天地有形外，思入风云变态中。富贵不淫贫贱乐，男儿到此是豪雄。[②]

从这首诗可以看到明道自得的人生状态和悠闲的心境，尤其是“万物静观皆自得，四时佳兴与人同”。细细品味，该诗中“万物自得”“与人同”的思想，不恰好是“顺情顺物”的至高境界吗？这种“天地与我共存，万物与

---

① （清）戴震：《孟子字义疏证》卷上，中华书局1982年版，第1页。
② （宋）程颢、程颐：《河南程氏文集》卷三，《二程集》，第482页。

我为一”的生命观，使人仁爱宇宙万物，但绝不狂妄地想要把宇宙万物据为己有，当人们了解到自身正是宇宙万物之一，宇宙与自己为一体，自然而然就能仁爱万物。而这种“爱”，便是人之情。故只要我们顺情顺物，情系于物而不系于己身，便能够达到“风竹便是感应无心”的境界。程颢这里所谈到的工夫实际上是圣人境界的工夫，而张载所言及的“定性”工夫，主要面向一般学者而言。张金兰在《关洛学派关系研究》中说：“张、程的差异主要表现在张载所谓的大人阶段。而大人到圣人阶段张载所说的‘化’与‘熟’，与程颢表达的圆融状态正相一致。如果达到圣人阶段，张、程的观点基本没有多大差别。程颢所谓的无内外，一动静，过而不有等等，在张载的工夫论中都表达的是圣人境界。圣人‘体万物不遗，已是合内外，也就是无内外，二者都一致’。这一提法借助于唐君毅先生对张程的评判，应该说比较准确地把握住了张载与程颢工夫论上的差别。”[①] 但是这里的问题在于，张载在与程颢讨论之后，其观点实际上并没有改变。尽管之后的著作中未见定性或定心之语，但其面向一般学者为工夫立论却丝毫未有改变，这也充分展现出张载自身的理论自信。

将张程之学略加对比即可见，二程洛学显然是从人生出发，以性的挺立来建构其本体论与宇宙论，而张载则是从天道出发，以天道本体论与宇宙论并建而说明人，由此才有定性、成性的探讨。前面所说的洛学与关学的相应只是一部分，而其相异的部分，正是张载的天道观。张载的性依天而立，由天道而来，二程的性虽也依天而立，但他们并不关心客观自在的本然与实际的客观存在。王安石曾讥大程之道如“上壁”[②]，朱子说大程“说话浑沦，煞高，学者难看”[③]，黄宗羲说大程“语言流转如弹丸”[④]。从其《定性书》来看，皆不可谓无见。这说明，大程立论一般是从应然之圣贤境界出发，而对于实然的气性之人而言，却有不知入手之弊，但大程确有高妙圆融的一面。这两面虽各有利弊，但并不相互否定。所以，若以张载为参照审视洛学，则张载所突出的重点无疑是客观天道，而二程的重心则在主体的自我省察。这

① 张金兰：《关洛学派关系研究》，陕西师范大学博士学位论文，2010 年，第 49 页。

② （宋）程颢、程颐：《二程遗书》卷十九，《二程集》，第 255 页。

③ （宋）黎靖德编：《朱子语类》卷九十三，第 2358 页。

④ （宋）黄宗羲原著，全祖望补修：《宋元学案》卷十三《明道学案上》，第 542 页。

样一来，张载的本体论和宇宙论显然是关于客观天道的本体论与宇宙论，而二程的本体论与宇宙论则是从人生（性）出发的主体观照式的本体论与宇宙论，这就是关洛之学最基本的区别。从这一点来看，只能说二程是从张载出发，在张载所开规模的基础上另建体系，而绝不可能相反。

通过以上分析我们可以看出，关学与洛学之辩主要是张载与程颢之间的差异，两人在宇宙本体、天人观、修养工夫论等方面皆存在较大的分歧。张载与程颢的差异实际上成为关洛思想争鸣的重点，也成为日后理学发展的理论焦点所在。而这也充分展现了关洛之辩的历史意义和学术价值。

## 第三节　第三次论辩——伊川《答书》及《再答》

### 一　论辩之缘起

宋神宗熙宁二年（1069）二月庚子，王安石被任命为参知政事。随后，甲子日，陈升之、王安石创立三司条例司，开始推行新法。八月，明道以御史中丞吕公著荐，被授予太子中允、权监察御史里行。当时，程颢在京师可谓盛名之至，无论是德行还是才学，都受到皇帝的尊重。[①] 皇帝曾经让程颢推择人才，明道所荐数十人，以其表叔张载及程颐为首。

《张载年谱》载曰："闰十一月，张载为崇文院校书……闰十一月，张载外治明州狱案。"[②] 由此可知，程颢、张载二人此时同于京师为官，其中学术交流应该甚是频繁，由于并没有过多的文献材料，二人此时的学术交往已不可得知。今日所可见者，唯程颢所上《乞留张载状》：

> 臣伏闻差著作佐郎张载往明州推勘苗振公事。窃谓载经术德义，久为士人师法，近侍之臣以其学行论荐，故得召对，蒙陛下亲加延问，屡

---

① 姚名达《程伊川年谱》："皇帝素知其名，召对之日从容咨访。问所以为御史，明道对曰：'使臣拾遗补阙，裨赞朝廷，则可。使臣掇拾臣下短长，以沽直名，则不能。'皇帝叹赏，以为得御史体。比二三见，遂期以大用。……尝言人主当防未萌之欲，皇帝俯身拱手曰：'常为卿戒之。'"（知识产权出版社 2013 年版，第 39—40 页。）

② 张波：《张载年谱》，第 59—60 页。

形天奖，中外翕然知陛下崇尚儒学，优礼贤俊，为善之人，孰不知劝？今朝廷必究观其学业，详试其器能，则事固有系教化之本原于政治之大体者；傥使之讲求议论，则足以尽其所至。

夫推按诏（一作讼。）狱，非儒者之不当为，臣今所论者，朝廷待士之道尔。盖试之以治狱，虽足以见其钩深炼核之能，攻擿断击之用，正可试诸能吏，非所以尽儒者之事业。徒使四方之人谓朝廷以儒术贤业进之，而以狱吏之事试之，则抱道修洁之士，益难自进矣。于朝廷尊贤取士之体，将有所失。况苗振罪犯明白，情状已具，得一公平干敏之人，便足了事。伏乞朝廷别赐选差，贵全事体，谨具状奏闻。①

当时，据程颐所说："况十八叔（张戬）、大哥（程颢）皆在京师，相见且请熟议，异日当请闻之。"② 也就是说当时张载、张戬、程颢都处于京师之地，虽"议而未合"，但三人对于道学、政治等问题经常相互探讨。但三人所议，惜已未存。而程伊川由于当时并不在京师，随父亲在汉州，因而收到张载来信，并复以《答横渠先生书》，之后又作《再答》。所以，张、程的第三次大论辩则以《答书》与《再答》为核心而展开。

## 二　关于"虚无即气"之讨论

此次论辩中首先涉及的是关于"虚无即气"的讨论。若是说张载哲学中最为重要的哲学概念，莫过于"气""太虚"之类了。至于张载的气论，备受瞩目的便是"太虚即气"的命题。陈政扬在《张载思想的哲学诠释》中将对"太虚即气"的理解分为三种，一是以大陆学者为代表的唯物论，二是以牟宗三为代表的体用圆融论，三是以唐君毅为代表的虚气不二论。③ 李晓春亦将对此命题的理解划分为三个阵营：（一）"是"系学派。"是"系学派认为"太虚即气"中的"即"应该理解为现代汉语的系词"是"，从而认为太虚与气是同质的，并认为太虚是气的本然状态，这一系的代表以冯友兰、张岱年、姜国柱、陈俊民、陈来、杨立华为主。（二）"即"系学派。"即"系学派的

① （宋）程颢：《乞留张载状》，《河南程氏文集》卷一，《二程集》，第 456 页。

② （宋）程颢、程颐：《河南程氏文集》卷九，《二程集》，第 596—597 页。

③ 陈政扬：《张载思想的哲学诠释》，台湾文史哲出版社 2007 年版，第 24—56 页。

代表当首推牟宗三。他在研究宋明理学的巨著《心体与性体》中集中研究了“即”的含义问题。该派主要标举出“太虚”与“气”之相即不离意。他说：“此‘即’字是圆融之‘即’，不离之‘即’，‘通一无二’之‘即’，非等同之‘即’，亦非谓词之‘即’。显然神体不等同于气。……是以‘即’有二义：（一）‘不即’，此乃不等义，亦表示非谓词之质性义；（二）‘即’此表示圆融义，不离义，通一无二义。”① （三）“即是”系学派。该派对前两系观点皆有一定的吸收，但又不满意其解释力，企图要提出一种超越和融合前两系主张的理论。② “即是”系这一派的最重要代表当首推唐君毅，他从总体上对于张载哲学有一个判断，即认为张载哲学“多是合两义相对者，以见一义”③。在杨泽波看来，唐君毅的观点虽然偏重虚气不二，但总体上仍然没有脱离第一类的范畴。因此，对这个问题的理解其实只有两类：一是将“即”理解为“是”，这是传统的观点；一是将“即”理解为“不离之即”，这是牟宗三的观点。由此可知，关于“太虚即气”的争论主要是由牟宗三引起的，他以一己之力搅动了整个宋明儒学研究，可见其能量之大。④ 杨泽波通过对张载所有传世文本中即字语意的全面统计分析，提出了“太虚”即是“气”的观点，对牟宗三为代表的太虚与气相即不离的观点提出了质疑。⑤

张载认为，宇宙的一切万有都是由“气”的不同状态所产生、所构成的。张载使用“冰水”之喻来说明“太虚”与“气”的关系：“气之聚散于太虚，犹冰凝释于水，知太虚即气，则无无。”⑥ 在这里，张载的冰水之喻生动形象

① 牟宗三：《心体与性体》上册，第396页。

② 李晓春：《张载哲学与中国古代思维方式研究》，中华书局2012年版，第248—267页。

③ 唐君毅：《中国哲学原论》（原教篇），第49页。

④ 杨泽波：《“太虚即气”之“即”当为“是”义考论——对牟宗三解读的反思》，《复旦学报》2021年第1期。

⑤ 杨泽波在《“太虚即气”之“即”当为“是”义考论——对牟宗三解读的反思》中指出：“既然横渠主要在‘是’的意义上使用‘即’字，那么这三处的‘即’字也当解释为‘是’。第二，按照牟宗三的做法，将这种‘即’字解读为‘不离之即’。如果仅就‘即’字有‘接近’义，这样做当然也通，但明显缺乏说服力。我们很难想象横渠通常在‘是’的意义上使用‘即’字，在这几处突然改用‘接近’的含义，以凸显‘不离之即’的意思。”（《复旦学报》2021年第1期）在笔者看来，一个人在论著中对于一个语词的用法不一定是单一的，也有可能展现出其多种用法。以张载在传世文本中主要表现出“即”字的“是”义，即判定在张载那里“太虚”就是“气”，张载思想属于“气本论”，其分析是比较勉强的。

⑥ （宋）张载：《正蒙·太和》，《张子全书》（增订本）卷一，第2页。

地表达了其对生动实有的世界的看法。冰和水都是真实存在的，皆非虚幻的假象。在他看来，世间万事万物只有“隐”与“显”之别，而没有“有”与“无”的区分。当然，从冰水之喻看张载的虚气关系，确实并没有凸显二者之间具有“相即”的立体等级差异。[①] 如上所论，从“太虚即气”命题的语义来看，关键在于对于“即”字的理解。“即”字乃是宋儒的常用字，如“心即理”“气即性”等皆非等同意，往往展现的是“不即不离”“非一非异”的语言表达方式。据此，“太虚”与“气”之间内涵有异，但本质相同。二者之间是二而非二、非一非二之关系，它们是一体之两名。这种差异可以是内涵的不同、状态的不同，但它们之间并不存在本体与现象、形上与形下、真实或虚幻的本质差异，所以张载着重强调了对世界的连续性与一体性的描述。所以他说：“知太虚即气，则无无。故圣人语性与天道之极，尽于参伍之神，变易而已。”[②] “知虚空即气，则有无、隐显、神化、性命通一无二，故聚散、出入、形不形，能推本所从来，则深于《易》者也。”[③] 这里进一步阐述了“太虚”与“气”之体用不二的关系。从宇宙生成论的意义来看，“太虚”与“气”相即不离，共同推动着天地万物的衍生与发展；从宇宙本体论的意义来看，太虚以其超迈万有的超越性、无限性、自足性、本根性，构成宇宙间天地万物的本体，它既是宇宙自然的本原，也是社会价值的本原，而气只是宇宙生成的质料，并不是宇宙之本体。

在二程那里，世界万物都是由“气”的运动变化所形成的。即使是雷、电、霜、露等自然现象，也均是由“气”的运动变化所生。“雷自有火。如钻木取火，如使木中有火，岂不烧了木？盖是动极则阳生，自然之理。”[④] “万物之始，皆气化；既形，然后以形相禅，有形化；形化长，则气化渐消。”[⑤] 也就是说，在世界具体事物形成之前，是“气化”；形成具体形态之后，便为“形化”。但不管是“气化”还是“形化”，皆是“气”的运动变化所成就的。天地间的任何事物均由“气”转化而成，是二程认识和把握世界得出的基本结论。

---

① 王雪卿：《当代张载学》，台湾联经出版公司 2021 年版，第 248 页。

② （宋）张载：《正蒙·太和》，《张子全书》（增订本）卷一，第 2 页。

③ （宋）张载：《正蒙·太和》，《张子全书》（增订本）卷一，第 1 页。

④ （宋）程颢、程颐：《河南程氏遗书》卷十八，《二程集》，第 237 页。

⑤ （宋）程颢、程颐：《河南程氏遗书》卷五，《二程集》，第 79 页。

二程之学，以自家体贴之“天理”作为本然法尔的本体，强调形上、形下的区分，因此与张载以“气”为入手的理论自然大相径庭。程颐对于《正蒙》的批评，大概在张载撰写过程中就已开始。熙宁初，张载曾就《正蒙》撰写中的一些问题写信给程颐。于是，程颐写了《答横渠先生书》与《再答》。从这两封书信的内容来看，它们构成了对《正蒙》最初的批评。在《答横渠先生书》中，程伊川述曰：

> 观吾叔之见，至正而谨严。如“虚无即气则无无”之语，深探远赜，岂后世学者所尝虑及也？（然此语未能无过。）余所论，以大概气象言之，则有苦心极力之象，而无宽裕温厚（一作和）之气。非明睿所照，而考索至此，故意屡偏而言多窒，小出入时或有之。（自注：明所照者，如目所睹，纤微尽识之矣。考索至者，如揣料于物，约见仿佛尔，能无差乎?）更愿完养思虑，涵泳义理，他日自当条畅。①

程颐所引“虚无即气则无无”，显然是指《正蒙·太和》的“知太虚即气，则无无”。程颐认为，张载这一思想的最大问题是“非明睿所照，而考索至此”。后人因此而将张载的天道观称为“宇宙论玄想”②，也不为无见。然而问题在于，张载正是要通过这种“稽天穷地”的“考索”为儒学确立天道本体的依据；而对于宇宙的始源及其本体来说，除了“考索”，仅仅“明睿所照”是无从接近的。若要通过“明睿所照”的方式确立天道本体，那就仅能通过形上与形下、然与所以然式的分立来解决，而这样形成的本体虽不失客观性，但却有可能导致对天理本体的泛化。因此，在如何确立天道本体的问题上，张载确实借助了宇宙论向度的“考索”。这一考索，既保证了天道本体对实然宇宙的超越性，同时也为天道本体奠定了实然宇宙的基础；而程颐之“明睿所照”——然与所以然的对翻在弘扬本体之遍在性的同时，又将其与宇宙万物的关系压低为形上与形下的关系，这对天道本体的超越性与主宰性而言，无疑是一种消解。所以，这一批评既表现了程颐与张载确立天道本体的

---

① （宋）程颢、程颐：《河南程氏文集》卷九，《二程集》，第596页。

② 刘述先：《朱子哲学思想之发展与完成》，吉林出版集团有限公司2015年版，第513页。

不同进路，同时也蕴含着程颐对张载天道本体进行改铸的可能性。对于这一批评，张载并没有接受，而是回以“盈幅之谕，详味三反”①。

张载曾明确指出：“吾之作是书也，譬之枯株，根本枝叶，莫不悉备，充荣之者，其在人功而已。又如晬盘示儿，百物具在，顾取者如何尔。”② 这说明，从历史的因缘看，张载之《正蒙》主要是为了与佛老“较是非，计得失”，但从深层或更根本的原因来看，则主要是为刚刚崛起的理学“造道”，其所谓“充荣之者，其在人功而已”以及“晬盘示儿”“顾取者如何尔”的比喻都清楚地表明了这一点。那么，张载的“造道”关怀主要表现在哪些方面呢？从根本上说，其关系主要表现在“天道性命相贯通”上。因为这一点不仅从根本上区别于佛老，而且也从根本上有别于汉唐儒学。

这可以从张载在《正蒙·太和》中之语看出来：

> 若谓虚能生气，则虚无穷，气有限，体用殊绝，入老氏“有生于无”自然之论，不识所谓有无混一之常。若谓万象为太虚中所见之物，则物与虚不相资，形自形，性自性，形性、天人不相待而有，陷于浮屠以山河大地为见病之说。此道不明，正由懵者略知体虚空为性，不知本天道为用，反以人见之小因缘天地。明有不尽，则诬世界乾坤为幻化。③

这里张载以天道体用不二的理解为据对佛老及汉唐儒学之偏进行了深入批判。若对太虚与气、本体与现象的关系没有准确的理解，不是陷入佛教的以天地万物为幻妄之论，就是沦入道教“有生于无”的自然之论。这里表面上是在批佛老，实际上是在批判儒学形上、形下悬隔之弊。

反过来看，佛老的荒谬与汉唐儒学的不足主要也就在于真“体用殊绝”的思维方式，以及由此所表现的“略知体虚空为性，不知本天道为用”④ 这一根本性的“不知”上。可见，从佛老到汉唐儒学乃至世儒时论都构成了张载的批判对象，而张载也就借助儒家传统的体用不二思维，在对佛老与汉唐

① （宋）程颢、程颐：《程氏文集》卷九，《二程集》，第596页。
② （宋）苏昞：《正蒙序》，《张子全书》（增订本）附录三，第398页。
③ （宋）张载：《正蒙·太和》，《张子全书》（增订本）卷一，第1页。
④ （宋）张载：《正蒙·太和》，《张子全书》（增订本）卷一，第1页。

儒学以及所谓世儒时论的双向批判中，论证了儒家天道性命相贯通的天道观基础。

值得我们注意的是，张载之著《正蒙》，时间上是在其一生中的最后七年，形式上则采取了“当自立说”的方式。至于其当时写作的具体状况，正如吕大临所描述：“终日危坐一室，左右简编，俯而读，仰而思，有得则识之，或中夜起坐，取烛以书。”“其志道精思，未始须臾息，亦未尝须臾忘也。”① 张载在《经学理窟·自道》中说：“某学来三十年，自来作文字说义理无限，其有是者皆只是亿则屡中。”又说：“譬如既凿一穴已有见，又若既至其中却无烛，未能尽室中之有，须索移动方有所见。言移动者，谓逐事要思，譬之昏者观一物必贮目于一，不如明者举目皆见。”② 张载以极高明之资为困勉之学，故其旨深、其理实、其辞正③，尽管其学“非明睿所照”，难使“举目皆见”，但其“逐事要思”的勤勉为学方式，直是令程朱都甚为感佩。依此而言，深思熟虑、字斟句酌的《正蒙》当展现出张载思想的严密性与严整性。这也是后世不少学者对张载之学的看法。

而这里的问题在于，从二程到当代的牟宗三，不少学者皆认为张载之语多“滞辞”。对此，到底该如何看待呢？这对于理解其体系的严密性与完整性有着密切的关系。程颐给张载的信中曾说：“以大概气象言之，则有苦心极力之象，而无宽裕温厚之气。非明睿所照，而考索至此，故意屡偏而言多窒，小出入时或有之。（自注：明所照者，如目所睹，纤微尽识之矣。考索至者，如揣料于物，约见仿佛尔，能无差乎？）更愿完养思虑，涵泳义理，他日自当条畅。”所谓“考索至此”，就是用心思考所得到的关于“合内外”的道理。“明睿所照”，就是实有这种精神境界的人所应有的体会和经验。在冯友兰看来：“前者是‘穷理’所得；后者是‘德性所知’。程颐信的最后几句就是勉励张载于‘穷理’之上更进一层，真实有‘合内外，一天人’的精神境界。到了那时，就‘自当条畅’。”④ 冯先生从境界哲学的意义对此进行了诠释，

---

① （宋）吕大临：《横渠先生行状》，《张子全书》（增订本）附录一，第 376 页。

② （宋）张载：《经学理窟·自道》，《张子全书》（增订本）卷六，第 81 页。

③ 杨立华：《隐显与有无：再论张载哲学中的虚气问题》，《中国哲学史》2020 年第 4 期。

④ 冯友兰：《中国哲学史新编》第五册，《三松堂全集》第十卷，河南人民出版社 2001 年版，第 141 页。

然而实际上他对程颐的批评基本上是认可的，认为程颐的为学境界要比张载更为高明。尽管《正蒙》终由苏昞编订，但其素材还是张载本人的讲论之作。在其去世前一年将稿子交与苏昞时，根据张载谨严的学术性格，当是经过了反复斟酌且最后予以了贞定。若多有“滞辞”，何以能够自许为“根本枝叶，莫不悉备”？

## 三　孟子“必有事焉而勿正”之张、程异解

由于张载的二次来书又涉及对孟子“必有事焉而勿忘勿助”的理解，因而程颐有《再答》。张、程对于孟子“必有事焉而勿正心，勿忘勿助长也”之语，形成了不同的理解，这也就导致两者之间不同的工夫修养论。且看程颐《再答》之文：

> 昨□书中所示之意，于愚意未安，敢再请于左右。今承盈幅之谕，详味三反，鄙意益未安。此非侍坐之闲，从容辨析，不能究也，岂尺书所可道哉？况十八叔大哥皆在京师，相见且请熟议，异日当请闻之。
>
> 内一事，云已与大哥议而未合者，试以所见言之。所云“孟子曰：‘必有事焉而勿正心，勿忘勿助长也。’此信乎入神之奥。若欲以思虑求之，是既已自累其心于不神矣，恶得而求之哉？”颐以为有所事，乃有思也，无思则无所事矣。孟子之是言，方言养气之道如是，何遽及神乎？气完则理正，理正则不私。不私之至，则神。自养气至此犹远，不可骤同语也。以孟子观之，自见其次第也。当以“必有事焉而勿正”为句，心字属下句。此说与大哥之言固无殊，但恐言之未详尔。远地末由拜见，岂胜倾恋之切？余意未能具道。
>
> 所谕“勿忘者，但不舍其虚明善应之心尔”。此言恐未便。既有存于心而不舍，则何谓虚明？安能善应邪？虚明善应，乃可存而不忘乎？①

关于《孟子·公孙丑上》中“必有事焉而勿正心，勿忘勿助长也”之语，朱熹集注：“此与《大学》之所谓‘正心’者，语意自不同也。此言养

① （宋）程颢、程颐：《河南程氏文集》卷九，《二程集》，第596—597页。

气者，必以集义为事，而勿预期其效。其或未充，则但当勿忘其所有事，而不可作为以助其长，乃集义养气之节度也。”① 所以说，在宋代道学家们看来，孟子此语可谓是“集义养气”之不二法门。

张载将“勿忘勿助”与存心养性之修习沟通起来，赞同孟子对“揠苗助长”的批评，主张心性修养要契合自然，不能有意识地去求本心，不能过度苛求思虑。其言曰：

> 求心之始如有所得，久思则茫然复失，何也？夫求心不得其要，钻研太甚则惑。心之要只是欲平旷，熟后无心如天，简易不已。今有心以求其虚，则是已起一心，无由得虚。（功）〔切〕不得令心烦，求之太切则反昏惑，孟子所谓助长也。孟子亦只言存养而已，此非可以聪明思虑，力所能致也。然而得博学于文以求义理，则亦动其心乎？夫思虑不违是心而已。②

在张载看来，求心之存养工夫既不可“忘”，即简易不已，亦不可“助长”，即钻研过甚，否则皆不可达道。

反观程颐《再答》之语，其将孟子之言断为“必有事焉而勿正，心勿忘勿助长也”，显然与张载的存养工夫大相径庭。他的关键意思是，人心在作存心养性的修养时“必有事焉”，即必须有心的活动，心有所活动便有所存养，那便自然不会流于佛、老之虚无，至于孟子反复说到的“勿正、勿忘、勿助长”，程颐认为这是谈养气而非谈尽心、存心。他说：“《孟子》养气一篇，诸君宜潜心玩索。须是实识得方可。勿忘勿助长，只是养气之法，如不识，怎生养?”③ 张载以“勿正心”为读，并训释其意是心性修养，不应以思虑累其心，即主张“无思”。张载本体论中的“太虚”与“气”，和这里的“无心”“无思”，都似乎显示出其思想中那种杂博的特别是道家观念影响的痕迹还没有蜕变净尽。④ 程颐则认为“当以‘必有事焉而勿正’为句，‘心’字属

---

① （宋）朱熹：《孟子章句》，《四书章句集注》，中华书局 1983 年版，第 232 页。

② （宋）张载：《经学理窟·气质》，《张子全书》（增订本）卷四，第 64 页。

③ （宋）程颢、程颐：《河南程氏遗书》卷十八，《二程集》，第 205 页。

④ 崔大华：《儒学引论》，人民出版社 2001 年版，第 495 页。

下句”并训释曰：

> “必有事焉”，谓必有所事，是敬也。勿正，正之为言轻，勿忘是敬也。正之之甚，遂至于助长。[①]
>
> “必有事”者，主养气而言，故必主于敬。“勿正”，勿作为也。“心勿忘”，必有事也。助长，乃正也。[②]
>
> “必有事焉”，有事于此（一作敬）也。“勿正”者，若思此而日善，然后为之，是正也。“勿忘”，则是必有事也。“勿助长”，则是勿正也。后言之渐重，须默识取主一之意。[③]

可见，程颐训解“勿正”为“勿妄为”，“心勿忘”为主敬。且二程贵思，尝谓：“为学之道，必本于思，思则得之，不思则不得也。”“学莫贵于思，唯思为能窒欲。”[④] 可以看出，程颐与张载不同，他主张心性修养当运思、当主敬。

程颐并不赞同张载把孟子的“勿忘”理解为勿忘心，认为那样就把虚明之心看作人的思虑之外的一个东西了，“勿忘”应该是指养气的过程，养气的过程在人心的控制之下，且要合乎理义，既非“助长”式的冒进也非沉沦于虚无，而应当是一种道德感、正义感的自然培养，从而达到道德上的新突破。

程颐还结合儒家道德修养的敬、义观念，对孟子“必有事焉”的修养方法作了进一步阐发。

> 问：“必有事焉，当用敬否？”曰：“敬只是涵养一事。必有事焉，须当集义。只知用敬，不知集义，却是都无事也。”……“敬只是持己之道，义便知有是有非。顺理而行，是为义也。若只守一个敬，不知集义，却是都无事也。且如欲为孝，不成只守着一个孝字？须是知所以为孝之

① （宋）程颢、程颐：《河南程氏遗书》卷十五，《二程集》，第 171 页。
② （宋）程颢、程颐：《河南程氏遗书》卷一，《二程集》，第 12 页。
③ （宋）程颢、程颐：《河南程氏遗书》卷十五，《二程集》，第 150 页。
④ （宋）程颢、程颐：《河南程氏遗书》卷二十五，《二程集》，第 319 页。

道，所以侍奉当如何，温清当如何，然后能尽孝道也。”①

程颐所理解的孟子的心性修养是包括敬、义的动态过程，敬是保持内心专一，而义则是对是非善恶的判别，是一个一知行、合内外的道德修养方式。

这里的讨论，基本上皆是围绕人生修养展开的，因而可以说是关于人生论的讨论。关于第一个问题，张载是将孟子的“必有事”与“勿忘勿助”的统一提升到“入神之奥”的高度来把握的，因而着重强调其无累于心的自然而然的特色，这就是“若欲以思虑求之，是既已自累其心于不神矣，恶得而求之哉?”而程颐则认为“有所事，乃有思也”，认为这仅仅是养气之始；只有到了“不私之至”，才能达到所谓神的地步。显然，在这一问题上，张载是从尽性成德的角度来论述“必有事”与“勿忘勿助”的统一的，所以认为其是入神之奥，而程颐则仅仅认为是养气之始，因而说“自养气至此（神）犹远，不可骤同语也”。关于第二个问题，张载申明所谓勿忘，仅仅指其“不舍其虚明善应之心尔”，而小程则认为：“既有存于心而不舍，则何谓虚明？安能善应邪？虚明善应，乃可存而不忘乎?”关于这一问题，张载仍然是以必有事（存心）与勿忘勿助的统一来把握的，所以既说虚明——无意必固我，又说善应——勿忘勿助、自然而然，这本来正是同一工夫、同一过程之一体两面。但由于程颐一定要将心推到纯粹“虚明”的状态去，所以认为张载的“虚明善应”之说为前后矛盾。实际上，这里的分歧不仅仅是工夫次第的不同，而且确实表现着对本体及其发用关系的不同理解，程颐恰恰存在着有将本体（心）独立自在化的倾向，而张载的本体则是即本体即流行。

此次讨论之后，张载是否对于自己的观点有所调整呢？从作为晚年定论的《正蒙》来看，张载并不赞成程颐的观点，也就意味着张载并没有在此次讨论之后对自己的观点有所调整，这展现出他对自身理论体系和观点的坚持与自信。并非如有学者所言的那样，张载在此次讨论之后，深受启发，不久即改变了自己的认识。② 如：“神不可致思，存焉可也；化不可助长，顺焉可

① （宋）程颢、程颐：《河南程氏遗书》卷十八，《二程集》，第206页。

② 如崔大华先生曾言：“张载曾经用‘清虚一大’来形容界定‘太虚’。而当他受到程颐的诘难时，又修正说‘清兼浊，虚兼实，一兼二，大兼小。”（见氏著《儒学引论》，第510页。）实则张载之语乃是对程颐质询的正面解释，并非过后的观点调整。

也。存虚明，久至德；顺变化，达时中。仁之至，义之尽也。知微知彰，不舍而继其善，然后可以成之性矣。”① “圣不可知者，乃天德良能。立心求之，则不可得而知之。”② 再如：“绝四之外，心可存处，盖必有事焉，而圣不可知也。”③ “意，有思也；必，有待也；固，不化也；我，有方也。四者有一焉，则与天地为不相似。”④ 从这些论述来看，张载仍然是将存心而又无意必固我、必有事而又勿忘勿助，作为尽性成圣、上达天德的必要环节。从理学理论发展脉络来看，若说程颐在后来《与吕大临论中书》中尚有概念辨析方面的理由，那么，在与张载关于《正蒙》的讨论中，便确有“吹毛”之嫌了。

## 第四节　第四次论辩——《洛阳议论》

### 一　洛阳议论的时间考辨

洛阳议论的时间与邵雍卒时相关。武澄《张载年谱》认为：“九月，邵尧夫疾，（张载）与司马君实、二程子晨夕候之，过洛见二程子。”⑤ 武氏之论实据《宋史》而来。《宋史》卷四二七：“雍疾病，司马光、张载、程颢、程颐晨夕候之，将终，共议丧葬事外庭，雍皆能闻众人所言。”又云邵雍于“熙宁十年卒，年六十七，赠秘书省著作郎”。⑥ 程颢《邵尧夫先生墓志铭》云：“熙宁丁巳孟秋癸丑（1077 年七月五日），尧夫先生疾终于家。”⑦ 邵伯温《邵氏闻见录》卷一五载：“熙宁十年，吴充丞相当国，复召还馆。康节已病，子厚知医，亦喜谈命，诊康节脉曰：‘先生之疾无虑。’又曰：‘颇信命否?’康节曰：‘天命某自知之，世俗所谓命，某不知也。’子厚曰：‘先生知天命矣，尚何言。’子厚入馆数月，以病归，过洛，康节已捐馆，折简慰抚伯温勤甚。见二程先生曰：‘某之病必不起，尚可及长安也。’行至临潼县，沐浴更

---

① （宋）张载：《正蒙·神化》，《张子全书》（增订本）卷一，第 8—9 页。
② （宋）张载：《正蒙·神化》，《张子全书》（增订本）卷一，第 9 页。
③ （宋）张载：《正蒙·中正》，《张子全书》（增订本）卷一，第 16 页。
④ （宋）张载：《正蒙·中正》，《张子全书》（增订本）卷一，第 16 页。
⑤ 张波：《张载年谱》，第 131 页。
⑥ （元）脱脱等：《宋史》卷四百二十七《邵雍传》，第 12728 页。
⑦ （宋）程颢：《邵尧夫先生墓志铭》，《河南程氏文集》卷四，《二程集》，第 502 页。

衣而寝，及旦视之，亡矣。门生衰绖挽车，葬凤翔之横渠，是谓横渠先生。”①卷二〇又云：“先公（邵雍）与横渠先生张子厚同以熙宁十年丁巳捐馆。”②据上述文献可知，张载入馆过洛阳时，邵雍已病重，数月后卒。《宋史》所谓在邵雍临终时，张载与二程“晨夕候之”，当误。武澄所谓“九月邵尧夫疾”，更误。张载归郿过洛时，邵雍“已捐馆”，即邵雍在是年七月已去世。因此，可以推测张载约在1077年七月邵雍卒后才过洛，并抱病与二程兄弟论学。时张载弟子苏昞随侍，记录了程、张三子语，题曰《洛阳议论》。“朱文公表章之行于世，今刻《二程全书》中。”③ 从该文来看，所涉问题较多，主要包括“穷理尽性以至于命”、井田制等。

## 二 关于“穷理尽性以至于命”的讨论

“穷理尽性以至于命”语出《易传·说卦》，此语在宋明理学中是个重要的修养工夫论命题。张载与二程对这个命题都进行了探讨，双方的解释存在着深刻的分歧，而这种分歧实际上是气一元论与理一元论的根本对立及由此导出的认识论分歧的表现。④

在张载看来，穷理、尽性、至命是认识的三个方面，不是一回事。如其所云：“知人与‘穷理尽性以至于命’同意。”⑤“穷理亦当有渐，见物多，穷理多，从此就约，尽人之性，尽物之性。天下之理无穷，立天理乃各有区处。穷〔理〕尽性，言性已是近人言也。既穷理，又尽性，然后能至于命，命则又就己而言之也。”⑥ 由此可见，在张载那里，所谓穷理是指穷尽天下之理亦即“物理”的过程；尽性兼人性与物性而言，但主要是指人性，尽性就是“性尽其道”⑦，即充分认识和发挥性之作用的过程；“至命”指“保全天之所禀赋本分者，且不可以有加也”⑧ 而言。理不在人而在物，性在人亦在物且处

---

① （宋）邵伯温：《邵氏闻见录》，中华书局1983年版，第160—161页。

② （宋）邵伯温：《邵氏闻见录》，第222页。

③ （明）冯从吾撰：《关学编（附续编）》卷一，第13页。

④ 程宜山：《张载哲学的系统分析》，学林出版社1989年版，第110—112页。

⑤ （宋）张载：《横渠易说·说卦》，《张子全书》（增订本）卷十，第192页。

⑥ （宋）张载：《横渠易说·说卦》，《张子全书》（增订本）卷十，第192页。

⑦ （宋）张载：《横渠易说·说卦》，《张子全书》（增订本）卷十，第191页。

⑧ （宋）张载：《横渠易说·说卦》，《张子全书》（增订本）卷十，第191页。

处同一，命则专指认识者个人的禀赋、个人的“本分”，三者有物我、人己之别，故不可混为一谈。张载又说：“天道即性也，故思知人不可不知天。能知天，斯能知人矣。”① 理不在人而在物，性则在人亦在物，且是人中之天，故穷理尽性属于“知天”的范围，至命属于“知人”的范围，故穷理尽性至命实包括知天和知人两个方面。这表明他主张将整个物质世界作为自己的认识对象，而这显然是正确的。张载还认为，穷理尽性至命有严格的先后次第，不能三事一时并了。他说：“释氏无天用，故不取理。彼以性为无，吾儒以参为性，故先穷理而后尽性。”② 又说：“致与至为道殊远，尽性然后至于命，不可谓一。”③ 这也就是说，穷理、尽性、至命必须分三步走，前一步是后一步的前提与基础，不遵循步骤，就难以成贤成圣。这种学说实际就是主张人类认识的秩序应该是由天到人。“物理”是客观规律，“人性”是人的本质，对人的本质的认识要建立在对客观规律认识的基础上。性又是人与天地万物的共性，“性其总，合两也；命其受，有则也。不极总之要，则不至受之分，尽性穷理而不可变，乃吾则也”④。只有从总体上认识天地万物的“动静屈伸终始之能”，认识对立统一的普遍规律，认识万物一源的人的本性，并尽其用，才能进而认识、保全天所赋予个人的本分（命）。这种学说，也显然有正确的部分和积极的因素。首先，穷理而后尽性、知天即能知人之说与反省内求的发明本心的路径是相对立的。这是一条从研究客观世界入手去寻求人的本性、人的命运的路线。当然，张载“思知人不可不知天”说还有另一重含义，就是把知人作为知天的最终目的，在这一点上，此说又深深打上了理学的烙印。这表明，他对宇宙的一系列天才的发现，最后是要为儒家的伦理道德学说作注脚，实现其“为天地立心，为生民立命”的理论预期。其次，张载所谓“尽性”不仅仅是指穷尽对天性的认识，还包括尽其道，尽其道亦即尽其用，亦即按照人的本性积极有为地生活。所谓至命亦不仅仅指认识了自身的本分，还包括“保全”这种不可以有加的本分。张载说：“不穷理尽性即

---

① （宋）张载：《横渠易说·说卦》，《张子全书》（增订本）卷十，第192页。

② （宋）张载：《横渠易说·说卦》，《张子全书》（增订本）卷十，第192页。

③ （宋）张载：《横渠易说·说卦》，《张子全书》（增订本）卷十，第191页。

④ （宋）张载：《正蒙·诚明》，《张子全书》（增订本）卷十，第12页。

是戕贼，不可至于命。”① 人如果不努力于穷尽对客观事物的规律的认识，不穷尽对人的本性的认识并按照这种本性积极有为地生活，就不能认识更不能保全天所赋予的命运，就是摧残自己。这也就是说，所谓命不过是竭尽人为之后仍无法改变的东西，在竭尽人的主观努力之前，不可轻谈命。这种学说显然是积极的。

张载穷理尽性以至于命的学说与孟子“尽心知性则知天”的反省内求的路线是对立的，故张载对孟子的上述命题作了改造。他说：“大其心则能体天下之物，物有未体，则心为有外。世人之心，止乎闻见之狭。圣人尽性，不以见闻梏其心，视天下无一物非我，孟子谓‘尽心则知性知天’以此。”② 这就是说，尽心并非反省内求，而是充分发挥心体认、直觉万物的功能，积极向外追求，直至达到完全与天地万物为一体而后已。

应当指出，张载这种以整个客观物质世界为认识对象和知人必先知天的学说，是其用“内外之合”解释认识来源这一路线的前提，因而在张载哲学体系中具有重要地位。而张载这一对“穷理尽性以至于命”的理解，遭到了二程的批评，这集中体现在张载与二程最后一次论学的《洛阳议论》中。该文献对于他们的学旨分歧来说，也是一个例证：

子厚谓程卿：“夙兴干事，良由人气清则勤，闲不得。”正叔谓：“不可，若此，则是专为气所使。”子厚谓：“此则自然也。”伯淳言：“虽自然，且欲凡事皆不恤以恬养则好。”子厚谓：“此则在学者也。”③

子厚言：“十诗之作，止是欲验天心于语默间耳。”正叔谓：“若有他言语，又乌得已也?”子厚言：“十篇次叙，固自有先后。”④

二程解“穷理尽性以至于命”：“只穷理便是至于命”。子厚谓：“亦是失于太快，此义尽有次序。须是穷理，便能尽得己之性，则推类又尽人之性；既尽得人之性，须是并万物之性一齐尽得，如此然后至于天道也。其间煞有事，岂有当下理会了？学者须是穷理为先，如此则方有学。

① （宋）张载：《横渠易说·说卦》，《张子全书》（增订本）卷十，第191页。
② （宋）张载：《正蒙·大心》，《张子全书》（增订本）卷一，第13—14页。
③ （宋）程颢、程颐：《河南程氏遗书》卷十，《二程集》，第110页。
④ （宋）程颢、程颐：《河南程氏遗书》卷十，《二程集》，第115页。

今言知命与至于命，尽有近远，岂可以知便谓之至也？”①

子厚言：“关中学者，用礼渐成俗。”正叔言：“自是关中人刚劲敢为。”子厚言：“亦是自家规矩太宽。”②

在这几条语录中，核心自然是关于“穷理尽性以至于命”这一问题的理解。若说关于性的“定”与“成”问题，他们各有不同的把握与表达，那么，《易传》的“尽性”则是他们相互统一的中介。在这一问题上，张载认为，首先须从人的实然气质之性出发，在此基础上才有所谓学；而学又必须有次序。所以，“尽性”必须以“穷理”为前提；即使达到“尽性”，也必然是从“尽己之性”到“尽人之性”，然后才能“尽物之性”，最后上达天道而至于命，这就是对本然天性的完成。显然，这是从天到人又从人到天的一个回环，而其细密的次第，正是其重实践修持的表现；“知礼成性”与“变化气质”正起着内外夹持、交养互发的作用。

张载还提出了“性尽其道，则命至其源”③ 的观点，但他并没有将道、理、性、命视为一体来看待，而是将“穷理尽性”置于对外物之理的探究上予以考察。其思路在于，通过不断扩大穷理的范围，而得物理之“约”。然而此“约”并非关于万物的“生生之理”。这里的问题在于如何由物之理过渡到对命之体认？在他看来：“既穷〔物〕理，又尽〔人〕性，然后能至于命，命则又就己而言之也”，这里的“命则又就己而言之也”就是说理得于我即为命，明确指出了穷理尽性的主体是自己。④ 同时张载实际上也以理、气来界说命。如其所言：

德不胜气，性命于气；德胜其气，性命于德。穷理尽性，则性天德，

---

① （宋）程颢、程颐：《河南程氏遗书》卷十，《二程集》，第115页。

② （宋）程颢、程颐：《河南程氏遗书》卷十，《二程集》，第114页。

③ （宋）张载：《横渠易说·说卦》，《张子全书》（增订本）卷十，第191页。

④ 王绪琴指出：“这种表象化的解读并不符合孔子所确定的‘穷理尽性以至于命’之义。”“穷理，穷得天地万物何以生生之理；尽性，知万物生生之理，用于我身，则尽除自以为是之性，最终己性只是生生之性；至于命，合乎生生而成就己命，进而举而措之用之于民，成就天下人的生命，这才是‘以至于命’。”（见氏著《气本与理本——张载与程颐易学本体论的建构及其问题》，第242页。）

> 命天理，气之不可变者，独死生修夭而已。故论死生则曰“有命”，以言其气也；语富贵则曰“在天”，以言其理也。[①]

这里张载提出命包含两个性质有所区别的内涵——理与气，气构成命之不可变的必然性质，而理则表示命中可渐次完善的方面，因此其理论中“存在着‘敬德修业以成性’（《横渠易说·乾》）的自由空间”[②]。

而二程则将“穷理尽性以至于命”视为一事，认为三者可以一时并到。程颐说：“明善在乎格物穷理。穷至于物理，则渐久后天下之物皆能穷，只是一理。”[③] 进而程颐对于“格物穷理”作了进一步解释：“格物穷理，非是要尽穷天下之物，但于一事上穷尽，其他可以类推。”[④] “凡一物上有一理，须是穷致其理。穷理亦多端：或读书，讲明义理；或论古今人物，别其是非；或应接事物而处其当，皆穷理也。”[⑤] 在他看来：“理也，性也，命也，三者未尝有异。穷理则尽性，尽性则知天命矣。”[⑥] 这里我们不难看出，程颐的观点是沿着孟子“尽心、知性、知天”的思路而来。在这里，程颐的一个创新性的提法在于用理学最高范畴“天理”将“理”“性”“命”三者统一了起来。所以当邵伯温问程颐：“孟子言心、性、天，只是一理否?”时，他回答说：“然。自理言之谓之天，自禀受言之谓之性，自存诸人言之谓之心。”[⑦] 由此可以看出，心、性、命在程颐那里只是天理不同角度的表现而已。从生命个体的角度来看，“命与心、性、情等一样，同时用以构成、显示和界定其生存或生命整体的一个方面的状态、因素”[⑧]。程颐曾以一木柱为例作了进一步说明：“穷理，尽性，至命，一事也。才穷理便尽性，尽性便至命。因指柱曰：‘此木可以为柱，理也；其曲直者，性也；其所以曲直者，命也。理，

---

① （宋）张载：《正蒙·诚明》，《张子全书》（增订本）卷一，第12页。

② 崔大华：《儒学引论》，第617页。

③ （宋）程颢、程颐：《河南程氏遗书》卷十五，《二程集》，第144页。

④ （宋）程颢、程颐：《河南程氏遗书》卷十五，《二程集》，第157页。

⑤ （宋）程颢、程颐：《河南程氏遗书》卷十八，《二程集》，第188页。

⑥ （宋）程颢、程颐：《河南程氏遗书》卷二十一下，《二程集》，第274页。

⑦ （宋）程颢、程颐：《河南程氏遗书》卷二十二上，《二程集》，第296—297页。

⑧ 崔大华：《儒学引论》，第615页。

性，命，一而已。’”① 程颐的这一观点，改变了过去长期以来将命视为异己性质的外在化的命的传统，实现了向内在生命涵容的转化——命与性统一。他还说：“在天曰命，在人曰性。贵贱寿夭命也，仁义礼智亦命也。”② 在程颐这里，“命获得了人之内在因素的品性，命之外在性、异己性消失了；但命仍是某种‘不得免’，仍是客观的、必然的，即仍是超越的”③。从本质上来看，这里的命乃是一种内在性的超越。

由此则会牵涉出关于对命之偶然性与必然性的理解。命中是否有偶然，曾是理学的重要问题之一。在理学诞生以前，传统儒学虽然认命为命乃必然，但却也已经有了“正命”和“非正命”的区分，对于命中必然性因素的复杂情况有了一定的认识。在张载、二程这里，已然出现关于命的偶然性理解的分歧，具有一定的理论意义。张载曾说：“人一己百，人十己千，然有不至，犹难语性，可以言气。行同报异，犹难语命，可以言遇。”④ 在他看来，在人的生命历程中，尽管有因气形成的必然，然而在气的显现中却存在着“行同报异”的诸多差别，这些偶然性的存在被张载称为“遇”。然而程颐则不赞同这种观点，当有人问他：“命与遇何异？”他说：“人遇不遇，皆是命也。”又有人问：“长平之战，四十万人死，岂命一乎？”他回答说：“是亦命也。”又问：“或当刑而王，或为相而饿死，或先贵后贱，或先贱后贵，此之类皆命乎？”他答：“莫非命也。既曰命，便有此不同，不足怪也。”⑤ 可见，在程颐看来，人的一切遭遇无论同异，皆是必然之命的显现。

在此基础上，程颐对于“穷理尽性以至于命”有了不同于张载的认识，并且从心、天、性的关系这一根本处着眼：“只心便是天，尽之便知性，知性便知天（一作性便是天。），当处便认取，更不可外求。”⑥ 再如：“‘穷理尽性以至于命’，三事一时并了，元无次序，不可将穷理作知之事。若实穷得理，即性命亦可了。”⑦ 再如：“穷理尽性至命，只是一事。才穷理便尽性，才尽性

① （宋）程颢、程颐：《河南程氏外书》卷十一，《二程集》，第410页。
② （宋）程颢、程颐：《河南程氏外书》卷二十四，《二程集》，第315页。
③ 崔大华：《儒学引论》，第616页。
④ （宋）张载：《正蒙·乾称》，《张子全书》（增订本）卷二，第43页。
⑤ （宋）程颢、程颐：《河南程氏遗书》卷十八，《二程集》，第203页。
⑥ （宋）程颢、程颐：《河南程氏遗书》卷二，《二程集》，第15页。
⑦ （宋）程颢、程颐：《河南程氏遗书》卷二上，《二程集》，第15页。

便至命。"[①] 这都是将天与人、性与理看作一事的表现。

基于此，二程认为张载有"二本"之嫌，如："横渠昔尝譬命是源，穷理与尽性如穿渠引源。然则渠与源是两物，后来此议必改来。"[②] "道，一本也。或谓以心包诚，不若以诚包心；以至诚参天地，不若以至诚体人物，是二本也。"[③]这就给张载扣上了"二本"的帽子，且处处批评张载是"二本"，如前引所谓"天人本无二，不必言合"，意即张载主张天人合一，实际上正是以天人为二为前提的。再如："论性，不论气，不备；论气，不论性，不明。(一本此下云：'二之则不是。')"[④] 这也是针对张载而言的，意即张载有气性二本之嫌。至于张载的诚明两进，自然也被看作天人二本的表现。如："问：'横渠言"由明以至诚，由诚以至明"，此言恐过当。'曰：'"由明以至诚"，此句却是。"由诚以至明"，则不然，诚即明也。……横渠之言不能无失，类若此。'"[⑤] 这实际上等于是以天人二本来定性张载哲学了。

表面上看，程颐对"穷理尽性以至于命"的解读似与张载并无本质上的差别，都比较重视于外物求理，在就该命题的解释上似乎皆偏于形而下。[⑥] 实质上，程颐偏重于将三者视为一体，而张载则将其视为三个工夫阶段。在程颐那里何以能够实现穷理、尽性、至命三者的统一？其内在的理论逻辑何在？似乎语焉不详。实际上，仔细区别他们在穷理尽性上的分歧，可以看出，就直接的出发点而言，张载显然是从实然的气质之性出发的，而二程则是从本然之性出发的。因此，二程认为"穷理尽性以至于命，三事一时并了"，而张载则必须坚持实践修持的次第性。也就是说，在二程看来，尽性可以当下实现——"只尽之便是"；而在张载看来，成性尽性必须要有一个从起始到实现的修持过程。仅就这一点而言，似乎可以将张、程之学的差别概括为渐顿之

---

① （宋）程颢、程颐：《河南程氏遗书》卷十八，《二程集》，第193页。

② （宋）程颢、程颐：《河南程氏遗书》卷二，《二程集》，第27页。

③ （宋）程颢、程颐：《河南程氏遗书》卷十一，《二程集》，第117页。

④ （宋）程颢、程颐：《河南程氏遗书》卷六，《二程集》，第81页。

⑤ （宋）程颢、程颐：《河南程氏遗书》卷二十三，《二程集》，第308页。

⑥ 王绪琴说："张载与程颐等宋儒所言之穷理偏于形而下的角度，难言尽性，更不要说'以至于命'了，故张载和程颐解易之'穷理尽性以至于命'，基本是在格物的层面上讲，远未能深入到生命的层面上，显然，还没能真正领会孔子所推定的损益之道。"（见氏著《气本与理本——张载与程颐易学本体论的建构及其问题》，第244页。）言其偏于形而下无可厚非，若言其未深入到生命的层面，则属误解，起码对张程有关命的论述缺乏关注。

别。但是，如果由此继续追溯，则张载的天人之间显然存在着一个本体论与宇宙论并建同时又交叉互渗的展开过程。这就是说，从实然的角度看，天人确实为二，天与人、实然与应然的统一都有待于人的立志与养气、穷理与尽性来实现。而二程则认为“天人一也，更不分别”①，故尔认为“只心便是天，尽之便知性，知性便知天”②。这实际上等于预设了天与人直接同一。这一区别看起来只是不同的关怀重心的表现，实际上则是张程分属于理学之不同发展阶段的证明。

需要补充说明的是，张程之间关于命的问题既有差异性，也有共同性，其共同性集中体现在“惟义无命”“天命可易”这两个命题上。张载曾言：“富贵、贫贱，皆命也。今有人，均为勤苦，有富贵者，有终身穷饿者。其富贵者，只是幸会也。求而有不得，则是求无益于得也。道义则不可言命，是求在我者也。”③ 程颐也提出：“君子有义有命。‘求则得之，舍则失之，是求有益于得也，求在我者也’，此言义也。‘求之有道，得之有命，是求无益于得也，求在外者也’，此言命也。至于圣人，则惟有义而无命，‘行一不义，杀一不辜，而得天下，不为也’，此言义不言命也。”④ 张载、二程都把“惟义无命”作为崇高的理想追求，显示出理性、自尊、自主的人生态度，在他们看来，这实际上是圣人境界的一种表现。此外，张程还认为人的行为尤其是道德修养实践，对于命的形成与显现，皆有一定的移易作用。张载说：“德不胜气，性命于气；德胜其气，性命于德。”⑤ “人之气质美恶与贵贱夭寿之理，皆是所受定分。如气质恶者，学即能移。今人所以多为气所使而不得为贤者，盖为不知学。”⑥ 即是就此而言。张载所言，一方面在说人有某种超越于命的主动性，一方面强调人的德行可改易天命。程颐亦云：“命者是天之所赋与，如命令之命。天之报应，皆如影响，得其报者是常理也；不得其报者，非常理也。然而细推之，则须有报应，但人以狭浅之见求之，便谓差互。天

① （宋）程颢、程颐：《河南程氏遗书》卷二，《二程集》，第20页。
② （宋）程颢、程颐：《河南程氏遗书》卷二，《二程集》，第15页。
③ （宋）张载：《张子语录上》，《张子全书》（增订本）卷十一，第200页。
④ （宋）程颢、程颐：《河南程氏外书》卷三，《二程集》，第367页。
⑤ （宋）张载：《正蒙·诚明》，《张子全书》（增订本）卷一，第12页。
⑥ （宋）张载：《经学理窟·气质》，《张子全书》（增订本）卷四，第61页。

命不可易也，然有可易者，惟有德者能之。如修养之引年，世祚之祈天永命，常人之至于圣贤，皆此道也。”① 程颐与张载虽然立基于不同的理论立场，但在倡导人有超越于命的主动性，主张通过个体的道德修养实践之努力便可改易天命这一观点上却是共同的。

张载所面对的是汉唐儒学天人为二的问题，因而他不仅要说明天人本然的“一”，而且还要从实然之天人为二的角度，来实现这一本然的“一”，从而使本然的不二，转化为应然的追求目标。而在二程看来，“天人本无二，不必言合”。合与不合，不是一个“言”的问题，而是一个“当下认取”的问题。这恰恰是在张载的基础上，以张载的结论为前提继续探讨的表现。所以，说张载受学于二程，或由二程发源等，都是颠倒了理学发展逻辑的表现，没有张载的先行探索，二程的“只心便是天”以及“天人本无二”，都将成为空中楼阁，或者只能是套用佛典的思辨大话。后世朱熹在评论张载与二程之间关于“穷理尽性以至于命”的讨论时说：“若是学者，便须节节做去；若是圣人，便只是一事。”② 在他看来，从修养方法的角度来说，由“穷理、尽性”到“至命”是一个循序渐进的过程；但是若从修养完成以后的境界上来说，人生的全部实践皆可归为命之实现。实际上赞同了程颐“穷理、尽性、至命为一事”的观点。可以说，“将命融入人生实践中，以自觉的人生实践为命之实现，是儒学回应命之必然的一个最积极主动的态度。”③ 从穷理到尽性再到至于命与二程“三事一时并了”形成了鲜明的对比，展现出关洛之学修养工夫的重要差异与分歧。

## 三　关于井田制的讨论

在《洛阳议论》中张载与二程讨论最多的还是张载所提出的“井田制”。

二程谓：“地形不必谓宽平可以画方，只可用算法折计地亩以授民。”子厚谓：“必先正经界，经界不正，则法终不定。地有坳垤处不管，只观四标竿中间地，虽不平饶，与民无害。就一夫之间，所争亦不多。又侧

① （宋）程颢、程颐：《河南程氏遗书》卷十五，《二程集》，第161页。

② （宋）黎靖德编：《朱子语类》卷九十六，第2477页。

③ 崔大华：《儒学引论》，第627页。

峻处，田亦不甚美。又经界必须正南北，假使地形有宽狭尖斜，经界则不避山河之曲，其田则就得井处为井，不能就成处，或五七，或三四，或一夫，其实田数则在。又或就不成一夫处，亦可计百亩之数而授之，无不可行者。如此，则经界随山随河，皆不害于画之也。苟如此画定，虽便使暴君污吏，亦数百年坏不得。经界之坏，亦非专在秦时，其来亦远，渐有坏矣。”正叔云：“至如鲁，二吾犹不足，如何得至十一也？”子厚言：“百亩而彻，言彻取之彻则无义，是透彻之彻。透彻而耕，则功力均，且相驱率，无一家得惰者。及已收获，则计亩数裒分之，以裒分之数，取十一之数，亦可。”或谓：“井议不可轻示人，恐致笑及有议论。”子厚谓：“有笑有议论，则方有益也。”“若有人闻其说，取之以为己功。”先生云：“如有能者，则己愿受一廛而为氓，亦幸也。”伯淳言：“井田今取民田使贫富均，则愿者众，不愿者寡。”正叔言：“亦未可言民情怨怒，止论可不可尔。”“须使上下都无怨怒，方可行。”正叔言：“议法既大备，却在所以行之之道。”子厚言：“岂敢！某止欲成书，庶有取之者。”正叔言：“不行于当时，行于后世，一也。”子厚曰：“徒善不足以为政，徒法不能以自行。须是行之之道。又虽有仁心仁闻，而政不行者，不由先王之道也。须是法先王。”正叔言：“孟子于此善为言。只极目力，焉能尽方圆平直？须是要规矩。”

二程问：“官户占田过制者如何？”“如文曾有田极多，只消与五十里采地尽多。”又问：“其他如何？”“今之公卿，非如古之公卿。旧有田多者，与之采地多。概与之，则无以别有田者无田者。”①

张载与二程比较仔细地介绍了关于井田制推行的具体方案。二程认为若土地不够充裕也不影响划分，可按折算法计亩授田。张载则认为施行井田制首要在于“正经界”。一旦井田划定，付诸实施，即便遇到暴政，也不影响老百姓的生活。程颢敏锐地看到，井田制的实施关键在于人们的认同与接受。若将现有土地，无论由谁所占，均分于每个人，则必然会得到贫苦百姓的拥护，但之前占有土地的官僚则不会同意。而程颐则认为这里的关键在于井田

① （宋）程颢、程颐：《河南程氏遗书》卷十，《二程集》，第110—111页。

的方案是否可行，民情怨怒并不是主要问题。而张载对此的想法比较理想化，他认为无论上层还是下层都没有怨怒方可推行。程颐问张载推行的具体办法，张载则说要先写成书，以备有人采纳实施。在程颐看来，不能推行于当下，那推行于后世也是可以的。此外，张载与二程还就占田问题进行了讨论，指出大官僚占田极多，但与过去公卿贵族不同，古代的公卿贵族占有土地乃由诸侯赐封，在其采地内再进行土地划分，其情况与宋代情况有别。若皆以赠予方式分配土地，则无法区分原有的有田者和无田者。怎么解决这个问题呢？张载指出：

> 盖人无敢据土者，又须使民悦从，其多有田者，使不失其为富。借如大臣有据土千顷者，不过封与五十里之国，则已过旧所有；其他者量多少与一官，使有租税人不失故物。①

这里张载非常清楚地阐明了封建制对于井田制的辅助作用。因推行井田，必然要重新划分土地，这需要让那些官僚地主交出自己的土地。怎么能让他们心甘情愿地配合改革进程呢？张载提出了一个以“经济地位”换“政治地位”的方案，即由封建辅助推行“井田”制。只要朝廷颁布这一法令，不使用刑罚就可以使井田制推行。百姓得到了土地，自然心悦推崇。那些多有土地者，也因“不失其富”，减少了反对的声音。为了避免“有地之人”不一定为“贤人”的情况，张载又提出了“选贤与能”的补充方略：“其始虽分公田与之，及一二十年，尤须别立法。始则因命为田官，自后则是择贤。”②这项方略虽然简单，但却在张载的井田制方案中具有重要意义。也说明“以地换权”只是改革进程中的一个权宜之计。

井田制是张载关注“政术”的首要问题，也是张载针对北宋土地兼并日益严重的社会现实所提出的应对方案。就思想传统而言，井田的主张最早源自《孟子》。《孟子·滕文公上》说：“夫仁政，必自经界始。经界不正，井地不钧，谷禄不平，是故暴君污吏必慢其经界。”③ 这里所谓的“慢其经界”

---

① （宋）张载：《经学理窟·周礼》，《张子全书》（增订本）卷三，第48页。

② （宋）张载：《经学理窟·周礼》，《张子全书》（增订本）卷三，第49页。

③ （宋）朱熹：《孟子章句·滕文公上》，《四书章句集注》，第256页。

说的就是土地兼并。北宋中期的生产关系发生了重大改变，租佃制度成为当时农业生产的普遍形态，加上政府允许地主和官员自由购置土地，许多农民又因付不起土地税赋而变卖土地，致使两极分化、民不聊生。但针对土地兼并，张载的救国方案与释者不同，与王安石也不同，而是以“恢复井田”为整个政治改革的起点，正如他所说：“治天下不由井地，终无由得平。周道止是均平。”①

张载将井田制作为整个改革方案的经济基础。他说：“治天下之术，必自此始。今以天下之土棋画分布，人受一方，养民之本也。”②“井田亦无他术，但先以天下之地棋布画定，人授一方，则自是均。”③张载主张井田制的本质是为了达到社会的公平与正义。为了实现这一目标，他提出了“以地换权”的措施，的确在一定意义上对于减少改革的阻力会发挥积极作用。这不仅体现了对弱势群体的公正，也体现了对强势群体的公正，可以在更大范围内实现社会公平。④他批评了那种与民争利、不顾民众生活的行为：“后世不制其产，止使其力，又反以天子之贵专利，公自公，民自民，不相为计。”⑤张载的政治理想让老百姓的生活有所凭依，显然延续了儒家“先富后教”的治国理念，这与佛教所讲的“苦行”、抛弃所有物质的“幻想”等教义大相径庭。正如张载所说：“养民当自井田始，治民则教化刑罚俱不出于礼外。”⑥“先富后教”是孔子政治思想的核心，而先后为孟、荀所承继。从人民的群体生活着眼，儒家的德治秩序建立在“饱”“暖”的基础之上，只有“黎民不饥不寒”⑦，才能谈及“礼义”的教化。

张载对此颇有感触，他曾在一篇《策问》中更加深刻地指出：秦汉后“井田”不行，不仅百姓无所依靠，且使士人“降志辱身”，这是世风日下更深层的原因。

---

① （宋）张载：《经学理窟·周礼》，《张子全书》（增订本）卷三，第47页。
② （宋）张载：《经学理窟·周礼》，《张子全书》（增订本）卷三，第48页。
③ （宋）张载：《经学理窟·周礼》，《张子全书》（增订本）卷三，第49页。
④ 李蕉：《张载政治思想述论》，中华书局2011年版，第108页。
⑤ （宋）张载：《经学理窟·周礼》，《张子全书》（增订本）卷三，第48页。
⑥ （宋）张载：《经学理窟·礼乐》，《张子全书》（增订本）卷三，第60页。
⑦ （宋）朱熹：《孟子章句·梁惠王上》，《四书章句集注》第212页。

问：世禄之荣，王者所以录有功，尊有德，爱之厚之，示恩遇之不穷也。为人后者，所宜乐职劝功，以服勤事任，长廉远利，以嗣述世风。而近世公卿子孙，方且下比布衣，〔工〕声病，售有司，为不得已为贫之仕，诚何心哉？盖孤秦以战力窃攘，灭学法，坏田制，使儒者风义寖弊不传，而士流困穷，有至糟稃不厌。自非学至于不动心之固，不惑之明，莫不降志辱身，起皇皇而为利矣。求口实而朵其颐，为身谋而屈其道，习久风变，固不知求仕非义，而反羞循理为不能；不知荫袭为荣，而反以虚名为善继。今欲举三王教胄之法，使英才知劝而志行修，阜四方养士之财，使寒俊有归而衣食足。取充之计，讲擢之方，近于古而适于今，必有中制。众君子强学待问，固将裨益盛明，助朝廷政治。著于篇，观阙谋之得失。①

当有人问道：为何以前的世禄子弟都能承袭家风，洁身自好，而今天的公卿子孙却截然不同呢？张载回答：是因为秦改井田制之后动摇了社会的经济基础，士人因此多半流于贫困。今天的“道学”不传并不是由于三代之说已经过时，也不是圣人之法不及释老能打动人心，只是人人都要为衣食而争，大批士人拥挤在场屋科考的道路之上，难免会为求一官半职而舍道弃义，不辨是非，于是出现了“学”与“政”的分离。这段策问写得情真意切，痛惜之情溢于字里行间，“可见‘恢复井田’在张载看来不只是救国家之‘政术’，更是继‘道学’之前提”②。

《洛阳议论》之核心问题在于：面对当时土地兼并严重的情况，古代井田制有无可供借鉴的价值、有无实行的可能性？程颐说：“某接人，治（一作谈。）经论道者亦甚多，肯言及治体者，诚未有如子厚。”③ 肯定了张载关心政事的务实精神。当有人问及井田制的问题时，程颐也作了比较积极的回应：

用休问：“井田今可行否？”曰：“岂有古可行而今不可行者？或谓今人多地少，不然。譬诸草木，山上着得许多，便生许多。天地生物常相

① （宋）张载：《文集抄·策问》，《张子全书》（增订本）卷十二，第228页。

② 李蕉：《守道与思归——从张载政治蓝图的复古倾向论其内在追寻》，《政治学研究》2010年第1期。

③ （宋）程颢、程颐：《河南程氏遗书》卷十，《二程集》，第110页。

称，岂有人多地少之理?”①

针对学生对当时社会“人多地少”的顾虑程颐作了驳斥。其持论根据在于人与自然的和谐论。程颐对于井田制要不要推行的问题，实际上持有肯定态度。② 但又认为这种“井（田）议不可轻示人，恐致笑及有议论”③。对此，张载说“有笑有议论，则方有益也”④。他们议论到最后，张载认识到“徒善不足以为政，徒法不能以自行。须是行之之道”⑤，展现出张载推行井田制的决心和勇气。毕竟熙宁变法中的种种阻力也让张载看到了推进土地制度改革的艰难。于是他苦心思虑设计出了一个权宜之计——“以地换权”。前已详言，不再赘述。

然而，张载的政治理想在二程看来是难以推行的，正如朱子所言：“程先生幼年屡说须要井田封建，到晚年又说难行，见于畅潜道《录》。想是他经历世故之多，见得事势不可行。”⑥ 但张程之间的分歧实际上是对“道”与“迹”关系理解的差异所致。在程颐看来，学习圣人之道，并非只是简单地追寻包括“井田”在内的圣人之“迹”，关键在于弘其“道”，他坚信“道”是恒定的，而“迹”则是随时变化的，所以他把主要精力放在通向恒常之“道”的个人修身养性上。而张载则坚持“有是心则有是迹”，包括井田在内的圣人之“迹”乃是圣人之道的真实显现，所以极力倡导“井田”之迹。正是缘于此，张载才在其宇宙论和修养工夫论中努力实现天地之道与圣人之道间的统一。⑦ 而这也成为系统把握“横渠四句”真意，理解其批评当时社会朝廷以“道学”与“政事”为二，倡导“学政不二”的关键之所在。

从《洛阳议论》中，我们可以认识到，任何学派的发展都不是孤立的，

---

① （宋）程颢、程颐：《河南程氏遗书》卷二十二上，《二程集》，第291页。

② 对此，王昌伟先生认为，程颐并不是要论证井田制应当推行，而仅仅在说明井田制也适用于当时。（参见王昌伟《中国历史上的关中士人：907—1911》，浙江大学出版社2017年版，第39页。）笔者以为不然。至于如何理解程颐这里对井田制的推行持肯定态度，而之后却不赞成，应当可以视为是其对井田制的看法其实是有前后变化的。

③ （宋）程颢、程颐：《河南程氏遗书》卷十，《二程集》，第111页。

④ （宋）程颢、程颐：《河南程氏遗书》卷十，《二程集》，第111页。

⑤ （宋）程颢、程颐：《河南程氏遗书》卷十，《二程集》，第111页。

⑥ （宋）黎靖德编：《朱子语类》卷九十七，第2495页。

⑦ 王昌伟：《中国历史上的关中士人：907—1911》，第39—41页。

而是在学术争鸣中各取所长、相互吸收，使理论得到充分发展。《洛阳议论》之后的朱陆之辩也是如此展开的。《洛阳议论》中讨论的“穷理尽性以至于命”以及“井田制”等方面的问题，在后世长期成为理学家讨论的重要问题。每一位理学家围绕这些问题形成的特定理论使中国思想史展现出强大的生命力，让中国思想的发展绵延不绝。[①]

通过以上对张载二程四次直接讨论的分析，可以看到，自“京师论《易》”（1057）至“洛阳议论”（1077），二十年间张程就许多重要问题进行了热烈的讨论。从张载与二程的学术交往来看，张载思想具有自主性和系统性，是张载主导了讨论的主题，将其最有心得体会的观点就正于同好。[②] 从讨论后的情况来看，无论是张载还是二程都或多或少地从对方那里汲取了理论营养，对于北宋时期理学的形成与发展发挥了积极的作用。在这一时期，张载完成了《横渠易说》《正蒙》等著作，标志着关学的形成。而二程的著作，除《定性书》外，都不是在该时段完成的，洛学尚在形成过程中，并未最终确立。张程之间的学术论辩，“对于洛学的形成和发展起了促进作用”[③]。张载，作为二程在理论创立过程中最为重要的言说对象，对于二程洛学问题域的形成、问题讨论的深度等皆有不可磨灭之功。

---

① 魏涛：《从〈洛阳议论〉看张载与二程思想的分歧》，《宝鸡文理学院学报》（社会科学版）2018 年第 6 期。

② 方光华：《张载与二程的学术交往》，《中国社会科学报》2018 年 1 月 5 日。

③ 徐远和：《洛学源流》，齐鲁书社 1987 年版，第 23 页。

# 第三章　间接评价

## ——从张载逝后二程对其的评价看关洛关系

在考察关洛学术争鸣问题的时候，既不能仅仅关注两者正面交锋的对谈或书信讨论，亦不可仅仅将二程的思想与张载思想进行整体的静态比较，还需要尽可能借助相关文献资料展现出张载视野中的二程和二程视野中的张载。然而从目前的张载传世文献来看，他极少谈及二程，且张载去世较早，因此从张载的视野来整体考察二程的问题亦只能搁置起来。我们只能将目光锁定在张载逝后，二程对其的评价问题上。以往的研究虽然也注意到了这一点，但是因为在关注二程视野中的张载时，并没有将二程分开，从而使得对关洛关系的把握较为粗疏。实际上程颢、程颐各自对张载关学的评价，自然会有不少相同之处，但也有相异之处，于有分有合之处对该方面作一探讨，笔者以为甚有必要。

## 第一节　程颢对张载的表彰与批评

### 一　批评张载有“迫切气象”

对宋明理学家的研究，考察其“气象”是一个重要方面。那么何谓“气象”？“气象”，亦称“气概”“风度”“气度”，意即我们现在常说的“人格”“人格美”，指人的性格、气质、能力等特征的总和，或者指个人的道德品质。通俗地说，就是指一个人的性格风度与精神境界，冯友兰先生曾指出，道学家认为，人的精神世界虽是内心的事，但也必然表现于外，使接触到的人感觉到一种气氛，这种气氛就是所谓的“气象”①。中国学术不同于西方的认知之学，推崇的是身心体用不二。在二程论学过程中，就常常通过品题前贤往圣之气象来体会他们的学问。在他们看来，“学者不学圣人则已，欲学之，须是熟玩圣人气象，不可止于名上理会。如是，只是讲论文字。”② 在《近思录》中亦专列“圣贤气象”为一卷，可见“气象”问题当是理学中的重要问题。我们对宋明诸儒的研究也应如此。只有通过观其气象，我们对其生命与智慧、思想与学问才可能有真实而亲切的体会。一般而言，“气象”与“人格”关系尤为密切。冯友兰明确认为“气象”取决于“人格”，诚于中，形于外。他还指出：“大致说：伟大的人格，有两种类型。一种是如旧日所谓君子，一种是如旧日所谓名士、英雄、豪杰。”他说：“任何时代，任何社会，都有君子与名士英雄两种人物。” “这两种人物的胸襟不同，其气象亦不同。”③ 在冯友兰看来，《论语》记述了孔子的气象，即君子气象的典型代表，“温良恭俭让”；《世说新语》，记述了魏晋时代人的气象，大多是名士英雄的气象。

二程对“气象”进行了明确的界定：“‘居处恭，执事敬，与人忠’，充此便睟面盎背，有诸中必形诸外，观其气象便见得。”④ 所谓“有诸中必形诸外”，此“中”即是人的道德修养，而形于外则是这一修养的外在呈现，这说明“气象”是人之道德修养的外在表现，换句话说，“圣贤气象”是“孔颜之乐”的外在表现。如果以上是从个人所显现出来的“气象”这一角度所言的话，那么，二程还从观者的角度对“气象”进行了描述：“看其气象，便须心广体胖，动容周旋中礼，自然（一无自然字）惟慎独便是守之之法。”⑤ 这是从观者的角度指出对“气象”的把握应从内部着手，换言之，“气象”是由内而外的表现。据此程颐明确指出了学圣人的关键在于玩味“圣人气象”，践行“人理”：“学者不学圣人则已，欲学之，须熟玩味（一无之字。）圣人之气

① 冯友兰：《中国哲学史新编》第 5 册，《三松堂全集》第 10 卷，河南人民出版社 2000 年版，第 117 页。

② （宋）程颢、程颐：《河南程氏外书》卷十，《二程集》，第 404 页。

③ 冯友兰：《中国哲学史新编》第 5 册，《三松堂全集》第 10 卷，第 119 页。

④ （宋）程颢、程颐：《河南程氏遗书》卷五，《二程集》，第 77 页。

⑤ （宋）程颢、程颐：《河南程氏遗书》卷六，《二程集》，第 80—81 页。

象，不可只于名上理会。如此，只是讲论文字。”① 这里批评了一味靠辨名析理来学圣的局限性，明确了学圣的实质和关键在于深度体会圣人气象。

我们知道，程颢从小天资较高，十四五岁就教于濂溪，慨然有求道之志，之后又泛滥百家，出入佛老，终归六经，以《易传》与“四书”建立起了自己的学说体系。与其弟程颐气象截然不同。黄宗羲在《宋元学案·明道学案上》中指出：“顾二程子虽同受学濂溪，而大程德性宽宏，规模阔广，以光风霁月为怀；二程气质刚方，文理密察，以峭壁孤峰为体。其道虽同，而造德自各有殊也。”② 明确揭示出了二程兄弟的不同人格气象。我们感受到的大程是具有与周敦颐相类似的“光风霁月”的超脱情怀。其弟程颐在总结明道之学的特点时亦云：“明于庶物，察于人伦。知尽性至命，必本于孝悌；穷神知化，由通于礼乐。”③ 与其弟程伊川不同，明道性格温润如玉，充养有道，和粹之气，盎于面背，门人朋友从之数十年而未曾见有忿厉之容，④ 即便是在学术、政见上有所不同，也是心平气和，从容应对。⑤ 对此程颐在《明道行状》中云：

> 纯粹如精金，温润如良玉；宽而有制，和而不流；忠诚贯于金石，孝悌通于神明。视其色，其接物也，如春阳之温；听其言，其入人也，如时雨之润。胸怀洞然，彻视无间；测其蕴，则浩乎若沧溟之无际；极其德，美言盖不足以形容。⑥

---

① （宋）程颢、程颐：《河南程氏遗书》卷十五，《二程集》，第158页。

② （清）黄宗羲原著，全祖望补修：《宋元学案》卷十三《明道学案上》，第540页。

③ （宋）程颐：《明道先生行状》，《河南程氏文集》卷十一，《二程集》，第638页。

④ 谢上蔡说：“明道先生坐如泥塑人，接人则混是一团和气。”（《河南程氏外书》卷十二，《二程集》，第426页。）朱光庭到汝州见明道，回来后辄对人曰：“光庭在春风中坐了一个月。”（《河南程氏外书》卷十二，《二程集》，第429页。）张九成亦记载了一个类似的故事：“游定夫访龟山，龟山曰：‘公适从何来？’定夫曰：‘某在春风和气中坐三月而来。’龟山问其所之，乃自明道处来也。”（《明道学案》下，《宋元学案》卷十四，第578页。）

⑤ 据载：“明道先生每与门人讲论，有不合者，则曰‘更有商量’，伊川则直曰‘不然’。”（《河南程氏外书》卷十一，《二程集》，第416页。）《明道先生行状》载：“荆公与先生虽道不同，而尝谓先生忠信。先生每与论事，心平气和，荆公多为之动。”（《河南程氏文集》卷十一，《二程集》，第634页。）

⑥ （宋）程颐：《明道先生行状》，《河南程氏文集》卷十一，《二程集》，第637页。

这里对于明道宽舒裕如的洒落形象描述得非常到位。基于如此的气象，明道对于张载那种严谨求实、重于思虑的气象自然会提出异议。据《上蔡语录》记载："张横渠著《正蒙》时，处处置笔砚，得意即书。伯淳云：'子厚却如此不熟。'"① 在明道看来，著书立说当本乎自然，有类于"苦吟"的做派自然不甚美。而且在他看来，张载著《正蒙》时的辛苦状恰恰展现出张载在理论气质上不够圆融，亦即"不熟"。此亦可以通过如下的对谈反映出来：

> 问："横渠之书，有迫切处否？"曰："子厚谨严，才谨严，便有迫切气象，无宽舒之气。孟子却宽舒，只是中间有些英气，才有英气，便有圭角。英气甚害事。如颜子便浑厚不同。颜子去圣人，只毫发之间。孟子大贤，亚圣之次也。"或问："英气于甚处见？"曰："但以孔子之言比之，便见。如冰与水精非不光，比之玉，自是有温润含蓄气象，无许多光耀也。"②

张载于理论建构上规模宏大，这在他的《正蒙》中可以充分地展现出来。如前所述，张载面向一般学者，故在理论建构之时始终不能做到完全彻底地实现超越，内心总是被现实之外物所牵绊。尽管其所创发的理论体系规模极其庞大，但在大程看来多有刻意推演之嫌，缺乏自然演进的圆融。故而如上对谈中程颢对他人所感受到的横渠有"迫切"气象之提法，并未否认。这也反映了两人在气象上的差异。

## 二 表彰《西铭》备言仁体

表彰《西铭》是二程对张载的共同态度，而表彰最多者又当推大程，如："《订顽》之言，极纯无杂，秦、汉以来学者所未到。"③ "孟子而后，却只有《原道》一篇，其间语固多病，然要之大意尽近理。若《西铭》，则是《原

---

① （宋）谢良佐：《上蔡语录》卷三，《文渊阁四库全书》第 698 册，台湾商务印书馆 1983 年版，第 588 页。

② （宋）程颢、程颐：《河南程氏遗书》卷十八，《二程集》，第 196—197 页。

③ （宋）程颢、程颐：《河南程氏遗书》卷二，《二程集》，第 22 页。

道》之宗祖也。《原道》却只说到道，元未到得《西铭》意思。据子厚之文，醇然无出此文也，自《孟子》后，盖未见此书。”① 尽管这两条语录未标明为谁所讲，但据行文语气和方式及关注点，似可推断乃为程颢所言。这里对于张载《西铭》意义之纯粹无杂，理论建构之彻底性，文章的贯通性予以高度评价，甚至认为其超过了韩愈《原道》一文。给予历史人物和当时同道、学者这么高的评价，在程颢的现存材料中可谓绝无仅有。他还说：

> 《西铭》某得此意，只是须得他子厚有如此笔力，他人无缘做得。孟子以后，未有人及此。得此文字，省多少言语。且教他人读书，要之仁孝之理备于此，须臾而不于此，则便不仁不孝也。②

在程颢看来，《西铭》的纲要即“仁孝之理”，只有须臾不离仁与孝的道理，才不会做出不仁不孝的事情来。这是理学家第一次为《西铭》中的伦理思想赋予了宇宙论上的“理”的意义。如其所言：“《订顽》意思，乃备言此体。以此意存之，更有何事?”③ 那么这里的备言此体，指的是什么呢？联系程颢的《识仁篇》即可明白，这里指的就是程颢所谈到的“仁者以天地万物为一体”之仁体。程颢给予《西铭》非常高的评价，一个重要的原因即在于，在他看来，张载《西铭》与其思想之根本点有相合处。从程颢的立场来看，《西铭》提出了天人一体的伦理观，从而为事君事亲的伦理纲常找到了宇宙论的形上根据，把事君事亲的伦理关系与天人之间的自然关系等同起来，让人们把事君事亲理解为一种来自上天的绝对命令，是对宇宙所承担的责任和义务。而这正与二程的思想相合。所以他才说：“《订顽》一篇，意极完备，乃仁之体也。学者其体此意，令有诸己，其地位已高。到此地位，自别有见处。”④ 故而，程门接引弟子，也将《西铭》与《大学》并列为初学的入门书。

---

① （宋）程颢、程颐：《河南程氏遗书》卷二，《二程集》，第 37 页。
② （宋）程颢、程颐：《河南程氏遗书》卷二，《二程集》，第 39 页。
③ （宋）程颢、程颐：《河南程氏遗书》卷二，《二程集》，第 17 页。
④ （宋）程颢、程颐：《河南程氏遗书》卷二，《二程集》，第 15 页。

## 三 批评张载理论不够圆融

张载去世后，三吕东入洛阳，《东见录》中就出现了对《正蒙》总体性的批评，而这些批评主要集中在“清虚一大”上。如：

> 立清虚一大为万物之源，恐未安，须兼清浊虚实乃可言神。道体物不遗，不应有方所。①
>
> 横渠教人，本只是谓世学胶固，故说一个清虚一大，只图得人稍损得没去就道理来，然而人又更别处走。今日且只道敬。②
>
> “形而上者谓之道，形而下者谓之器。”若如或者以清虚一大为天道，则（一作此）乃以器言而非道也。③

上述三条，前两条没有标明属于大程还是小程，后一条则被记为大程语。从二人不同的理路与用语习惯来看，第一条可能是大程语，后两条则可能属于小程语。因为“兼清浊虚实乃可言神”与“不应有方所”的批评与大程气性关系的“二之则不是”大体相同，且“体物不遗”与“不应有方所”也显然属于浑一、兼体向度的批评，这自然与小程有别。至于后两条，“敬”显然是小程的惯用语，而严于形上形下的道器之分也属于小程的理路。这样，如果这一判断成立，那么，这显然是来自两个不同方向的批评。

在大程看来，清虚一大犹如气性二分之性一样，不足为万物之源；只有作为清浊、虚实、一两、大小的统一才足以言神，也才具有体物不遗的兼体特征。如果对应于《正蒙》，那也就是说，张载的虚气观恰恰是以虚气相分、虚气二本为前提的。显然，大程的批评是从“天人本无二，不必言合”④ 的角度来进行的，意即虚气不必言相即，因为二者本来就是一体。如果从张载的角度看，那么，这一批评既可以理解为对其虚气二而不二、本体论与宇宙论并建提出了内在统一的要求，同时又是对其主体性原则进一步高扬的结果。

---

① （宋）程颢、程颐：《河南程氏遗书》卷二，《二程集》，第 21 页。

② （宋）程颢、程颐：《河南程氏遗书》卷二，《二程集》，第 34 页。

③ （宋）程颢、程颐：《河南程氏遗书》卷十一，《二程集》，第 118 页。

④ （宋）程颢、程颐：《河南程氏遗书》卷六，《二程集》，第 81 页。

因为大程的理路正是通过对性的高扬，以定性之天理观照天地、统摄万物得以实现的。从本体意义上说，张载借气来阐明其对道体的理解，但“气”只是在表明，“道”不可离开“器”，以免“道”成为一虚悬空头的道。道体必有待于气化而流行。因此，气的意义在于“用”而不在于“体”。当然，不可否认的是，张载的一些术语不可避免地会引起人们的误解。“清”“虚”等概念，事实上无不充满了“气”的味道，于是乎人们很自然地会将“清”“虚”等也看作“气”之表征，即使在道学谱系内部，程朱也常常是基于这样的意义来理解张载，认为张载是用“形而下”的东西来表征“道体”，因此，二程、朱子对张载的太虚本体学说都不以为然，认为“源头有未是处”①。当然，从张载的角度来说，程朱对他的解读未必正确，他对“太虚本体”的建立，就已经意味着“清”“虚”“一”“大”等并非停留在气的层面。尽管我们说，程颢对张载此处或有误解，② 但对张载来说，“器”与“道”在理论上应自有其分疏，而且必须要将两者区分开来，不可以“器”为“道”，更不可将“道”消融于“器”之中。

另外，关于张载对“神”的理解，程颢亦有批评：“气外无神，神外无气。或者谓清者神，则浊者非神乎？”③ 宋明理学家大多都重视“神”这一概念。在《易传》中，“神”字有两层含义：一是指鬼神之神，即宋儒所言之气之神；二是以“天下之至神”来描摹“易体”，称其“不疾而速，不行而至”“穷神知化”“精义入神”。张载试图将这两层含义统一起来，认为“神”乃极清之气，气清到极致则通，通则神，与之相反的则是浊气，有形有象则昏而壅，如其所言：“散殊而可象为气，清通而不可象为神。”④ “太虚为清，清则无碍，无碍故神；反清为浊，浊则碍，碍则形。”⑤ 针对张载的这种提法，明道对“浊者非神”提出了质疑。从表面上看，明道好像是说清、浊二气都是“神”。如罗光先生即明确说：“程颢却以清气为神，浊气也是神，则是他

① （宋）黎靖德编：《朱子语类》卷九十九，第2532页。

② 郭晓东：《识仁与定性》，第71页注2。

③ （宋）程颢、程颐：《河南程氏遗书》卷十一，《二程集》，第121页。

④ （宋）张载：《正蒙·太和》，《张子全书》（增订本）卷一，第1页。

⑤ （宋）张载：《正蒙·太和》，《张子全书》（增订本）卷一，第2页。

对于神字的解释与众不同。”① 但若仔细推敲，可知明道其实是说“神”这一范畴根本上不能够从气的清浊上来说。在明道看来，“神”只是“易”之“神”，“神”不可以离“易”而独存，而易虽然不能被完全视为气，却也不是与气完全没有关联。因此，这里所谓的“气外无神，神外无气”更严格地说应该指的是“易外无神，神外无易”。对于明道来说，“易”之所以为“易”，实际上是由此“神”字而得以规定。这也就是说，“易”之体要得到彰显，须是离不开这一“神”字，所以明道说，“穷神则无易矣”②。而此“神”之妙用，则在于它能感通万物，所以《易传》说其“不疾而速，不行而至”，又称其“妙万物而为言”。如果没有了“神”的这一感通功能，则“易”也就不能成其为“易”，而成为朱子所理解的“气”了，如果是这样的话，对于明道来说，天地也就只能是一堆死“物”而已，所以明道反复引用了《系辞》中“易不可见，乾坤或几乎息矣”一语来说明这一道理。此，“易”与“神”，实际上被明道认为是一体的两面，“易体”必然要彰显为“神用”，“神用”之外别无其他独立存在的“实体”，“神用”就是“易体”。③

通过这样的批评，实际上在程颢看来，张载的理论确有不够圆融处，而这与张载比较重视概念的分疏及以分的方式来言合有着密切的关系。

## 四　《识仁》篇对张载“先识造化”思路的超越

在孔孟仁学的基础上，程颢将“仁”理解为主体对于外物的普遍关切之心，以及由此所达到的物我同体之境界。这集中体现在其《识仁篇》中。这篇文字始见于二程门人吕大临所著《东见录》，后来朱子编辑《二程遗书》，收入吕氏此文，而后遂见于《河南程氏遗书》卷第二《元丰己未吕与叔东见二先生语》。吕大临字与叔，蓝田人。《宋元学案·吕范诸儒学案·正字吕蓝田先生大临》述吕大临云：

> 初学于横渠，横渠卒，乃东见二程先生，故深醇近道，而以防检穷索为学。明道语之识仁，且以“不须防检，不须穷索”开之，先生默识

---

① 罗光：《中国哲学思想史》（宋代篇），台湾学生书局 1980 年版，第 353 页。

② （宋）程颢、程颐：《河南程氏遗书》卷五，《二程集》，第 78 页。

③ 郭晓东：《识仁与定性》，第 67 页。

心契，豁如也。[①]

吕大临的“以防检穷索为学”显然是受到张载的影响，因此可以说程颢的《识仁篇》是针对张载的为学方法而发，也是其指点弟子“为学”的法门。仁是一个天道本体的问题，也指称人以天地万物为一体的胸襟。如朱熹所言：“《识仁》一篇，总只是状仁体合下来如此，当下认取，活泼泼地，不须着纤毫气力，所谓‘我固有之’也。”[②] 刘蕺山也说：“程子首识仁，不是教人悬空参悟，正就学者随事精察力行之中，先与识个大头脑所在，便好容易下工夫也。”[③]

故此，对于程颢的《识仁篇》，我们需要从如下几个层次来把握。

### （一）先识仁

《识仁篇》篇首言：“学者须先识仁。”这里的“识”不是认识论意义的“识”，而是体证、体悟、觉解之意，所体之“仁”已被赋予“天人贯通”“万物一体”之意蕴。程颢最喜以医家用语来名状仁，他曾言：“医家以不认痛痒谓之不仁，人以不知觉不认义理为不仁，譬最近。”[④] 这里所说的识痛痒与否乃是一种身体的知觉能力、机能问题，“识痛痒”首先意味着从身体意义上“能识痛痒”，以之譬喻从价值意义上也要能做到“自识”“自觉”“自证”，才可谓“善”，方可谈“学”。故而，“识仁”在程颢看来乃是为学之本始。此与张载之“先识造化”，探究宇宙本原之说有着较大差别。张载用以诠释《系辞》的一个重要思想就是“先识造化”。他说：

易，造化也。圣人之意，莫先乎要识造化。既识造化，然后其理可穷。彼惟不识造化，以为幻妄也。不见易，则何以知天道？不知道，则何以语性？[⑤]

不见易则不识造化，不识造化则不知性命。既不识造化，则将何谓之

① （清）黄宗羲原著，全祖望补修：《宋元学案》卷三十一《吕范诸儒学案》，第1105页。
② （清）黄宗羲原著，全祖望补修：《宋元学案》卷三十一《吕范诸儒学案》，第541页。
③ （清）黄宗羲原著，全祖望补修：《宋元学案》卷三十一《吕范诸儒学案》，第541—542页。
④ （宋）程颢、程颐：《河南程氏遗书》卷二上，《二程集》，第33页。
⑤ （宋）张载：《横渠易说·系辞上》，《张子全书》（增订本）卷十，第179页。

性命也?①

有谓心即是易，造化也。心又焉能尽易之道!②

释氏之言性，不识易。识易，然后尽性。③

张载所谓“造化”，就是气之“一阴一阳”的变易。他说：“一阴一阳是道也”，“易即天道”。此“一阴一阳”之道“范围天地之化”，“弥纶天地之道”，“通乎昼夜”，故云“易行乎其中，造化之谓也”④。张载提出“先识造化”，然后方可穷理、知性命，显然主要是针对佛教以心为本、以天地万物为幻妄的思想而发。其累年参究释、老之说，反而求之《六经》，最重要的一个结论就是要“先识造化”，即首先在本体—宇宙论上与释、老划清界限，然后才可以穷理、知性命。“先识造化”的思想又见于《正蒙·太和》篇：

知虚空即气，则有无、隐显、神化、性命通一无二，顾聚散、出入、形不形，能推本所从来，则深于《易》者也。……此道不明，正由懵者略知体虚空为性，不知本天道为用，反以人见之小因缘天地。明有不尽，则诬世界乾坤为幻化。幽明不能举其要，遂躐等妄意而然。不悟一阴一阳范围天地、通乎昼夜、三极大中之矩，遂使儒、佛、老庄混然一途。语天道性命者，不罔于恍惚梦幻，则定以“有生于无”，为穷高极微之论。入德之途，不知择术而求，多见其蔽于诐而陷于淫矣。⑤

所谓“深于《易》者”，就是“知虚空即气”，知道“有无、隐显、神化、性命”都统一于气，对于“聚散、出入、形不形”，能够“推本所从来”，明晰天地万物生成之本原，此即其所谓“先识造化”。我们似可推究，程颢之所以强调要“先识仁”，实际上在理论上针对的即是张载所提出的“先识造化”。

① （宋）张载：《横渠易说·系辞上》，《张子全书》（增订本）卷十，第 195 页。
② （宋）张载：《横渠易说·系辞上》，《张子全书》（增订本）卷十，第 196 页。
③ （宋）张载：《横渠易说·系辞上》，《张子全书》（增订本）卷十，第 196 页。
④ （宋）张载：《横渠易说·系辞上》，《张子全书》（增订本）卷十，第 168 页。
⑤ （宋）张载：《正蒙·太和》，《张子全书》（增订本）卷一，第 1 – 2 页。

## （二）义、礼、智、信皆仁

仁者，浑然与物同体。义、礼、知、信皆仁也。①

孟子将仁义礼智四端标举出来以明人之所以为人者，后经汉儒丰富，逐步形成了“仁义礼智信”之五常观念，遂成儒家伦常之核心。程颢在这里则认为，“仁者，浑然与物同体”，强调的是一种“天—人”“物—我”之间的通感无滞，将仁提升到义、礼、智、信四者之上。这明显是力图将“仁”建立在万物一体的观念之上，并以此实现其对天人合一的理论论证。在儒家看来，人与天地万物是连续的，人本身就是宇宙大化流行的一个环节；天之德（生生）是通过人的主动体认而成就其为“天之德”的，所谓“大哉乾元，万物资始”即是指此而言。进一步来看，人之所以必须有这种主动性乃是因为“天命”，《中庸》首章所言的“天命之谓性，率性之谓道，修道之谓教”即此谓也。“言天之自然者，谓之天道。言天之付与万物者，谓之天命。”②在孟子看来，天命者，即天之所赋予我者也，并非由外铄“我”，而是“我”本身就具备这种能力，也就是《孟子·公孙丑上》所讲的“四端之心”。人若能“识”此，则可明了天人共由之道。所以程子曰：“心具天德，心有不尽处，便是天德处未能尽，何缘知性知天？尽己心，则能尽人尽物，与天地参，赞化育。赞则直养之而已。”③

正是在这个意义上，程颢说：“天人本无二，不必言合。”④ 这是一种世界一体化存在的本然状态。同时在这里也展现出对张载“天人合一”之说的批评。大程认为，人只要能做到与万物“通感无滞”，便是达到天德人德合一之境，天地之间只是一仁贯通。程颢言：

医书言手足麻痹为不仁，此言最善名状。仁者以天地万物为一体，莫非己也。认得为己，何所不至？若不有诸己，自与己不相干。如手足

① （宋）程颢、程颐：《河南程氏遗书》卷二上，《二程集》，第16页。
② （宋）程颢、程颐：《河南程氏遗书》卷十一，《二程集》，第125页。
③ （宋）程颢、程颐：《河南程氏遗书》卷五，《二程集》，第78页。
④ （宋）程颢、程颐：《河南程氏遗书》卷六，《二程集》，第81页。

不仁，气已不贯，皆不属己。故“博施济众”，乃圣人之功用。仁至难言，故止曰：“己欲立而立人，己欲达而达人，能近取譬，可谓仁之方也已。”欲令如是观仁，可以得仁之体。①

他认为仁道贵在贯通，只有做到己与人贯通，我与物贯通，乃至物与物贯通，天地万物贯通为一体，才是真正的仁。若相互隔绝，便是不仁。把仁的精神推向极致，就是天地为一身，万物为一体：

若夫至仁，则天地为一身，而天地之间，品物万形为四肢百体。夫人岂有视四肢百体而不爱者哉？圣人，仁之至也，独能体是心而已。②

“体是心”就是“体仁心”，圣人的伟大就在于他能充分扩展自己的主体精神而及于宇宙万物，从而超越小我，融入宇宙大我，此即孟子所言之由“亲亲”至“仁民”，由“仁民”至“爱物”的思路。如此，则实现了主体精神的升华，达致仁者之境。借由仁者的通感无滞，则天人可合德，故而义、礼、智、信这些德目皆仁也。一方面，仁不为任何德目所限定，展现出其超越性；而另一方面，任何德目又皆足以指点人。大程对于天德和人德没有作明确的区分，是对“仁”的深化。

针对佛教“以人生为幻妄”的观点，张载明确提出“天人合一”的命题。张载说：“释氏语实际，乃知道者所谓诚也，天德也。其语到实际，则以人生为幻妄，〔以〕有为为疣赘，以世界为荫浊，遂厌而不有，遗而弗存。就使得之，乃诚而恶明者也。儒者则因明致诚，因诚致明，故天人合一，致学而可以成圣，得天而未始遗人，《易》所谓不遗、不流、不过者也。”③ 是故，《识仁篇》中程颢以“物来而顺应”“廓然而大公”的修养工夫来阐释“浑然与物同体”“天人无间”的境界论，这显然与张载的“天人合一”说迥异，同时也可视为对张载思想的回应。

---

① （宋）程颢、程颐：《河南程氏遗书》卷二上，《二程集》，第15页。

② （宋）程颢、程颐：《河南程氏遗书》卷四，《二程集》，第74页。

③ （宋）张载：《正蒙·乾称》，《张子全书》（增订本）卷二，第44页。

### （三）不需防检

体会到“仁”以及“义、礼、知、信皆仁”，为人们的修身提供了明确的目标导向，同时也对于如何看待“外诱”的问题奠定了理论根基。程颢在《识仁篇》中讲道：“识得此理，以诚敬存之而已，不须防检，不须穷索。若心懈则有防，心苟不懈，何防之有？理有未得，故须穷索。存久自明，安待穷索？”[①] 程颢所说的“理”和“仁”是同一内容的不同方面。从理的方面说，“理”是放之四海而皆准的天道、天理，是万物之所以为万物的客观必然的规定性。从“仁”的方面来说，“仁”即是天地万物所同之理，只要人能够把天地看作一体，把天地之间的品物万形都看作人的四肢百体来爱护对待，就可以达到“仁”的境界了。也只有实实在在地达到了“仁”的境界，能够真实体会到“仁”存在于事事物物之中，才能够真实感觉到自己与万物同体。

程颢认为，并不是仅仅认识到“仁”的存在就已经足够，同时还要“以诚敬存之”，也就是在人的言行语默中通体显现出来。因此，只要能够真实地感觉到自己与万物是一体的，并能够以“诚敬”的态度存养它，就不需要事事处处加以防检；只要人实实在在地体认到“浑然与物同体”的道理，也就不再需要时时刻刻谨慎地注意自己的一言一行，也不需要再向外追索探求，也就是达到了“仁”的境界。“仁”是人的本然之境，并非由外铄“我”而得。“识”得“仁”后，由“诚”“敬”涵养，专一而不迁即可。初学者的“防检”和“穷索”，都是因为没有明白这个道理的缘故。张载之学最鲜明的特点就是先教学者有所据守，避免被“世俗一副当习熟缠绕”[②]，故“以礼为教”。通过礼，让学者能够上下相达、涵养德性、有所据守。这在其《东铭》中也有着充分的体现。[③] 张载之所以强调“防检工夫”，就是没有将天地万物统一于“仁”，一入手即首先把天地万物的生成问题置于重要地位，从天与人相对待的思路去把握价值之源，故才有其“两由两合”之论。由此即可见张载与大程的相异。

① （宋）程颢、程颐：《河南程氏遗书》卷二上，《二程集》，第16—17页。

② （宋）张载：《张子语录下》，《张子全书》（增订本）卷十一，第212页。

③ 魏涛：《张载〈东铭〉之思想史意义及其价值发微》，《河北师范大学学报》（哲学社会科学版）2011年第1期。

### (四) 与物无对

为了进一步说明“仁者以天地万物为一体”的思想，程颢进一步从理论建构的思维方法上提出了对张载的批评。程颢说：

> 此道与物无对，大不足以名之，天地之用皆我之用。孟子言“万物皆备于我”，须“反身而诚”，乃为大乐。若反身未诚，则犹是二物有对，以己合彼，终未有之，(一本下更有“未有之”三字。) 又安得乐?[①]

所谓“识仁”，其实就是要在本体上体认天人“一体”，只要这个问题解决了，“仁”就会本具于心。要实现“仁体”首先一点就是要破除“与物有对”的思维方法，从而实现“与物无对”。“与物无对”，也就是在这种境界中包容了天地万物，没有任何东西作为对立面而存在。实现了这种境界就可以做到“天地之用皆我之用”，物我一体，物我交融。因为在程颢看来，人我的界限都是人为的，只有消除这种界限，才能够恢复宇宙万物的本来面目，才可以真正体会到万物生生不已的真实存在状态。所以“识仁”的方法就是顺其自然，不费纤毫之力。仁的“通感无滞”，遍在于天地万物与人之中，自然也就表征着“与物无对”的思维。孟子那里的“万物皆备于我”“反身而诚”即是“觉”“识”。明道在此指出人在反身而诚的当下，仁心朗现，自然感觉万物之生命内在于人的生命中，故万物皆备于我。因感通而明觉物我一体、彼此无隔，此即“与物无对”。

张载对自己的思想体系有一个简要的概括，此即其著名的“太和四句”：“由太虚，有天之名；由气化，有道之名；合虚与气，有性之名；合性与〔知〕觉，有心之名。”[②] 此“太和四句”乃张载哲学体系的概念层次、逻辑架构和理论纲领所在。张载由“先识造化”建立哲学体系，就是以“太虚”来言天，从客观天道入手来建构其宇宙论哲学的进路。这中间的关键即是张载在建构理论时，一个重要的思路即是分中之合。合的前提是分，而有分恰恰是心中有对的具体体现。诚如张载自己所言：“有象斯有对，对必反其为；

---

① （宋）程颢、程颐：《河南程氏遗书》卷二上，《二程集》，第17页。

② （宋）张载：《正蒙·太和》，《张子全书》（增订本）卷一，第2页。

有对必有仇，仇必和而解。”[①] 心中有对，方始言合，这与程颢之与物无对的思想截然不同。

**（五）诚敬存之**

仅仅言“仁”，尚不足以将程颢的思路充分展现出来，他借助于对《西铭》的评价及对孟子“勿忘勿助”的理解作了进一步讨论：

> 《订顽》意思，乃备言此体。以此意存之，更有何事？“必有事焉而勿正，心勿忘，勿助长”，未尝致纤毫之力。此其存之之道。若存得，便合有得。[②]

《订顽》即《西铭》；“备言此体”，当指张载通过乾坤大父母的系统论证和观念确立，将天人本一的“仁”体充分展现了出来。程颢从中看到了张载与自己共同的思路，故而对《西铭》予以了高度评价。“必有事焉而勿正，心勿忘，勿助长”语出《孟子·公孙丑上》，“正”是把捉之病，“忘”是间断之病，“助”是急迫之病。孟子这里强调的是只要人内心能以万物一体之意存养仁之理，“良知良能”便能积极发挥作用，时时破除“习心”对人思虑的引诱和干扰，随着时间的推移，必然能够使人的“本心”呈现，体会到“大乐”的至高境界。而所谓的大乐，也就是达到了孟子所谓的“万物皆备于我”的超越之境。而这也正是周敦颐指点二程所要寻求的“孔颜乐处”。张载将“勿忘”“勿助”与存心养性之修习沟通起来，赞同孟子对“揠苗助长”的批评，主张心性修养要契合自然，不能有意识地去求本心，不能过度地苛求心思。其言曰：

> 求心之始如有所得，久思则茫然复失，何也？夫求心不得其要，钻研太甚则惑。心之要只是欲平旷，熟后无心如天，简易不已。今有心以求其虚，则是已起一心，无由得虚。（功）〔切〕不得令心烦，求之太切则反昏惑，孟子所谓助长也。孟子亦只言存养而已，此非可以聪明思虑，

① （宋）张载：《正蒙·太和》，《张子全书》（增订本）卷一，第3页。
② （宋）程颢、程颐：《河南程氏遗书》卷二上，《二程集》，第17页。

力所能致也。然而得博学于文以求义理，则亦动其心乎？夫思虑不违是心而已。①

在张载看来，求心在于人对于外物之探索和索取，故曰有所得为求心之始。然而求心之存养工夫既不可“忘”，即简易不已，亦不可“助长”，即钻研过甚，否则皆不可达道。此也可以看出程颢与张载的相异之处。

此外，在张载的思想体系中，诚敬工夫实际上主要是通过对“礼”的践行来体现，这一点则主要体现在其诚明两进的思路中。张载以天人合一的观点解释诚明，他说：“（大）〔天〕人异用，不足以言诚；天人异知，不足以尽明。所谓诚明者，性与天道不见乎小大之别也。”② 又说：“义命合一存乎理，仁智合一存乎圣，动静合一存乎神，阴阳合一存乎道，性与天道合一存乎诚。”③ 他认为，如果不承认人或天的作用，就不是诚；如果不承认知天与知人的统一性，就不是明。诚明就是肯定天道与人性的同一。

## 五 “清虚一大”与“天理”的理论异趣

本体论层面的分歧才是张载二程理论分歧之根源所在，而非如有学者所谈及的二者的分歧乃根于其在天人关系上的差别。④ 本体论层面的分歧，进一步延伸到天人关系问题上，展现出“天人合一”与“天人本一”的理论异趣。吕大临在《横渠先生行状》中盛赞张载的“天人合一”观念：“穷神化，一天人，立大本，斥异学，自孟子以来，未之有也。”⑤ 张载是中国哲学史上首次明确提出“天人合一”命题的思想家，他在论及“诚”与“明”的关系时说：“释氏语实际，乃知道者所谓诚也，天德也。其语到实际，则以人生为幻妄，〔以〕有为为疣赘，以世界为荫浊，遂厌而不有，遗而弗存。就使得之，乃

① （宋）张载：《经学理窟·气质》，《张子全书》（增订本）卷四，第64页。

② （宋）张载：《正蒙·诚明》，《张子全书》（增订本）卷一，第11页。

③ （宋）张载：《正蒙·诚明》，《张子全书》（增订本）卷一，第11页。

④ 张金兰：《张载与二程的“穷理尽性以至于命”解析》，《中国社会科学院研究生院学报》2009年第6期。向世陵先生说：“以理为本与以气为本的对立，是二程反对张载以清虚一大为天道的根本原因。”（见氏著《理气性心之间——宋明理学的分系与四系》，湖南大学出版社2006年版，第64页。）

⑤ （宋）吕大临：《横渠先生行状》，《张子全书》（增订本）附录一，第377页。

诚而恶明者也。儒者则因明致诚，因诚致明，故天人合一，致学而可以成圣。得天而未始遗人，《易》所谓不遗、不流、不过者也。彼语虽似是，观其发本要归，与吾儒二本殊归矣。”① 在张载看来，“由明致诚”和“由诚而明”都可以成圣，因为天人是合一的。从这里我们可以看出，张载是把《中庸》和《易经》的理论糅合在一起，提出了“天人合一”的观念，这也正是他“以《易》为宗，以《中庸》为体”理论特点的生动体现。② 张载认为，天地与人皆为一“气”尔。他说：“均死生，一天人，推知昼夜，通阴阳，体之不二。”③ 这是张载“天人一物”④ 的终极性命题。在其看来，万物都秉承着“天性”，人亦是如此，正所谓“性者万物之一源”⑤。与此同时，张载还继承了《易传》中关于天、地、人的论述，提出“合三才而易一物”的说法。此即《正蒙·大易》所言“易一物而三才：阴阳气也，而谓之天；刚柔质也，而谓之地；仁义德也，而谓之人。”⑥ 此外，张载指出，“人事”“人谋”应该与“天道”“自然”达到合一的状态，而不能天与人相分离。其曰：

(大)〔天〕人异用，不足以言诚；天人异知，不足以尽明。所谓诚明者，性与天道不见乎小大之别也……性与天道合一存乎诚。⑦

天良能本吾良能，顾为有我所丧尔。明天人之本无二。⑧

天人不须强分。《易》言天道，则与人事一(衮)〔滚〕论之，若分别则只是薄乎云耳。自然人谋合，盖一体也。人谋之所经画，亦莫非天理耳。⑨

穷神知化，与天为一，岂有我所能勉哉？乃德盛而自致尔。⑩

浮屠明鬼，〔谓〕有识之死，受生循环，〔遂〕厌苦求免，可谓知〔鬼〕乎？以人生为妄见，可谓人乎？天人一物，辄生取舍，可谓知天

---

① (宋)张载：《正蒙·乾称》，《张子全书》(增订本)卷二，第44—45页。
② 王绪琴：《气本与理本——张载与程颐易学本体论的建构及其问题》，第231页。
③ (宋)张载：《正蒙·乾称》，《张子全书》(增订本)卷二，第44页。
④ (宋)张载：《正蒙·乾称》，《张子全书》(增订本)卷二，第44页。
⑤ (宋)张载：《正蒙·诚明》，《张子全书》(增订本)卷一，第11页。
⑥ (宋)张载：《正蒙·大易》，《张子全书》(增订本)卷一，第31页。
⑦ (宋)张载：《正蒙·诚明》，《张子全书》(增订本)卷一，第11页。
⑧ (宋)张载：《正蒙·诚明》，《张子全书》(增订本)卷一，第12页。
⑨ (宋)张载：《横渠易说·系辞下》，《张子全书》(增订本)卷十，第190页。
⑩ (宋)张载：《正蒙·神化》，《张子全书》(增订本)卷一，第8页。

> 乎？……悟则有义有命，均死生，一天人，推知昼夜，通阴阳，体之不二。①

“天道”之中本来就蕴含着“人事”，人的主观能动性的发挥与自然的规律是相统一的，故此人之正常的谋略经画活动依旧归属于天理，即“人谋”亦“莫非天理”也。张载强调“性与天道合一”“天人合一”实现的关键在于诚。可见，张载所强调的“合”，不是从本体意义上讲的，而是从伦理意义上谈的。当然，张载以儒家的现实精神来切入和肯定人生，认为人之“明”与天之“诚”是相互贯通的，可以通过工夫修养熏习成为圣人，故此张载反对佛教虚幻的“真如”、“空”论等思想，所谓“天人异知，不足以尽明”便需要我们以一种“自诚明，自明诚”的工夫来达到“天人合一”之境界。如此一来，便契合了张载所说的“人生固有天道”② 之语。这里问题的关键在于：作为主体的人，究竟如何去实现与天合一？而这也正是张载思想的入手之处，也正是其与二程思想的重要分化所在。

反观程颢之思想，与张载迥然有异。程颢认为：“天人本无二，不必言合。”③ 他明确地批驳了张载的“天人合一”论，认为其将浑圆统一的天人关系割裂为天人二本之说实在是不恰当。再者，其在《河南程氏遗书》卷二说：“合天人，已是为不知者引而致之。天人无间。”④ 此处更是进一步凸显了“天人无间”之语，这迥异于张载的天人二本论。程颢认为，张载“以诚包心”，或“以心包诚”，皆是天人二本的观点，并没有达到“天人一”的浑圆境界。从“天人一本”“天人无间”的观点来看，天地万物、道德天理与人的精神气理乃为一体，不必再言合。其实程颢的天人关系继承自孟子“尽心知性以知天”，并受庄子“天地与我并生，万物与我为一”思想的影响，而形成其“浑然与物同体”的“天人无间”的境界论。因此，程颢又说：“只心便是天，尽之便知性，知性便知天（一作性便是天），当处便认取，更不可外

---

① （宋）张载：《正蒙·乾称》，《张子全书》（增订本）卷二，第43—44页。
② （宋）张载：《张子语录中》，《张子全书》（增订本）卷十，第209页。
③ （宋）程颢、程颐：《河南程氏遗书》卷六，《二程集》，第81页。
④ （宋）程颢、程颐：《河南程氏遗书》卷二下，《二程集》，第33页。

求。”[①] 这些均是与张载不同之所在。

不过，二程虽然反对张载以“清虚一大”为天道，但却并未批评他“性即天道”的基本观点。因为“性与天道的合一”本来就为二程所坚守，性气不二同样为二程所强调：“论性，不论气，不备；论气，不论性，不明。”[②]此即张载和二程所共同遵循的道器一体观。据此而言，张载之虚性依于实气的性气统一说，就可以从理论上被接受了。向世陵依据“性之最大”理论就关洛思想关系进行了新的分析：“性、气、理三者的关系，可以说是通过性而使气本与理本实现了沟通。当张载讲‘性者万物之一源’与‘合虚与气有性之名’时，性范畴实际上被给予了最大的外延。而在二程，同样也是以性为‘最大’。”[③] 所以，在他看来：“张载气学与二程理学（‘道学’）的关系，也就可以看作是各取气、理为本而有差，又共取性为中介概念而有同的关系。这里实际上揭示了一个重要的问题，即不论理学各派的理论有多么大的差别，但都不能离开性这一具有本体性质的中介概念作为基础。”[④] 因为张载的性依天而立，由天道而来；二程的性虽也依天而立，但他们并不关心客观自在的本然与客观的天道，而这一点，在程颢表现得最为明显。

## 第二节　程颐对张载之学的表彰与批评

### 一　《西铭》明理一分殊

> 《西铭》之为书，推理以存义，扩前圣所未发，与孟子性善养气之论同功（二者亦前圣所未发），岂墨氏之比哉？《西铭》明理一而分殊，墨氏则二本而无分。……分立而推理一，以止私胜之流，仁之方也。[⑤]

如上对《西铭》的表彰出自程颐《答杨时论（西铭）书》。很明显，程颢对《西铭》是从仁体挺立遍润——亦即对人生的统摄、观照的角度表

① （宋）程颢、程颐：《河南程氏遗书》卷二下，《二程集》，第 15 页。
② （宋）程颢、程颐：《河南程氏遗书》卷六，《二程集》，第 81 页。
③ 向世陵：《理气性心之间——宋明理学的分系与四系》，第 64 页。
④ 向世陵：《理气性心之间——宋明理学的分系与四系》，第 64 页。
⑤ （宋）程颢、程颐：《河南程氏文集》卷九，《二程集》，第 609 页。

彰的，而程颐则主要是从严于形上形下之分的角度来表彰的。这就预示了程氏兄弟的分途。

程颐将《西铭》的宗旨界定为“理一而分殊”，本身就是以一种新的本体论对《西铭》进行诠释。在他看来，《西铭》的价值也就在于其不违背理一分殊的本体论原则。以此格之，《正蒙》则正是张载之过所在。程颐正是以其理一分殊以及形上形下、然与所以然的划分原则对《正蒙》进行了批评。

张载的《西铭》是一篇发挥“理一分殊”的文章。在程颐看来，他以乾坤为天地万物的父母，同时又提出“天地之塞，吾其体；天地之帅，吾其性”的重要命题，以性为“帅”，而民与物皆与天地之性合为一体。天下有长幼尊卑之殊，但都源于一性，合于一性。从方法论上讲，这是把伦理提升为本，使整个自然界变成人化的自然，具有伦理道德的色彩。正是在这一点上，张载受到了二程和朱熹等人的赞扬。

“理一分殊”乃程颐重要的理学范畴。语录载：“所以谓万物一体者，皆有此理，只为从那里来。”[①] 万物虽有差别，但皆从理来，理只有一个，是万物的根源，所谓“万理归于一理”[②]。这句话看起来是讲万理与一理的关系，实则讲万物与一理的关系。程颐认为，“理一”和“分殊”是体用本末关系，理只有一个，天下无二理，但其个性有许多，只讲分殊不讲理一，或只讲理一而不讲分殊，都有偏差。一理统万事，万事归一理。就他所理解的《西铭》而言：“分殊之蔽，私胜而失仁；无分之罪，兼爱而无义。分立而推理一，以止私胜之流，仁之方也。无别而迷兼爱，至于无父之极，义之贼也。”[③] 这完全是伦理主义的思想。[④]

程颐还谈到物理问题，承认天地之高厚，一物之所以然，甚至一草一木，皆有理，但又提出“物理本同”的思想。他在解释《睽》卦时说：“推物理之同，以明睽之时用，乃圣人合睽之道也。见同之为同者，世俗之知也，圣人则明物理之本同，所以能同天下而和合万类也。”“物虽异而理本同，故天

---

① （宋）程颢、程颐：《河南程氏遗书》卷二上，《二程集》，第 33 页。

② （宋）程颢、程颐：《河南二程遗书》卷十八，《二程集》，第 195 页。

③ （宋）程颐：《河南程氏文集》卷九，《二程集》，第 609 页。

④ 蒙培元：《理学范畴系统》，人民出版社 1989 年版，第 81 页。

下之大，群生之众，睽散万殊，而圣人为能同之。”① 自然界的事物各自殊异，显示了丰富多样性，但差异中有同一，即具有共同规律。这一思想反映了自然界统一性和多样性的辩证关系。但是他把“理”提升为宇宙本体，将自然界、人类社会和人生的各种现象统统归结为一理的表现，强调“冲漠无朕”之中“万象森然”，就使分析综合的方法变成了抽象归纳的工具。“天下之理一也，涂虽殊而其归则同，虑虽百而其致则一。虽物有万殊，事有万变，统之以一，则无能违也。”② 他承认事物千差万别，千变万化，但殊途而同归，百虑而一致，由一理统帅。这就是一理包含万事，万事中摄一理，也就是“理一分殊”。他还认为，人能尽其性，便能尽物之性，能赞天地之化育，能与天地参。为什么呢？“谓只是一理，而天人所为，各自有分。”③

二程提出“理一分殊”范畴，在论证本体同万物关系时，接触到整体和部分、一般和个别的关系问题，但是并没有进一步的论证。二程之后，这个问题越来越突出，其弟子谢上蔡（良佐）讨论理事关系时提出：“事不胜穷，理则一也。”④ 仍遵循二程之说，即坚持万物只有一理，承认“物物皆有理”，且“理一而已，一处理通，触处皆通”⑤。二程的另一弟子杨时开始重视“分殊”的方面：“天下之物，理一而分殊。知其理一，所以为仁；知其分殊，所以为义。权其分之轻重，无铢分之差，则精矣。”⑥ 仁义即是人伦之理，但二者是理一分殊的关系，理一是从总体上说，分殊则有轻重小大之别。这里值得注意的是，他提出“分殊”不明，则“理一”不精的重要思想，表达了对分析方法的重视。此后，朱熹的老师李侗，特以“理一分殊”传授朱熹，对朱熹“理一分殊”说的形成起到了重要作用。

## 二　“清虚一大”非道与“二本”

程颐对《正蒙》的批评，主要是从“清虚一大”尚有形下之嫌的角度进

① （宋）程颐：《周易程氏传》卷三，《二程集》，第 889 页。
② （宋）程颐：《周易程氏传》卷三，《二程集》，第 858 页。
③ （宋）程颢、程颐：《河南程氏遗书》卷十五，《二程集》，第 158 页。
④ （宋）谢良佐：《上蔡语录》卷三，第 590 页。
⑤ （宋）谢良佐：《上蔡语录》卷二，第 579 页。
⑥ （宋）杨时：《答胡康侯其一》，《杨时集》卷二十，第 536 页。

行批评的，所以说“以清虚一大为天道，则（一作此。）乃以器言而非道也”①。在他看来：“气是形而下者，道是形而上者，形而上者则是密也。”② 因而以“清虚一大”或虚气相即言天道，有形上形下不分之嫌。显然，这是和程颢角度完全不同的批评。在程颢看来，张载的太虚和气尚有二本之嫌。二者的统一还不够彻底、不够内在，所以说“须兼清浊虚实乃可言神”；而在程颐看来，太虚和气已经是形上形下不分了，这就不足以言天道了，因而说是“以清虚一大为天道，则乃以器言而非道也”。

对《正蒙》的这种不同角度的批评，既是二程学理分野的表现，也是程颐理学创造的出发点。程颢去世后，程颐作为北宋五子的殿军，继续强化对《正蒙》的批评，如：

> 以气明道，气亦形而下者耳。③
>
> 子厚以清虚一大名天道，是以器言，非形而上者。④
>
> 离阴阳则无道。阴阳，气也，形而下也。道，太虚也，形而上也。⑤
>
> 或谓“惟太虚为虚”。子曰：“无非理也，惟理为实。”或曰：“莫大于太虚。”曰：“有形则有小大，太虚何小大之可言？”⑥

在上述批评中，气、“清虚一大”，都被他视为形而下者而非形而上者，即不足以以道称之，但他并不否认太虚的形上地位。显然，这与程颢“须兼清浊虚实乃可言神”是不同的理路。如果说程颢对《正蒙》的批评是因为其天人、虚气还不够浑一、不够内在，那么，在程颐看来，《正蒙》的过错就恰恰在于其虚气观混淆了形上形下之别，从而不足以当天道之任。这样，在程颐看来，《正蒙》的过错就不在于高扬了太虚，而恰恰在于形上形下一滚论之。所以，他要以其形上形下、然与所以然的辨析与划分，重新奠定理学的

---

① （宋）程颢、程颐：《河南程氏遗书》卷十一，《二程集》，第118页。
② （宋）程颢、程颐：《河南程氏遗书》卷十五，《二程集》，第162页。
③ （宋）程颢、程颐：《论道篇》，《河南程氏粹言》卷一，《二程集》，第1182页。
④ （宋）程颢、程颐：《论道篇》，《河南程氏粹言》卷一，《二程集》，第1174页。
⑤ （宋）程颢、程颐：《论道篇》，《河南程氏粹言》卷一，《二程集》，第1180页。
⑥ （宋）程颢、程颐：《论道篇》，《河南程氏粹言》卷一，《二程集》，第1169页。

纲维。这一纲维终于在其晚年问世的《周易程氏传》中以“理事之辨”的方式完成了。用他自己的话来表达，就是：“散之在理，则有万殊；统之在道，则无二致。”① 显然，这就是理一分殊，也就是“体用一源，显微无间”②。这样，整个世界便被分成了体与用、显与微、然与所以然的形上形下两个层面。而人也就只能通过格物穷理的方式来把握世界：“格物穷理，非是要尽穷天下之物，但于一事上穷尽，其他可以类推。至如言孝，其所以为孝者如何，穷理（一无此二字。）如一事上穷不得，则别穷一事……如千蹊万径，皆可适国，但得一道入得便可。所以能穷者，只为万物皆是一理，至如一物一事，虽小，皆有是理。”③ 关于《横渠易说》与《周易程氏传》，朱伯崑先生认为，他们都是从玄学的有无之辨出发的，但张载是将有无之辨引向了形象之辨，二程则将有无之辨引向了事理之辨。这是张程在易学研究中的不同特色。④ 一方面是体与用、形上与形下的两层划分，另一方面，人则可以通过即事（物）穷理，通过由然而更求其所以然的方式完成对形上天道的把握：这是在张载与程颢之后，程颐对理学所实现的转型与创造。

二程还反对《正蒙》关于“气不能不聚而为万物，万物不能不散而为太虚”的物质不灭思想。张载的意思是说，万物无论怎样变化，都是“气”的不同存在状态的变化，而不是“气”的消灭，“气”是无生无灭的。二程则认为“理”是无生灭的，而“往来屈伸”的“气”是有生灭的。世界上只有永存的理，没有不灭的气。程颐说：

> 若谓既返之气复将为方伸之气，必资于此，则殊与天地之化不相似。天地之化，自然生生不穷，更何复资于既毙之形，既返之气，以为造化？……人气之生，生（一作人之气生）于真元。天之气，亦自然生生不穷。……自然能生，往来屈伸只是理也。盛则便有衰，昼则便有夜，往则便有来。天地中如洪炉，何物不销铄了？⑤

---

① （宋）程颐：《易序》，《河南程氏文集·遗文》，《二程集》，第 667 页。
② （宋）程颐：《易传序》，《周易程氏传》卷一，《二程集》，第 689 页。
③ （宋）程颢、程颐：《河南程氏遗书》卷十五，《二程集》，第 157 页。
④ 朱伯崑：《易学哲学史》第二卷，昆仑出版社 2005 年版，第 280 页。
⑤ （宋）程颢、程颐：《河南程氏遗书》卷十五，《二程集》，第 148 页。

> 气有淳漓，自然之理。有盛则必有衰，有终则必有始，有昼则必有夜。譬之一片地，始开荒田，则其收谷倍，及其久也，一岁薄于一岁，气亦盛衰故也。①
>
> 凡物之散，其气遂尽，无复归本原之理。天地间如洪炉，虽生物销铄亦尽，况既散之气，岂有复在？天地造化又焉用此既散之气？其造化者，自是生气。至如海水潮，日出则水涸，是潮退也，其涸者已无也，月出则潮水生也，非却是将已涸之水为潮，此是气之终始。②

把程颐的话归纳起来，大致有两个意思：第一，他认为"气"是暂时的派生的存在，它不断被产生出来，又不断地归于消灭，就像《易·系辞上》所说的"生生"不穷那样，而非"既返之气复将为方伸之气"那样，并以耕地和潮汐为例，说明物死不能复生，气散不能返原。第二，他认为"气"之上还有主宰者，决定人之气的是"真元"，决定物之气的是"自然"，而这一切都是理的反映，"理"是最高的主宰者。在《正蒙》中"气"和万物是产生与被产生的关系，"气"是不生不灭的。程颐则混淆了物质的一般状态（"气"）与物质的特殊状态（"万物"），用万物的有生有灭来说明"气"是有生有灭的，而认为只有"理"是不生不灭的。二程的"理不灭"与张载的"气不灭"是尖锐对立的。③

此外，关于与佛老的关系，程颐对张载亦有批评。就其理论建构的特殊性来看，张载对"太虚"概念的使用，以及他关于"气"聚散循环的理论，确实跟佛理有相似之处。程颐就这样讲："世人之学，博闻强识者岂少？其终无有不入禅学者。就其间特立不惑，无如子厚、尧夫，然其说之流，恐未免此敝。"④ 换句话说，程颐认为张载的理论与佛教还没有截然分开，其学有导致自制力不强的人误坠佛教之虞，所以，程颐自视为绍述孟子的"拔本塞源"者，要去拔除学生们在悟"道"时会导致混淆与沾染的可能性。

---

① （宋）程颢、程颐：《河南程氏遗书》卷十五，《二程集》，第156页。
② （宋）程颢、程颐：《河南程氏遗书》卷十五，《二程集》，第163页。
③ 龚杰：《张载评传》，第239页。
④ （宋）程颢、程颐：《河南程氏遗书》卷十五，《二程集》，第171页。

对《正蒙》关于"'神无方'，'易无体'，大且一而已尔"[①] 的物质运动思想，程颐也是反对的。"神无方而易无体"是《易·系辞上》的话，张载借用这句话来描述"气"的运动，他认为，气神妙的作用是难以预测的，变易的现象是层出不穷的，这些都表现了广大而纯一的气。但他在《神化篇》中又说"惟神为能变化"[②]，这就使他的物质运动思想带有瑕疵。对此，程颐批评说："冬寒夏暑，阴阳也；所以运动变化者，神也。神无方，故易无体。若如或者别立一天，谓人不可以包天，则有方矣，是二本也。"[③] 这就是说，"气"虽具有运动的属性，但这种属性却是"神"所赋予的，所以世界上真正运动的是精神性的"神"而不是物质性的"气"，正是由于"神"的奇妙作用，才有层出不穷的变易现象，如果想在"神"之外另找一个运动的物质承担者，那就是否认了"神"的普遍性，把"神"与"气"并列，犯了运动有两个来源的错误。这里，程颐批评张载"气""神""二本"的运动观是有一定道理的，但他的目的是宣传"气外无神，神外无气"[④]，即离开了"气"，"神"就无以表现；离开了"神"，"气"就无以存在。在"神"与"气"的关系上，"神"是贯穿始终的存在，从而把运动说成是精神性的"神"对物质性的"气"的操纵，否定了张载的物质运动思想。[⑤]

程颐对《正蒙》的批判，既与关洛之学的不同学旨有关，也与其肯定《西铭》的不同角度有关；而这双重的分歧，同时也就开启了程颐的理论创造。张载去世以后，程颐曾赴关中，对张载之学有一定的积极汲取，展现出洛学的兼容性。正是基于对张载之学的汲取，程颐才提出了"体用一源，显微无间"的理学命题，从而进一步协调《易》学上义理与象数的关系，即将象和理合而为一，将象数派《易》学和玄学派《易》学转化为理学派的《易》学，完成了对象数《易》学和义理《易》学的整合，最终实现了理本论体系的建构。其所提出的"体用一源"的本体论原则，被朱熹所继承，最终成就了其理学之集大成者的地位。

---

① （宋）张载：《正蒙·神化》，《张子全书》（增订本）卷一，第7页。
② （宋）张载：《正蒙·神化》，《张子全书》（增订本）卷一，第9页。
③ （宋）程颢、程颐：《河南程氏遗书》卷十一，《二程集》，第121页。
④ （宋）程颢、程颐：《河南程氏遗书》卷十一，《二程集》，第121页。
⑤ 龚杰：《张载评传》，第240页。

## 第三节　程颢、程颐对张载评价的思考

### 一　表彰《西铭》批评《正蒙》的倾向

《西铭》是作为张载天人体系的最后归结而出现的，其根本宗旨是说人通过道德实践可以达到实然与应然的统一。这就是人由凡而圣、由人而天全部过程及其指向的一个浓缩。所以它不仅是本体，同时亦是流行，不仅是天地之性，同时也含有气质之性，是人通过穷理尽性达到"性天德，命天理"的过程。从这一角度来看，二程对《西铭》的表彰，实际上只是截取了其中的一个方面或一个层面，即太虚本体（天理）或天地之性这一层面，而对其中的另一个层面——气与气质之性，则视而不见。当然，由于从本体论和境界论角度看，人已经转化了气质之性，因而二程的表彰虽未必全合《西铭》的本义，却也不违背其基本宗旨。

关于《正蒙》，其虚气观体现的是本体论与宇宙论并建的建构思路，而程颐以事与理、然与所以然的划分与统一对它的批评，则同时又完成了一种新的理论建构。而这一重建主要是通过将体用的创生主宰关系向然与所以然的"存在之理"的转化实现的。对于程颢"只心便是天"的主体精神来说，这又无疑也是一种消解。这样，站在程颐的角度来看张载和程颢，虽然其对张载表现了过多的批判意识，但他在批判的同时也实现了对张载的继承；而对于程颢来说，当程颐将其主体精神转释为所以然之理时，就完全是一种消解了，因为当能动而创生的性理转化为万事万物的所以然之理时，就无所谓主体精神了。那么，究竟是什么原因使二程兄弟表现出了如此大的差别呢？这就需要从理学的外部环境与内部环境来说明。从外部来看，北宋是佛教禅宗特盛的时代，理学要与禅宗明心见性的本体论相抗衡，就不得不强化其自身的本体意识，这就是程颐将张载由宇宙生化相连接的天人体系，以形上形下之辨分判为所然与所以然的"体用一源，显微无间"的存在之理，这也是牟宗三分析程朱理学的结论。他由此认为程朱理学相对于正宗儒学而言是"别子为宗"，这自然包含了一定的偏见。但是，牟宗三基于对中西文化的比较分析所提出的"存在之理"与"形构之理"的框架却异常精深，尤其是其对

“存在之理”并不等同于“形构之理”，因而不能直接等同于科学知识的提揭这一点尤为重要。[①] 这对于将程朱的格物穷理简单地等同于科学认识具有非常重要的警示作用，对于中国文化先天不足的认识、对于中西文化融合方向的探讨，都具有非常重要的作用。从理学内部来看，当张载以太虚即气创立本体论与宇宙论并建的天人体系时，就为理学开辟了一个广阔的领域。二程以性的概念重新诠释天人关系，就使理学不得不面临一个两难选择：要么坚持高扬与落实性的统一，但却有可能使这一天人体系仅仅落实于一己之心性世界，由一己心性的实践诠释与观照统摄而形成的世界，虽不必是禅但却与禅宗具有同样的危险；要么承当这一体系的关怀面向，却又不得不对这一体系所体现的客观世界与主体之性作双向的削减。显然，这一两难格局实际上就落实在二程兄弟不同的探索走向中。

但是，当我们将二程对《西铭》的表彰与其对张载“定性”“穷理尽性以至于命”以及“诚明两进”之“二本”的批评统一起来看时，马上便面临一个两难的局面：要么张程之间有一方改变了自己的思想宗旨，要么是《西铭》的宗旨被改变。与张程各自的思想体系相比，这一两难实际上落在了后面一种，即二程是从自己的理路出发对《西铭》作了新的诠释。如果我们以二程对《西铭》的表彰为准，而对其前面所作的批评进行重新评判，那么，从张载有“二本”之嫌的体系出发，无疑是得不出为二程所积极肯定的《西铭》之结论的；相反，倒是杨时对《西铭》的“二本”之疑与“言体而不及用”的批评，恰恰坚持了二程批评张载的理论一贯性。但是，程颐并不允许杨时坚持这种一贯性，而将这一问题归罪于张载之《正蒙》：“横渠立言，诚有过者，乃在《正蒙》。”[②] 意即张载的过错主要体现在《正蒙》中，《西铭》则是粹之又粹者。这样，程颐便将《西铭》与《正蒙》割裂为二，以便作理一而分殊的发挥。这也就决定，程颐必然要从其所理解的《西铭》出发，重新简择张载的《正蒙》；而二程对张载扬《西铭》而贬《正蒙》的继承方式，也就主要由程颐来承担了。

本来，从张载的天人体系出发，其天道观的落实在于性，其人生论的起

① 牟宗三：《心体与性体》上册，第79—80页。
② （宋）程颢、程颐：《河南程氏文集》卷九，《二程集》，第609页。

始及其实现根据也在于性。性也构成了二程兄弟共同的出发点。但是，虽然二程都是从性出发的，而在如何理解、把握性上，其间又存在着不同的选择，这又构成了二程之间的分歧。大体说来，程颢是从弘扬主体及其体验一边来落实性的，因而就有了“定性”“识仁”以及“浑然与物同体”的主体境界说；而程颐则是从将本体思辨化、学理化的角度来落实性的，所以就有了体用、显微、形上形下以及然与所以然的客观分划。因此，在北宋理学，也就出现了从关学天人统一的性，到洛学从性出发的主体化与本体化两种不同指向的分化。如果我们将性作为张载和二程各自建构体系的坐标点，那么，张载显然是从性出发，建构了一种由性纵贯天人、本体论与宇宙论并建的天人体系；而程颢则通过对性的主体化落实与境界化弘扬，从而形成了“浑然与物同体”的人生境界；至于程颐，则通过对性的本体化、客观化定位，进而通过然与所以然的分划，将性拓展为体（形上）用（形下）两层世界。这就是北宋五子中最后三人的逻辑关系及其走向。在这一走向的制约下，二程也自然会对张载哲学形成不同的评价。在二程兄弟中，高评张载的是程颢，这是因为他与张载属于同一理路，且具有同一指向；其相互的差别，就人生论而言，也仅仅在于渐顿之间，程颢的“与物同体”与张载的“民胞物与”一定程度上就可以互诠互释。[①] 所以，从这个角度看，程颢与张载在精神上无疑具有更多的相应性，所谓“《订顽》立心，便达得天德”[②] 只能是出自程颢的评价，而这一评价也确实道出了张载的本意。但是，对于《正蒙》，程颢非但不感兴趣，且其将性主体化的为学指向也未必能真入《正蒙》，因而只能说一些“论性，不论气，不备；论气，不论性，不明。（一本此下云：‘二之则不是。’）”[③] 之类的圆融性的原则。这都是由其将性主体化、实践化的为学指向所决定的。

张载在《正蒙》中所谈及之道气关系问题，在二程的思想世界实现了一个大的转化。张载是在本体论的高度讨论理气关系，二程则把“理”提升为最高范畴，从而建立了理本论，理气关系也就被颠倒过来了。这是理学范畴史上的一个重要时期，它标志着“理”范畴的真正确立。二程认为，气既不

① 丁为祥：《虚气相即——张载哲学体系及其定位》，第 167 页。

② （宋）程颢、程颐：《河南程氏遗书》卷五，《二程集》，第 77 页。

③ （宋）程颢、程颐：《河南程氏遗书》卷六，《二程集》，第 81 页。

是太虚本体，也不是无形，它只是有形之物，真正的本体存在是理而不是气。“心所感通者，只是理也。……若言涉于形声之类，则是气也。”① 这里提出的问题并不只是有形无形之争，而且还包括理气何者为本体的争论。心感通者，只有抽象思维才能把握，它是理性化的存在，而不是感性的物质存在；涉于形气者，则是感性的物质存在。他们对于张载的气化学说，给予了肯定的评价，从这个意义上说“张兄言气，自是张兄作用，立标以明道”②。但反对张载以气为“太虚”之说：“又语及太虚，曰：‘亦无太虚。’遂指虚曰：‘皆是理，安得谓之虚？天下无实于理者。’”③ 他们否定了张载的太虚之气，而代之以实理，把理说成无形而实有之物，是“心所感通者”，这说明“理”是抽象思维才能把握的理性范畴。这也构成了二程批评张载《正蒙》最重要的根源之所在。

## 二　张程理论的逻辑演进

二程兄弟对张载的批评，也许还有其他的缘故。可以想见的是，二程实没有完全领会张载的哲学。针对佛教，他们是很有理论自信的：“其言有合处，则吾道固已有；有不合者，固所不取。”④ 他们自认为已然悟“道”，如果别人的理论跟他们的一致，就接受，否则便视为错误。二程兄弟批评起张载来，有时对其孜孜以求的理论问题毫无理会的兴趣。比如，程颐讥评张载“太虚”是“无实”的，就没有领会张载的理论，这或许可以作为程颐片面理解张载思想的一个例子。与这相类似，二程似乎既没有理解张载对于“气”的重新界说，也不懂关联形而上下二域的太虚，认为它不足以用来描述“道”：“若如或者以清虚一大为天道，则乃以器言而非道也。”⑤ 称之为“器”，便意味着是形而下的、有形的东西。可是，张载明明讲“太虚”是无形的，是浑沌未判的“气”。所以说，二程兄弟拒绝张载的理论，有可能是由于他们没有完全理解他赋予了“气”和“太虚”以形上的意涵。

---

① （宋）程颢、程颐：《河南程氏遗书》卷二下，《二程集》，第56页。

② （宋）程颢、程颐：《河南程氏遗书》卷五，《二程集》，第79页。

③ （宋）程颢、程颐：《河南程氏遗书》卷三，《二程集》，第66页。

④ （宋）程颢、程颐：《河南程氏遗书》卷十五，《二程集》，第155页。

⑤ （宋）程颢、程颐：《河南程氏粹言》卷一，《二程集》，第118页。

从张载与二程的正面交锋来看，基本是张载在主导着双方的论辩；从张载去世后二程对其的评价来看，有显性评价，亦有隐对张载者。[①] 仔细研读《二程集》会发现，在《河南程氏遗书》及《河南程氏外书》《河南程氏粹言》等二程的论著中，有不少言论即是以张载理论为参照的。而这一点却很少在张载的论著中看到。总而言之，当将本来存在着继承关系的张程之学作平行的比较时，我们必须承认，二程洛学比张载关学的确更为圆融，论域也更为集中；而张载关学又比二程洛学规模更为广大，工夫次第也更为细密、更为笃实。首先，从出发点来看，张载是从客观自在之天出发的，而二程则是从性出发的，其所谓之天只具有虚说的意义。这就形成了两个不同的出发点。其次，从实现过程来看，张载是从天到人、从本然到实然，然后经过人的实践追求而达到应然。这是一个从天到人又从人到天的过程。而二程则是从本然到应然，从人的至善之性到由天理所统摄的人生世界。这固然使理学的论域更为集中，理论也更为圆融，但理学的规模也就随之缩小了。最后，从指向来看，张载倡导的是以人成圣、合人于天的思路。而在这一过程中，既包含着人在道德上的自我成就、自我实现，同时亦包含着明确的实然关怀与知识追求。而二程则是合人的行为于至善之性，使人的一切处于天理的观照与统摄之下。显然，从张载到二程，理学的论域更为集中，论题也更为明确，这正是二程对张载的发展。当理学的出发点从张载的“天”转换为二程的“性”时，内圣之学的基础也就真正确立了。虽然这一确立的过程起始于张载对天道本体的探索和对人性的总结，但“性即理”这样的思想毕竟是由二程所明确表达出来的，对于内圣之学而言，这是基本的出发点。不过，理学在完成这一奠基的同时，也就种下了“偏枯”的病根。就是说，正像理学的全部优势都凝聚于“性即理”一样，其所有的毛病也都由此而发端。其“偏枯”之病的第一次发作，就表现为二程对张载的评价与批评。

这样，张载与二程便表现为一种颇为复杂的关系。就精神指向上说，张载与程颢更为接近，其天人体系之落实于性与大程之“定性”“识仁”，正表现着挺立主体精神的一贯性；而从理论规模上看，张载与程颐又颇为一致，

---

① 唐君毅先生在分析张载的思想时，曾经指出：“伊川之言‘虚’中皆‘实理’，则除意在对佛家之论外，亦在对横渠之论。此外二程之言中，隐对横渠者，尚不止此。”［见氏著《中国哲学原论》（原教篇），第80页。］

小程的体用、理事世界，正是张载立体纵贯的天人世界的平面落实。如果说张载哲学所体现的主要是本体的主宰精神，那么，程颢就是将这一主宰精神高扬为主体的创生精神，而程颐则将张载的本体关怀转化为一种所以然之理，并由此形成理事双层世界。这种决定万事万物所以然的存在之理，对程颢的主体创生精神自然是一种消解，对张载的主宰精神来说也是一种解构。但是，这对于理学传统而言，则又成为一种新的开创。所以，它是理学开始转型的表现。从张载到二程，理论发展的承继关系已非常明显。或许正是缘于此，唐君毅先生才说："程子之学无论其自觉不自觉，吾人皆可说之乃以横渠之学之所终，为其学之所始，而转以疑横渠之学之所自始者。此即由横渠之学至程子之学之一历史发展，足见张程之学之同而异，异而未尝不通，而程亦更有进于张者。"① 至于陈来先生所说："洛阳是宋明理学的'千年祖庭'。北宋时代，以二程先生为中心的洛学是道学的真正建立者，没有二程，周敦颐、张载、邵雍的影响就建立不起来；没有二程，朱熹的出现也就不可能。一句话，没有二程，也就没有两宋的道学。"② 虽然充分强调了二程在道学创立中的重要地位，但当我们对于关洛思想关系有了更进一步的认识之后，对此恐会有新的认识：二程对于整个道学体系的形成确实发挥了承前启后、不可取代的作用，但若言没有二程则周敦颐、张载、邵雍思想的影响则建立不起来，似乎忽视了周、张、邵思想的独立性。这也有悖于我们今天所看到的张程之间的思想衔接关系。李泽厚先生曾言："从历史上看，关、洛同时而并称，但从理论逻辑上看，和张载相比，二程不过'百尺竿头，更进一步'，在张载的基础上，把宋明理学的基础略事摆正而已。张载的学说中，关于自然'气化'的种种议论探讨还相当之驳杂繁多，从而以《西铭》为特征的伦理学本体论在一定程度上被覆盖和遮掩，二程（特别是小程）的作用和地位就在尽量去掉这重遮掩，使这个伦理本体更为清楚明确地突出起来。于是张载那些有关外在事物、客观世界和现实社会的种种科学性的极力描述、认真探讨，就被指责为'有迫切气象，无宽舒之气'了。由张载到二程，要求确定并直接追求这个伦理本体（大程要求由心灵直接，迅速去领会；小程要求通过对事物

① 唐君毅：《中国哲学原论》（原教篇），第 82 页。

② 陈来：《二程与宋代道学的文化意义》，《人民政协报》2017 年 4 月 10 日。

的理的认识积累去把握），成了理论发展中必然出现的另一个环节。”[①] 这里将张程之间的理论逻辑说得更为明白。

### 三 “不得已”的论辩

究竟张载是否以“气”与“神”为二本？张载本身亦曾以“神无方、易无体”“天体物不遗”等词语来说明其本体遍在于气内，此一论点当与二程无异。然究其“二本”之意，恐是误解。“虚无穷而气有限”之观点本身就是张载批评的重要着力点，故而不可能在其自身的理论建构中陷入体用殊绝的二本之境。张载对于用语的定义，分别极清，天、道、神、化、性、气等用语皆各有所指，然此分别处正为二程所诟病。二程虽亦明上述字语所言不同，然其更重用法虽不同，其实乃一事（天理）也。唯有认识其为一事之本末体用之合，方为“一本”。然张载并非不明上述概念之为一事之本末体用，例如其言“神，天德；化，天道。德，其体；化，其用，一于气而已”[②]，便充分显示出这些分别皆是统一于此一气化实存世界之一事。因而不难看到，二程与张载在理论建构方法上的差别在于张载极重概念的分别与架构的分析，二程则重概念的统整而已。两者之间的论辩其实更多时候乃是在各自理论建构方式上针对对方的路径所展开的不得已的捍卫之举。

龚杰先生认为：“张载的思想是矛盾的，张载的著作也是矛盾的。正是这些矛盾着的思想和著作，才形成关学与洛学相互排斥又相互融合的错综复杂的情况。”[③] 然而与二程大量记载他们之间学术讨论的情形大不相同，考究张载所著原文本身，竟无一语谈及他与二程之间学术讨论的情形。就二程对张载的批评以及张载对于某些哲学概念的分析来看，他们之间存在着思想分歧之处与类似之处是明显的事实。只是在这诸多的事实之中，讨论他们究竟谁影响了谁、谁借用了谁什么概念，恐怕推测的意味要比考证的意味大得多。甚至从哲学思想本身比较，他们之间的差异，可能导致了他们之间的学术讨论，但实际上并没有如何针锋相对。原因在于，在本源之学的探讨上，他们

---

① 李泽厚：《宋明理学片论》，《中国社会科学》1982 年第 1 期；收入《中国古代思想史论》，生活·读书·新知三联书店 2008 年版，第 240 页。

② （宋）张载：《正蒙·神化》，《张子全书》（增订本）卷一，第 7 页。

③ 龚杰：《张载评传》，第 227—228 页。

对于某些关键处，有不同的定义与思考方向，因而导致不可相互理解的可能性是存在的。如前所论，张载“形而上者谓之道”与以形而上者方为本源的说法差异甚大。另外一个足以显示两者为学态度不同者，乃在于对“穷理尽性以至于命”这个工夫次序的看法。如前所论，张载认为三者乃是由“穷理”“尽性”到“以至于命”，为学次第须从穷理起。在其思路中，理、性、命三者所指不同，为学次序亦不可更动；二程认为穷理、尽性、以至于命三者乃是一事，穷理即是尽性即是至命，因为在二程理学中，理、性、命本是天理之异名尔。故而二程对张载之批评，恐在张载自身也不以为然。张载早亡之时，二程思想尚未成熟，而关学门人对《正蒙》尚有疑义，在这段时间，关学门人求教于二程，甚至转投二程门下，以致张载《正蒙》中的思想亦无人发扬了，且二程以其自身的思想诠释《正蒙》，《正蒙》便成为有过之言，这违背了张载的本旨初衷，也导致了范育在十三年后于《正蒙序》中为老师辨正。于此不难理解范育在此处解释张子之《正蒙》乃不得已之言也。

综上可见，二程所创的洛学与张载关学在学旨上的分歧，最直接地表现在其对张载的总体评价——扬《西铭》而贬《正蒙》上。在关洛之辩最后一次讨论记录《洛阳议论》中有一段程颐与张载的对话，颇值得注意：

> 正叔（程颐）谓：“洛俗恐难化于秦人。”子厚谓：“秦俗之化，亦先自和叔（吕大钧）有力焉，亦是士人敦厚，东方（洛学）亦恐难肯向风。”①

程颐说，洛学恐很难说服关学。张载回答说，关学也不容易被洛学所接受。可见，这是两个相互独立而又相互联系的学派。所以，张载与二程、关学与洛学的关系，还是如程颐所讲的，如果认为彼此有相同处是可以的，但若认为张载学于二程，关学源于洛学，则不是事实。在二程对张载的总体评价中，这一从扬到贬的过程，同时也就是二程兄弟思想开始分途、程朱理学——所谓天理本体论开始形成的过程。张载以“太虚”之气作为形上的本体存在，这种“太虚”之气在确立“民胞物与”的人生境界时确有重要意义，然而在实现与人文法则的沟通和与儒家的伦理道德贯通方面还存在一定

① （宋）程颢、程颐：《河南程氏遗书》卷十，《二程集》，第115页。

的理论困难。二程兄弟则在此基础上，拣择出“天理”作为宇宙本体与儒家伦理统一的凭依，作为新儒学的形上存在与最高信仰，从而真正实现了重建儒学，以及自觉对抗佛老的历史使命。虽然张载的气学与二程的理学在本体论上有异，且遭到二程的批评，但二程却从张载那里汲取了气化万物的思想。他们把气作为生成万物的材料，指出：“生育万物者，乃天之气也。”① 并且认为气在聚散变化的过程中构成万物，“物生者气聚也，物死者气散也”②，“万物之始，气化而已”③。二人以气作为万物的开端。此外，二程还吸收了张载天地之性与气质之性相分的人性论。在共语道学之要的背景下，张载是二程最为重要的话语言说对象，也是其理论创发的最为重要的参照。尽管学术讨论是相互的，然而今天存世的张载论著中张载针对二程的理论创发之话语、评价二程之话语都是非常罕见的，尽管这恐怕不能完全说明张载理论创立的独立性、自足性，但他在理论体系创建过程中所展现的“俯读”“仰思”之“苦心极力”，即便二程也是没有否认的。从总体上来看，除了佛老外，张载乃是二程在理论建构过程中最为重要的言说对象，从这个意义上来说，张载理论探究的终点，也就是二程理论创发的起点。

① （宋）程颢、程颐：《天地篇》，《河南程氏粹言》卷二，《二程集》，第 1226 页。
② （宋）程颢、程颐：《人物篇》，《河南程氏粹言》卷二，《二程集》，第 1268 页。
③ （宋）程颢、程颐：《天地篇》，《河南程氏粹言》卷二，《二程集》，第 1263 页。

# 第四章　超越门户

## ——“关学洛学化”再考察

关学与洛学，作为宋明新儒学中具有自己独特理论特点的学派，以及同作为理学的奠基，实际上面临着共同的课题：对儒家的理论进行一次新的阐发与改造，以适应时代的需要。作为关学与洛学的开创者，张载与二程在这一过程中对儒家经典进行了新的挖掘与阐发，他们为传统哲学中固有的范畴赋予了新的内涵，并运用新的理论体系来对儒家的伦理进行论证。这里要说明的是，一个学派的形成与独立，尤其是被冠上地域名号的传统学派，需要一个（二程很独特）杰出的学者作为奠基者，起到开一代之风气的作用。他能够成为学者之望风，学术之重镇。但是，作为一个真正有影响力的学派，还需要同时代的以及历时的众多学者追随在他周围与身后。古代中国社会重视师道，学派的同世追随者一般都会采取投身门下的方式来接受奠基者的思想，即使年纪相仿、官阶有次、出身悬殊。学派开创者身后的学术追随者在学派思想史中的地位，可以通过与开创者的思想进行对比，判定哪些是继承的，哪些是偏失的，哪些是背离的，哪些是创新的，哪些是不相干的。因为开创者本人的思想已经成熟、固化，思想史研究就是在二者之间寻求演绎的逻辑。但是早于开创者而逝的追随者的思想，就面临着开创者本人思想还未完全成熟、完善、体系化的问题。侯外庐先生在《中国思想通史》、陈俊民先生在《张载哲学与关学学派》中所提出的张载之后关学沿着李复的正传思路和蓝田吕氏与苏昞等的洛学化方向发展，在学界影响极大，通过借由学派形成与发展的基本事实和理论对此进行新的考察，是厘清关学与洛学学派关系不可缺失的环节。

## 第一节 “关学洛学化”再辨析

张载关学与二程洛学，作为北宋时期两大重要的理学流派，后世将其与濂学、闽学并称“濂洛关闽”。如前所及，陈俊民先生曾提出，张载之后关学发展的一个重要方向即走向了“洛学化”，亦即关学在“完颜之乱”后，表面上已“不得其传”，实际上以融入洛学的方式，作为一种思想的暗流继续发展。对于历史上的关学后来是否已“洛学化”，这是一个关乎关洛学术发展的重要问题，需要结合文献和事实进行进一步辨析。

### 一 “关学洛学化”观点的源流

张载从熙宁二年（1069）返归关中，身居眉县横渠镇，开始以讲学授徒为业，一时弟子云集，如《宋元学案》所云：“关学之盛，不下洛学。”① 吕本中在《童蒙训》中说：“伊川先生尝至关中，关中学者皆从之游，致恭尽礼。伊川叹：‘洛中学者弗及也。’”② 可见当时关学发展之盛况。然而，熙宁十年（1077）张载去世以后，关学一度失去领军人物，陷入寂寥不振的境况。在这种情形下，关学诸弟子如蓝田“三吕”及苏昞、范育等，为求道传道皆投奔二程门下。其中最具代表性的是吕大临，其为张载的大弟子，又是载弟张戬之女婿，后来还成为程门“四先生”之一。程氏盛赞其“深淳近道”“有如颜回”，其所撰《中庸解》，被程颐赞为“得圣人心传之本矣”③。或因这一学术趋向的出现，学者断言关学已洛学化。

所谓关学的“洛学化”，包括南宋的吕本中、明代的冯从吾在内的儒者，皆未提及。《宋元学案》中黄宗羲仅谓横渠“其门户虽微有殊于伊洛，而大本则一也”④。“其门户”可能是就其学术思想流派之分野而言，“大本则一”，

---

① （清）黄宗羲原著，全祖望补修：《宋元学案·序录》，第 6 页。

② （宋）吕本中：《童蒙训》卷上，《文渊阁四库全书》第 698 册，台湾商务印书馆 1983 年版，第 517 页。

③ （元）脱脱等：《宋史》卷三四〇《吕大临传》，第 10848 页。

④ （清）黄宗羲原著、全祖望补修：《宋元学案》卷十七《横渠学案》，第 662 页。

可能谓其皆为道学之属。全祖望仅言“三吕之与苏氏”“曾及程门”，亦未说关学已经发生洛学化转向。清人柏景伟说：“自宋横渠张子出，与濂、洛鼎立，独尊礼教……然道学初起，无所谓门户也，关中人士多及程子之门。”①可见当时张载弟子入程氏之门，旨在学道受业，并无严格意义上的门户之见。侯外庐先生在《中国思想史》中提及“就多数关学中坚来看，并没有与洛学合流”②，他举出了三条相关证据：

和叔（吕大钧）常言：“及相见则不复有疑，既相别则不能无疑。”③

巽之（范育）凡相见须窒碍，盖有先定之意。④

吕与叔守横渠学甚固，每横渠无说处皆相从，才有说了，便不肯回。⑤

侯外庐先生通过以上文献得出一个很有见地的结论，“南宋以后多以三吕等列为二程弟子”，这“是与实际不符的”。⑥ 这样看来，关学洛学化是一个值得进一步讨论的问题。

若要追溯“关学洛学化”说法之源，或许可追溯到全祖望，他在《宋元学案》中谈及洛学的传播情况时，说：“洛学之入秦也以三吕，其入楚也以上蔡司教荆南，其入蜀也以谢湜、马涓，其入浙也以永嘉周、刘、许、鲍数君，而其入吴也以王信伯。”⑦ 全祖望这段话是说三吕之学是洛学入秦后在秦地传播的产物，意即洛学传入关中才有了诸吕之学。全氏这一说法是不符合历史事实的，完全抹煞了三吕曾求教于张载的事实。今人首先言及关学洛学化的是关学研究大家陈俊民先生，他在其《张载哲学思想与关学学派》中谈到了“关学的‘洛学化’”问题，说：“往日时贤以为‘北宋之后，关

① （清）柏景伟：《柏景伟小识》，《中国学术史著作序跋辑录》，崇文书局2005年版，第46页。
② 侯外庐主编：《中国思想通史》第四卷上，人民出版社1959年版，第568页。
③ （宋）程颢、程颐：《河南程氏遗书》卷二上，《二程集》，第44页。
④ （宋）程颢、程颐：《河南程氏遗书》卷二上，《二程集》，第27页。
⑤ （宋）程颢、程颐：《河南程氏遗书》卷十九，《二程集》，第265页。
⑥ 侯外庐主编：《中国思想通史》第四卷上，第568页。
⑦ （清）黄宗羲原著、全祖望补修：《宋元学案·序录》，第5页。

学就渐衰熄’（《中国思想通史》第四卷上）。我以为‘衰落’了，但没有‘熄灭’，而是出现了两种趋向：‘三吕’的关学‘洛学化’和李复的关学‘正传’发展。”[①] 陈先生的观点在学界影响很大，之后涉及关学史研究的众多著作多征引该说。根据陈先生之说，就前者而言，以“三吕”和苏昞为代表的向洛学转化的趋向是关学发展的重要方向之一，其中尤以吕大临最为典型。

## 二 “关学洛学化”问题的理论审视

关于“关学洛学化”的问题，在以往的讨论中往往将研究视角聚焦于转依洛学的张载弟子们那里，尤其是对深得张载和二程看好的吕大临的思想考察上。这主要缘于在关学与洛学的弟子中，吕大临是比较特殊的一个。他在31岁以后曾先后师从张载、二程，直接参与了当年的关洛学术讨论。涵养于两大学派的吕大临被朱熹高度重视，其思想也被朱熹所关注、吸收。吕大临在张载逝后由关入洛，是否就意味着关学已经“洛学化”?[②] 学界目前围绕该问题的讨论已然形成了完全不同的观点。陈俊民先生认为，关学的“洛学化”实质，就是在洛学的影响下，关学思想自身的进一步“义理化”。与之相反，陕西师范大学的刘学智教授对此提出了质疑。他在《关学思想史》一书中，对蓝田三吕、苏昞、范育等人在张载去世后的学术发展问题进行了再讨论。在他看来，三吕等人在张载去世后转事二程，绝非背叛师门，实乃提升理论、推动道学发展的使命使然。刘先生认为，吕大临在对待张载关学和二程洛学时分别采取了自觉坚守与理性吸收的态度，并将二者加以综合与创造，虽然受到洛学的影响，但绝无自觉或不自觉地让关学“洛学化”的企望和结果。因此，他认为所谓吕大临的“洛学转向”实际上是不存在的，吕大临也并没

① 陈俊民：《张载哲学思想与关学学派》，第15页。

② 有关于此，陈海红在《吕大临评传》中指出：“吕大临的两段求学经历，并不表明其是一个典型的‘由关入洛’的思想转变。原因在于：吕大临不长的学术生命与张载、二程学术体系形成的不成熟性，都使他的思想还不具有明确的后来研究者所判定的学术认同与学派归属。其二，作为一个学派的‘关学洛学化’的思想史现实非常复杂，它并不表明学派中的每一个体都有着这一倾向。‘关学洛学化’着重从改变师门立论，而少从思想承继入手，有其分析上的不足。”（西北大学出版社2015年版，第7页。）

有由“气本论”向“理本论”的转变。①

吕大临曾赋诗表达自己的志向：“学如元凯方成癖，文到相如始类俳。独立孔门无一事，惟传颜氏得心斋。”② 吕大临受教于二程，是在张载去世后两年。本来他以“防检穷索”为学，大程以“识仁且不须防检，不须穷索”开导他，力图使他明白“默识心契，惟务养性情”的理学旨趣。这里的问题是，吕大临是否就因此改变了以往的认识呢？这里恐怕不可盲目下断语。在陈俊民先生看来，程颢点拨吕大临之后，“关学赢得了洛学“涵泳义理”、空谈心性的特点，却日渐丧失了它‘正而谨严’‘精思力践’的古朴风格，开始‘洛学化’③。上述观点恐需要结合实际情况作进一步辨析。若依陈先生所论，其认为关学已经洛学化的理由有二：一是如吕大临，放弃了一些个别的观点，接受了二程心性修养的“理学旨趣”；二是关学获得了洛学“涵泳义理”空谈心性的特点，然却日渐丧失了其“正而谨严”“精思力践”的古朴风格。诚如陈先生所说，吕大临受二程的影响，接受了二程的一些观点，对先前的观念有所改变，如先前“以防检穷索为学”，后明道语之以“识仁”，且以“不须防检，不须穷索”开导他，最后终于“默识心契”，明白了心性之学的要旨，遂作《克己铭》以见其意。问题在于，接受了某些个别观点，是否就是已经放弃了自己学派的风格？这需要进一步讨论。重要的是，大临所赋那首表达自我期许的诗，其实是在张载在世时所作。吕本中《童蒙训》说：“吕与叔尝作诗曰：‘文如元凯徒称癖，赋若相如止类俳。惟有孔门无一事，只传颜氏得心斋。’横渠读诗，诗云：‘置心平易始知诗。’”④ 说明颜氏心传的心性之学，亦是张子所肯认，吕大临也是在入程门之前就有了此一思想。关于第二个理由，说关学获得了洛学“涵泳义理”、空谈心性的特点。联系陈先生对“洛学化”的解释即“实质就是在洛学的影响下，关学思想自身的进一步义理化”⑤，这意味着一关学是不重义理或至少是义理性不强的，二洛学是空

① 刘学智：《关学思想史》，第154—159页。又见氏著《“关学洛学化”辨析》，《中国哲学史》2016年第3期。

② （宋）吕大钧、吕大临等著，陈俊民辑校：《蓝田吕氏遗著辑校》，第477页。

③ 陈俊民：《张载哲学思想与关学学派》，第18页。

④ （宋）吕本中：《童蒙训》卷上，第524—525页。

⑤ 陈俊民：《张载哲学思想与关学学派》，第19页。

谈心性的。这两点明显是站不住脚的。[①] 关学是否存在洛学化的问题，关键在于转投洛学的关学弟子其思想是否发生了根本性的转变，这才是问题的实质和关键。

从理论的角度来考量，一般而言，转依洛学的关学弟子有三人特别值得注意：一为吕大临，一为范育，一为苏昞。

**（一）从吕大临的思想变化看洛学化问题**

首先来看吕大临转依洛学后的思想发展情况。如前所述，作为程门四学士之一的吕大临"修身好学"，无意于仕进，此说大致可以概括"三吕"的基本倾向。吕大临为学的历程中可以分为 31 岁前的自主探索时期、31 岁到 39 岁的关学时期与 39 岁以后的洛学时期。吕大临深潜理性的为学精神既体现在其跟随张载学习的关学时期，也体现在随二程学习的洛学时期。在随张载学习期间，张载曾对其有一个评价："吕与叔资美，但向学差缓，惜乎求思犹以褊隘，然褊不害于明。"[②] 意思是吕大临天资聪颖，且常有自己的独立见解，然有时未免偏激狭隘。在追随二程学习期间，程颐也曾对吕大临的为学特点作了"深潜缜密"的评价，认为其在为学时表现出理性而不盲从的态度。从现存吕大临的著作来看，关学时期完成的居于多数，如《易章句》《论语解》《孟子解》等，洛学时期则有《论中书》《礼记解》和《中庸解》。根据陈俊民、刘学智、文碧方、陈海红等考证的情况来看，总体上说，吕大临的著作以关学时期的居多。"虽然这并不能充分说明吕大临的思想没有被'洛学化'，但是至少可以看出其思想中主导的方面是怎样的。"[③]

以吕大临作为考察点的关键在于，吕大临及诸吕氏兄弟入洛后与二程论

---

① 刘学智先生指出："其实，张载批评汉唐儒学之蔽就在于'知人而不知天，求为贤人而不求为圣人'（《宋史·张载传》），指出其缺乏本体和义理的深入探求。张载'以易为宗，以孔孟为法，以《中庸》为体'，就是着重发挥其义理的。只是张载在解经时更注重发挥经学的本来义蕴，而不像程子那样以'理'解经。张载与二程都属于理学之属，理学的重要特点就是重义理。所以，如果仅以张载弟子从学于二程，就说使关学'进一步义理化'从而'洛学化'，无论从事实上还是逻辑上都是讲不通的。至于说洛学'涵泳义理'是'空谈心性'，更是根据不足的。黄宗羲说：'先生（程颐）为学，本于至诚，其见于言动事为之间，疏通简易，不为矫异。'其'至诚'、'简易'绝非空谈心性，而是真正的实学。他讲天理，是以理为实的，只是不如关学那样重礼教而已。"（《"关学洛学化"辨析》，《中国哲学史》2016 年第 3 期。）

② （宋）张载：《张子语录下》，《张子全书》（增订本）卷十一，第 211 页。

③ 刘学智：《"关学洛学化"辨析》，《中国哲学史》2016 年第 3 期。

学的过程中，其思想是否有一彻底的转变？

刘学智先生着重从以下四个方面论证了三吕在转依洛学后其立场并未发生根本性改变：其一是吕大临坚持了关学“躬行礼教”“重礼践行”的传统。其二是吕大临承继了张载重气的哲学传统，同时又吸收了二程关于理为万物本原的思想，但以理从属于气，观点基本同于张载。其三，在人性论和修养工夫上，吕大临接受了张载“为学大益，在自求变化气质”的说法，也同意张载“大其心”以“尽心”“知性”的工夫论，说明吕大临与张载的理路是相通和相近的。其四，吕大临及吕氏兄弟仍然保持着关学力行践履、重于实践和经世致用的特点和宗风。① 基于这四个方面，刘先生坚持吕大临等转依洛学后其思想并未发生根本性改变，所以不能说其思想已“洛学化”。但另一方面，刘先生也看到了吕大临对二程之学的吸收，所以他说：“吕氏兄弟在投入程门之后，一面坚守早年从学张载时期的关学宗旨，同时也尽可能地适应新的学术环境，在思想上方法上在与二程求学和相互讨论中做出相应的调整。”② 然后他以关于“防检”与“识仁”问题、理与气的关系问题、“中”与“赤子之心”关系问题的讨论对此进行了说明。由此可见，在吕大临从学二程期间，曾与二程有频繁的思想交流，从总体上来看，表现出肯定与碰撞、批评相并存的学术交往格局。最后，刘先生认为，吕大临对待张载关学和二程洛学，分别采取了自觉地坚守与理性地吸收并将二者加以综合的态度和做法，并认同牟宗三先生所谓“严格说，与叔不能算是二程门人”③ 的说法。

与刘先生的观点不同，浙江大学哲学系的韩书安先生则提出了不同的看法：

> 在“关学洛学化”的问题上，无论是赞成者还是反对者，他们的争论都始于梳理张载哲学的谱系传承，终于辨析关洛学旨的根本异同。尽管双方对以吕大临为代表的张载弟子由关入洛的思想倾向转变都有细微的考证说明，但由于对“关学洛学化”命题本身缺乏正本清源的深入剖

---

① 刘学智：《“关学洛学化”辨析》，《中国哲学史》2016 年第 3 期。
② 刘学智：《“关学洛学化”辨析》，《中国哲学史》2016 年第 3 期。
③ 牟宗三：《心体与性体》中册，第 5 页。

析，因此并不能有效解决这一学术公案。[①]

以上说法可谓抓住了“关学洛学化”讨论的实质。沿着他的思路，需要对于何谓“关学洛学化”进行语义分析。正如其所言：“从语义学的角度分析，‘关学洛学化’有两种理解方式：一是强调关学的谱系传承，即认为关学被洛学所改造是学术上的变调和错位，丧失了关学特色。二是突出洛学的体系建构，即认为洛学吸纳了关学，是思想上的援引和借鉴，充实了洛学的内容。”[②]“显然，陈俊民和刘学智两位学者对‘关学洛学化’的理解属于前者，是站在关学史的角度讨论这一问题。他们的分歧实际上是在何种程度上揭示和维护张载关学这一特色鲜明的地域学派的独立性与完整性。”[③]

从思想上看，我们既要看到张、程、吕之间同中有异、异中有同的一面，也要看到其相互启迪、相互吸收的一面。如吕大临“实有是理，故实有是物；实有是物，故实有是用”的天道观及“中即性也”的性论也有自身理论建构的鲜明特色，而绝非简单地继承自张载、二程，更非“关学洛学化”的结果。在一些具体思想上，他们也是各抒己见或相互借鉴。如关于“格物”的解释，张载释为“外物也”“虚心则能格物”；二程说“格，至也。物，事也”，“格犹穷也，物犹理也”；吕大临则曰：“格之为言至也。致知，穷理也，必穷万物之理同至于一而已，所谓格物也。”在这里，我们看到，吕大临既不同于张载，亦与二程有明显差异，展现出他自身的理论创发。另外，我们知道，最能体现吕大临不轻从二程之说的，是其《论中书》。尽管因程颐批评他“大本已失”而“茫然不知所向”，但吕大临仍坚持自己的想法，并未随意改变，甚而令程颐接受了他的心之体用说。另一方面，吕大临对二程的思想也是有所吸收的。然若因此而断言“关学洛学化”了，那么张载“天地之性”与“气质之性”、“德性所知”与“见闻之知”被二程吸纳，岂不又成“洛学关学化”了？思想的影响问题是极其复杂的，一种思想是否影响了另一种思想，以及在何种程度上施发了影响，观点相同是否即确受其影响？相异是否就是未受影响？这些皆需具体研判，不可草率断识、笼统以定。因此，淡化学派

---

① 韩书安：《“关学洛学化”问题的再认识》，《中国社会科学报》2021年1月12日。

② 韩书安：《“关学洛学化”问题的再认识》，《中国社会科学报》2021年1月12日。

③ 韩书安：《“关学洛学化”问题的再认识》，《中国社会科学报》2021年1月12日。

意识，回归道学初创期的原初语境，或许能更为准确地认识关学“洛学化”问题。①

## （二）从范育、苏昞看洛学化问题

据现有史料来看，范育可能是张门与乃师论学较多的一位弟子。他不但勤于问学，而且“笃信师说而善发其蕴如此”②。横渠评价当时学者时，对范育颇为称许，说：“今之学者大率为应（科）〔举〕坏之，入仕则事官业，无暇及此。由此观之，则吕、范过人远矣。”③ 可惜范育无文集传世，仅留下为数不多的几篇文字，其最著名者就是《正蒙序》。

从序文中可见，范育是在收到张载弟子苏昞编撰而成的《正蒙》十七篇后所写。当年，苏昞在序文中讲，张载原来手定有《正蒙书》数万言，他提议分篇以方便学习记诵。张载对《正蒙》有一个自我评价：他认为他所作的《正蒙》基本理论框架已经比较完备，后人可以从不同方面去汲取。于是苏昞根据张载是书内容，按类编从，效法《论语》体例，形成今天所见的十七篇本《正蒙》。《正蒙》出现之后，“关中学者尊信之与《论语》等，其徒未尝轻以示人，盖恐未信者不惟无益，徒增其鄙慢尔”④。《正蒙》成书后，曾在学生中流传，产生了一定的影响。后因张载去世，“关学之盛，不下洛学”的局面有一定改变，但因有了《正蒙》，许多关中学者仍可“守横渠说甚固”。此点二程在张载去世后入关中讲学时，亦深有体察。张载逝后，门人长安李复、蓝田三吕分别沿着气学和“躬行礼教”两个向度传承并发挥乃师学说。而范育、苏昞等虽投奔二程，然对张载思想的坚守与维护，着实也是历史的事实。通过成于张载逝后多年的范育《正蒙序》我们即可以对此略窥一二。

范育序中首先明确了张载《正蒙》一书的写作背景和理论针对。关于《正蒙》的成书问题，学界已略有讨论。从宏观层面考察，该著的形成有着深厚的理论背景、社会背景和强烈的问题指向。如范育所言：“自孔孟没，学绝道丧千有余年，处士横议，异端间作，若浮屠老子之书，天下共传……闵乎

---

① 曹树明：《淡化学派意识　回归原初语境——“关学洛学化”辨正》，《中国社会科学报》2020 年 8 月 13 日第 007 版。

② （明）冯从吾撰：《关学编（附续编）》卷一，第 14 页。

③ （宋）张载：《张子语录下》，《张子全书》（增订本）卷十一，第 211 页。

④ （宋）杨时：《答胡康侯其四》，《杨时集》卷二十，第 541—542 页。

道之不明，斯人之迷且病，天下之理泯然其将灭也，故为此言与浮屠老子辩，夫岂好异乎哉？盖不得已也。”这就是说，张载著《正蒙》主要是“闵乎道之不明”，是为了“与浮屠老子辩”，改变当时天下“不归佛，则归老”的“儒门淡薄”的格局。故在《正蒙》的开篇章，张载即明确指出：“彼语寂灭者，往而不反；徇生执有者，物而不化，二者虽有间矣，以言乎失道则均焉。”① 显然，无论是“语寂灭者”还是“徇生执有者”，都是人生“失道”的表现，故张载讲“诸子浅陋，有有无之分”，② 而《正蒙》一开始就从批评佛老执于有无的“失道”立论。在张载看来，佛老盛行首先是因儒学不振之内在因素所致。正是因儒学缺乏超越性的追求，才导致佛老乘虚而入。所以他反思道：“知人而不知天，求为贤人而不求为圣人，此秦、汉以来学者大蔽也。”③ “千五百年无孔子，尽因通变老优游”④，充满了对汉唐儒学的反省与批评。同时，他对于现实社会士人所秉持的汉唐儒学之遗风亦进行了激烈的批判：“故未识圣人心，已谓不必求其迹；未见君子志，已谓不必事其文。此人伦所以不察，庶物所以不明，治所以忽，德所以乱，异言满耳，上无礼以防其伪，下无学以稽其弊。”⑤ 这与范育在《正蒙序》中的分析是一致的：“其（佛老）徒侈其说，以为大道精微之理，儒家之所不能谈，必取吾书为正。世之儒者亦自许曰：‘吾之《六经》未尝语也，孔孟未尝及也’，从而信其书，宗其道，天下靡然同风。”⑥ 当时的俗儒觉得儒家缺乏“大道精微之理”，所以很多人靡然追从佛老之说。范育的这一分析，让我们清晰地看到了《正蒙》不得不作的时代诉求，同时也更明确地点出了张载强烈的现实关怀。所以《正蒙》之作，必然同时包含着对汉唐儒学纠偏补弊的成分，包含着辟佛排老的成分，也包含着对当时“陋儒”的批评。对此，不仅《正蒙》言之甚详，而且自范育以来的历代研究亦大多就此而立论。这可以说是张载创作《正蒙》的理论针对。而对王安石变法的不满，实际上成为其重要的现实针

---

① （宋）张载：《正蒙·太和》，《张子全书》（增订本）卷一，第1页。
② （宋）张载：《正蒙·太和》，《张子全书》（增订本）卷一，第2页。
③ （元）脱脱等：《宋史·张载传》，《张子全书》（增订本）附录一，第379页。
④ （宋）张载：《杂诗·圣心》，《张子全书》（增订本）卷十二，第237页。
⑤ （宋）张载：《正蒙·乾称》，《张子全书》（增订本）卷二，第44页。
⑥ （宋）范育：《正蒙序》，《张子全书》（增订本）附录三，第399页。

对。有关于此，在张载佚书《礼记说》中得到了充分的展现，[①] 在张载答范育的书信中也有着充分的说明。

范育序中也点出了《正蒙》写作的主体成因。序中言：“子张子独以命世之宏才，旷古之绝识，参之以博闻强记之学，质之以稽天穷地之思，与尧、舜、孔、孟合德乎数千载之间。”[②] 从宏观的意义来考虑，无论是辟佛排老还是对汉唐儒学及世儒的纠偏，都在一定程度上表现为张载对儒学的历史发展及现状的不满。从个体的角度来说，张载基于多年的“出入佛老”“返归六经”的理论探索和积淀，已然形成“吾道自足，何事旁求”的充分理论自信，这成为张载创作《正蒙》重要的主体成因。吕大临描述了张载创作《正蒙》时的状态：“终日危坐一室，左右简编，俯而读，仰而思，有得则识之。或中夜起坐，取烛以书”[③]，充分展现出其所谓“志道精思，未始须臾息，亦未尝须臾忘也”[④]。为了从理论上与佛老辨是非，超越汉唐儒学之弊，改变当时儒者“不知择术而求”的局面，本着强烈的使命感和担当意识，他在进行着一个艰苦的“造道”运动。张载在完成《正蒙》后，对于自己创作《正蒙》的情况作了这样的描述：“吾之作是书也，譬之枯枝，根本枝叶，莫不悉备，充荣之者，其在人功而已。又如晬盘示儿，百物俱在，顾取者如何尔。”[⑤] 这说明，从理论创立主体的角度，张载对于《正蒙》充满了自信。他坚信只要人们认真去揣摩，从不同的角度皆可受益。他所讲的“充荣之者，其在人功而已”“晬盘示儿……顾取者如何”的比喻都清晰地说明了这一点。努力改变佛老沦入“空”“无”的理论荒谬，解决汉唐儒学“天人两分”和“略知体虚空为性，不知本天道为用”[⑥] 的“体用殊绝”问题，“借助儒家传统的体用不二理论思维模式，在对佛老与汉唐儒学包括所谓世儒时论的双向批判中，全

---

① 魏涛：《张载著作的新发现——张载佚书〈礼记说〉考论》，《河北师范大学学报》（哲学社会科学版），2014 年第 6 期。

② （宋）范育：《正蒙序》，《张子全书》（增订本）附录三，第 399 页。

③ （宋）吕大临：《横渠先生行状》，《张子全书》（增订本）附录一，第 376 页。

④ （宋）吕大临：《横渠先生行状》，《张子全书》（增订本）附录一，第 376 页。

⑤ （宋）苏昞：《正蒙序》，《张子全书》（增订本）附录三，第 398 页。

⑥ （宋）张载：《正蒙 · 太和》，《张子全书》（增订本）卷一，第 1 页。

面深入地论证了儒家天道性命相贯通的天道观基础”[1]。张载针对北宋特定的三教关系的现实状况，“自立说以明性”[2]，立“造道”之言，尽管其《正蒙》乃多年讲经的汇集，但就其理论规模之广大、理论体系之完整、理论问题探讨之深入而言，多“发前圣所未发”。范育序中所讲的“命世之宏才”“旷古之绝识”绝非空言，亦仅非作为弟子的门户之见，而是展现了《正蒙》“致广大而尽精微”的理论真实。

范育在序文中除了揭示《正蒙》的写作背景和理论针对外，也展现了他自己对《正蒙》思想主旨的理解。作为一篇比较少见的张载弟子对《正蒙》的直接评价文献，其价值是毋庸置疑的。借此我们可以管窥弟子对张载思想的认同问题。去除对乃师的情感尊崇，透过字里行间我们还是可以对范育视野中的张载思想有一个清晰的把握。

在范育序中他不仅对张载的思想特点作了准确的把握，而且能发明其中的内在意蕴。张载以气论“太虚”、统“有无”、一“体用”，遂破佛老“空”“无”之论。他指出张载“此言与浮屠老子辩，夫岂好异乎哉？盖不得已也”。范育在这里强调，张载与佛老的理论争鸣，乃是重振儒家伦理纲常之使命使然，并非其好辩。而这与当年孟子在回答公都子之问时的回答多有相近之处。据《孟子·滕文公下》所载：

> 公都子曰：“外人皆称夫子好辩，敢问何也?”孟子曰：“予岂好辩哉？予不得已也！……昔者禹抑洪水而天下平，周公兼夷狄、驱猛兽而百姓宁，孔子成《春秋》而乱臣贼子惧。《诗》云：‘戎狄是膺，荆舒是惩，则莫我敢承。’无父无君，是周公所膺也。我亦欲正人心，息邪说，距诐行，放淫辞，以承三圣者。岂好辩哉？予不得已也！能言距杨墨者，圣人之徒也。”[3]

孟子当年针对杨墨学说盈天下所造成的“无父无君”局面，以“舍我其

---

① 丁为祥：《张载为什么著〈正蒙〉——〈正蒙〉一书的主体发生学考察》，《哲学研究》2007年第4期。

② （宋）张载：《张子语录中》，《张子全书》（增订本）卷十一，第207页。

③ （宋）朱熹：《孟子集注·滕文公下》，《四书章句集注》，第271—273页。

谁”的任道担当，毅然扛起了复兴儒学的大旗，与杨墨较是非，从而“息邪说，距诐行，放淫辞”，继承圣王之道。在时人称其好辩时，他作了慷慨激昂的回应，两次用到“予不得已也”，从大禹治水到武王伐纣，再到当时杨朱、墨翟之言盈天下所造成的伦理纲常废弛，展现出孟子强烈的现实关怀。在这一点上，张载无疑继承了孟子的担当精神。所以在“千五百年无孔子，尽因通变老优游”，“知人而不知天”，“知求为贤人而不知求为圣人”的背景下，他提出了对后世影响深远的“为天地立心，为生民立命，为往圣继绝学，为万世开太平”的“横渠四句”，充分展现了儒者的使命与担当。范育在序文中称张载与佛老辩与当年孟子辟杨墨相类，都展现出儒者强烈的卫道担当意识。我们甚而通过仔细比较孟子“予岂好辩”章与范育序文的文字，不难发现，范育笔下所论及的与佛老较得失的张载同当年辟杨墨的孟子具有高度的近似性。这也从一个侧面展现出儒家一以贯之的道统观念、强烈的卫道意识，以及范育对乃师张载推崇之至。

我们知道，在北宋时期，对张载“清虚一大”之“气”学思想，程颐曾有过批评。据《朱子语类》记载：“渠初云‘清虚一大’，为伊川诘难”“渠本要说形而上，反成形而下，最是于此处不分明。”① 对此，深得张载“气”学本旨的范育在《正蒙序》中对二程委婉地提出了反驳，说，“若‘清虚一大’之语，适将取訾于末学，予则异焉”，张、程“清虚一大”之辩，暴露出二者主“虚气”为本与主“理”为本的分野。二程认为张载“立清虚一大为万物之源，恐未安，须兼清浊虚实乃可言神。道体物不遗，不应有方所”②。“横渠教人，本只是谓世学胶固，故说一个清虚一大，只图得人稍损得没去就道理来，然而人又更别处走。今日且只道敬。”③ 二程针对张载所讲的以“太虚即气”为核心的宇宙论提出了质疑。他们认为张载的天道论在上下贯通方面存在问题，不能只言“清通之气”，“太虚之气”，必须要兼言“浊”“实”之气，不可有遗漏，这样才可以实现“兼体”而“无遗”，该遍万物。在修养工夫论上二程认为张载为解决世儒被佛老所困，“不知择术而求”，确立太虚本体支撑伦理之大本，恐有“迫切”之嫌；而要求人们“克己”，以礼来

① （宋）黎靖德编：《朱子语类》卷九十九，第2538页。

② （宋）程颢、程颐：《河南程氏遗书》卷二上，《二程集》，第21页。

③ （宋）程颢、程颐：《河南程氏遗书》卷二上，《二程集》，第34页。

化气习，实现“变化气质”，又对道理不甚了了，如此则不易被人们接受，最终还是无法赢得人们的认同。在他们看来，只需要讲“敬”就可以了。二程所要确立的“敬”的工夫与他们所讲的“天理”本体是一致的。而在范育看来，二程的这些批评实际上是对张载思想的误解。显然，范育在这里是在维护张载关学。程颐说的“巽之（范育）凡相见须窒碍，盖有先定之意”①。当是就范育对张载思想的坚守而言。范育入程门十年后的元祐二年（1087），应苏昞之邀为张载《正蒙》写序，仍“泣血受书，三年不能为一辞”。其序中盛赞《正蒙》“有六经之所未载，圣人之所不言”，“本末上下贯乎一道”，“言若是乎其极矣，道若是乎其至矣。圣人复起，无有间乎斯文矣。”② 而这已是元祐五年（1090）即张载卒后十三年的话了，足见其服膺张载之心之敬了。

范育在序文中进一步分析了张载思想体系的完整性和广博性，而这形成了对二程及其门人批评的有力回击。他讲道：

> 道一而已，亘万世，穷天地，理有易乎是哉？语上极乎高明，语下涉乎形器，语大至于无间，语小入于无朕，一有窒而不通，则于理为妄。故《正蒙》之言，高者仰之，卑者举之，虚者实之，碍者通之，众者一之，合者散之。要之，立乎大中至正之矩。天之所以运，地之所以载，日月之所以明，鬼神之所以幽，风云之所以变，江河之所以流，物理以辨，人伦以正。造端者微，成能者著，知德者崇，就业者广，本末上下，贯乎一道。过乎此者，淫遁之狂言也；不及乎此者，邪诐之卑说也。推而放诸有形而准，推而放诸无形而准，推而放诸至动而准，推而放诸至静而准，无不包矣，无不尽矣，无大可过矣，无细可遗矣，言若是乎其极矣，道若是乎其至矣。圣人复起，无有间乎斯文矣。③

在范育看来，张载在《正蒙》中所建构的理论体系，是足以囊括宇宙间天地万物，且可以长久存在的普遍之理，实现了形上与形下的统一、大与小

① （宋）程颢、程颐：《河南程氏遗书》卷二上，《二程集》，第27页。
② （宋）范育：《正蒙序》，《张子全书》（增订本）附录三，第399页。
③ （宋）范育：《正蒙序》，《张子全书》（增订本）附录三，第399页。

的统一，天地万物借由气之贯通实现了通达无碍，“天地之气，虽聚散，攻取百涂，然其为理也顺而不妄”[①]。《正蒙》对于天地万物，日月星辰，鬼神变化，社会变迁，人生百态都进行了细致的辨析，确立起了一个人伦的纲维。而这个理论体系可以让不同的群体都能够从中受益，体会到通达之理的微妙。基于宇宙万物的天序、天秩而形成的人伦规范，其最鲜明的特点就是中正。这样一个广大精微之理，对于增加德行修养的光辉，扩大事物发展的业绩，都会有很大的益处。它贯通本末上下，没有丝毫的遗漏与不通。若不坚守此道，则无论是过还是不及，都会陷入虚妄偏邪。它对于有形事物是适合的，对于无形事物也同样是适合的；对于运动变化的事物是适合的，对于静止的事物也是适合的。它是囊括了宇宙的极高明之道理，大千世界万事万物的运动变化无不囊括于其中。《正蒙》的理论体系可谓达到了极致，即便是圣人在世，也和这样的理论言说不会有太大的出入。范育给予了张载《正蒙》理论体系以极高评价，在这一点上，几可以与数百年后王夫之《张子正蒙注・序论》相媲美：“张子之功，又岂非疏洚水之歧流，引万派而归墟，使斯人去昏垫而履平康之坦道哉！是匠者之绳墨也，射者之彀率也，虽力之未逮，养之未熟，见为登天之难不可企及，而志于是则可至焉，不志于是未有能至者也，养蒙以是为圣功之所自定，而邪说之淫蛊不足以乱之矣。”[②] 王夫之的评价可谓与范育有异曲同工之妙，都将张载思想体系的广大完备揭示得淋漓尽致。

从流传至今的相关材料可见，范育是先从张载后入程门的一位善于独立思考且有见解的学生。即便在入程门后仍能坚守张载学说，故程颐说他“闻而多碍者，先入也”[③]。实际上，程颐的这个批评，也正好体现了范育不轻易盲从的理性精神。从现存材料来看，范育也是张载弟子中具有较高政治地位和社会影响的一位。基于范育的推介和维护，虽然程门时有批评之声，《正蒙》仍得以广泛传播。从这个角度来说，他对于张载关学的传播与发展发挥了重要作用。

苏昞（1053—?），《关学编》卷一称其“同邑人游师雄，师横渠张子最

① （宋）张载：《正蒙・太和》，《张子全书》（增订本）卷一，第1页。

② （清）王夫之：《张子正蒙注》，第4页。

③ （宋）程颢、程颐：《圣贤篇》，《河南程氏粹言》卷二，《二程集》，第1235页。

久"[①]，在张载去世后与"三吕"皆东向从学于二程，且"卒业于二程子"[②]。其师张载"最久"，张载把《正蒙》交由他"编次而序之"，绝非随意而为，他也"自谓最知大旨"[③]。今本《正蒙》的分篇格局即为苏昞所完成。他一生以处士著称，不求仕进，其学"德性纯茂，强学笃志"[④]，颇有张载遗风。熙宁九年（1076），张载过洛，与二程子论学，他"录程、张三子语，题曰《洛阳议论》，朱文公表章之行于世"[⑤]。说明他深度参与了张、程的学术讨论。苏昞在从学二程期间，与程颐有多次讨论，其中最有名的是关于中和问题的讨论。程颐的立场在《与苏季明论中和》处表现得较为清楚，他不反对在"喜怒哀乐未发前"下工夫，他只是主张：未发时只宜"存养""涵养"，"涵养久，则喜怒哀乐发自中节"。若程颐论"中和"，只是为了反对"求中"，倡导"涵养"，则其主张大体可为理学各派所接受。然而，当苏昞向他请教："当中之时，耳无闻，目无见否?"程颐答道："虽耳无闻，目无见，然见闻之理在始得。"[⑥] 苏昞后来问道："先生于喜怒哀乐未发之前下动字，下静字?"程颐答："谓之静则可，然静中须有物始得，这里便（一作最。）是难处。学者莫若且先理会得敬，能敬则自知此矣。"[⑦] 根据程颐的回答我们可以看到，只要"知"有物、"察"有物、"思"有物，即不是静，即远离大本。但如果只是"静"，而不知"有物"，这亦非工夫究竟。"物"为何？明显就是理。通观程颐前后答语，似可理解他要求的中和工夫即是学者必须心灵永保湛纯，这就是"敬"。敬的工夫作久了，内心澄明，理即呈现。这一讨论在理学史上具有深远影响。对于苏昞尝谓自己"患思虑不定，或思一事未了，他事如麻又生"，程颐则批评说："不可。此不诚之本也。须是习。习能专一时便好。不拘思虑与应事，皆要求一。"[⑧] 这种思想上的交流在学者之间是正常的，可以看出苏昞虚心学习，但他是独立思考，决不盲从，因此看不出关

---

① （明）冯从吾撰：《关学编（附续编）》卷一，第12页。
② （明）冯从吾撰：《关学编（附续编）》卷一，第12页。
③ （明）冯从吾撰：《关学编（附续编）》卷一，第13页。
④ （明）冯从吾撰：《关学编（附续编）》卷一，第12页。
⑤ （明）冯从吾撰：《关学编（附续编）》卷一，第13页。
⑥ （宋）程颢、程颐：《河南程氏遗书》卷十八，《二程集》，第201页。
⑦ （宋）程颢、程颐：《河南程氏遗书》卷十八，《二程集》，第201—202页。
⑧ （宋）程颢、程颐：《河南程氏遗书》卷十八，《二程集》，第202页。

学被洛学化的趋向。

## 三　“关学洛学化”讨论的反思

很明显，当前学界围绕“关学洛学化”的讨论，除了对于概念理解的分歧外，还应看到其背后所反映的问题实质。陈、刘两位先生对“关学洛学化”问题的讨论表面上源于对关学史书写的现实关切，而实则在于如何看待关学与洛学的思想交涉与融合程度。实事求是地讲，以两个学派之间的思想交融程度作为是否被“化”的标准，着实有难以把握之处，而以转依洛学之关学弟子是否改变思想立场为据，虽可收到良好效果，但却也未跳出学派本位立场。陈、刘两位先生实际上都是站在关学的立场思考“洛学化”的问题。若转换视角，基于“洛学”的立场去考虑这一问题，或许会有新的不同的结论。

基于关学概念的争执和关学史书写的讨论，形成了关学研究阵营内的“关学洛学化”之争执。若跳出关学本位立场，从洛学乃至整个宋代思想发展的角度去思考，则恐会得出新的结论。也正是因此，韩书安先生才云：“只有把关学的地域性放置在儒学的普遍性中，才更能揭示张载哲学的时代精神。”①正如陈来先生在《“关学”的精神》一文中所指出的那样：“目前学界多关注把张载作为关中学派的代表，这是无可非议的。但也要指出，若只把张载定位于此，无形之中可能会只突出了张载关学对地域文化的贡献，成为地域文化的代表，而容易掩盖、忽略了他对主流文化——道学的贡献。”② 因此，即便站在关学的立场来说，揭示其所包蕴的展现儒学普遍价值、推动儒学发展的因素，而非一味仅强调关学之特质、学风、宗风等，弱化对所谓学派之体征的探究——这一研究趋向使得关学研究陷入地域化的泥潭而不可自拔，当是当前关学研究中值得警醒的重要趋向。而这也从一个侧面让我们不得不思考，“带着学派意识去研究早期道学的形成及所谓学派之间的关系，有无方法论的局限?”③ 同样一个史实，若变换视角，则可能会得出不同的结论。“张载故去，三吕、范育等转师二程之举，催生了‘关学洛学化’的追问，但这

① 韩书安：《“关学洛学化”问题的再认识》，《中国社会科学报》2021 年 1 月 12 日第 007 版。

② 陈来：《“关学”的精神》，《陕西师范大学学报》（哲学社会科学版）2016 年第 3 期。

③ 曹树明：《淡化学派意识　回归原初语境——“关学洛学化”辨正》，《中国社会科学报》2020 年 8 月 13 日第 007 版。

也可作为张、程之间没有门户的史实依据。如若门户森严，转奉他师何以可能？”①

从关洛学派关系的历史呈现角度来看，如前所论，今日所存的张载、二程的著作存在着一定程度的文献误入、互汇情况。南宋魏了翁《横渠〈礼记说〉序》中已指出：“有二程先生之说参错其间。”明代汪伟在《横渠〈经学理窟〉序》里也提到：“其间数条，与《遗书》所载不殊。”在河南师范大学赵振先生的《二程语录研究》一著中，已初步考证出《二程遗书》里所掺杂的张载言论。林鹄《〈经学理窟·宗法〉与程颐语录》一文也考证出《经学理窟·宗法》中有多条语录或属程颐。经笔者考察，卫湜《礼记集说》所收张载语也有数条乃是程颐语。不只张、程之间，吕大临《中庸解》也被误作程颢作品而收入《河南程氏经说》。由此可以看出，关洛学派关系问题，实际上与历史上的文献互入问题有着千丝万缕的联系。详情将在后文予以专门讨论。②

当张载最后一次路过洛阳，其与二程讨论道学之要的《洛阳议论》就出自张载弟子苏昞的记录，这说明其时二程恐还没有从学的弟子。而被《二程集》列为卷首的《师说》则出自洛阳的李吁，但李吁并非二程最早的弟子，刘质夫则直到元丰五年（1082）才得以“见伯淳先生于洛中”，其他如杨时、游酢、谢良佐等人，都是在元丰年间入学的。这样看来，当张载弟子三吕以及苏昞、范育在元丰二年（1079）东入洛阳时，在某种意义上也就构成了二程门下最初的一批弟子；吕大临之所以被视为程门的首席高弟，也无疑是从张载的评价中直接过渡而来的。根据丁为祥先生的说法：“当张载与二程展开‘洛阳议论’时，二程还未有从学的弟子；而当关洛之学成为并列的学派时，张载已经去世多年了。所以，仅从这一点来看，关洛学派的源流关系就是非常清楚的。”③ 从这里我们可以看出，最早进入程门的这些关学弟子，并非是抛开师门，而完全转依他门，而且从现有资料我们也看不出这些转依洛学的

① 曹树明：《淡化学派意识　回归原初语境——“关学洛学化”辨正》，《中国社会科学报》2020年8月13日第007版。

② 详参本书第五章。

③ 丁为祥：《从“太虚”到“天理”——简论关洛学旨的承继与转进》，《哲学与文化》2018年第9期。

关学弟子们对其师张载思想提出何种异议。在北宋中期那个思想极其活跃的时代，学派之间的交流非常频繁，学者们本着建构新儒学的理论预期，广泛地汲取营养当属稀松平常之事。从年龄和辈分来看，张载是二程的表叔，也比他们大十二三岁；从学派来看，关学和洛学是不同地域与不同学派的关系。但从理学发展的逻辑来看，洛学的天理论显然建立在关学对太虚本体先行探讨的基础上。当然，这并不排除其相互在学理上的讨论和交流。①丁为祥从张载在世时二程之门人弟子情况之历史事实和北宋中期特定发展背景等方面对“关学洛学化”问题提出了新的思考。从今天来看，超越“洛学之门户之见”，正视关洛学派思想发展之客观历史，方是有效回应“关学洛学化”的不二之途。

## 第二节　张载逝后关学发展的再审视

### 一　张载逝后关学弟子对关学学旨的坚守

#### （一）对关学“勇于造道”、独立自得精神的秉持

张载“勇于造道”，他提出“为天地立心，为生民立命，为往圣继绝学，为万世开太平”的宏愿，对其学术使命做了高度概括。他要揭示宇宙的本质和规律并进而确立人在天地间的主体地位，从而为民众确立一个安身立命之所，继承和发扬面临危机的优秀文化传统，开辟一个万世太平的美好社会。这四句名言，表达了一个思想家的崇高使命和远大志向。而要做到这一点，就只有依托儒家经典，通过自己的探索而求义理。他说：“三代时人，自幼闻见莫非义理文章，学者易为力，今须自作。”② “今须自作”道出了张载决心探索与发明“圣人之奥”的强烈使命自觉，同时也集中表明了关学的重要学术方法——“自得”。他强调：“学不能自信而明者，患在不自勉耳。当守道不回，如川之流，源泉混混，不舍昼夜，无复回却，则自明自得之也。”③ 认

① 丁为祥：《从“太虚”到“天理”——简论关洛学旨的承继与转进》，《哲学与文化》2018 年第 9 期。

② （宋）张载：《经学理窟·义理》，《张子全书》（增订本）卷五，第 68 页。

③ （宋）张载：《横渠易说·系辞上》，《张子全书》（增订本）卷十，第 172 页。

为只要学者志于“道”，用力于“道”，就能从儒家经典中“自得”义理。张载的弟子李复也非常赞同“自得”的学术方法，认为眼见、耳听的知识远不如“自悟”出来的知识可靠。他指出：“心之所自得，虽因闻见，若脱然自悟，闻见乃筌蹄也。”① 张载还体现出不唯书的优良学风。在考察经学发展史时，张载就发现经书在流传过程中出现了一些错误，指出：“如有前后所出不同且阙之，记有疑义亦且阙之，就有道而正焉。”② 他还说：“己守既（守）〔定〕，虽孔孟之言有纷错，亦须不思而改之。”③ 此处的“己守”正是张载所谓的“志于道”的气魄和“自得”之学。张载甚至指出，只要领悟了“天下义理”，经典与文字也就无足轻重了。他说：“今既闻师言此理是不易，虽掩卷守吾此心可矣。凡经义不过取证明而已，故虽有不识字者，何害为善！”④ 对经典和圣人权威的怀疑，表现出张载对“天下义理”的绝对推崇以及“自信自明”的巨大气魄。由于关学的这一传统，学者在治学态度和方式上，多遍览博采，不守门户，善于汲取各家之长，能够掌握多门知识。关学的许多代表人物大都“坚苦力学，无师而成”。不少学者如李复等不但提倡“博学”“取众”，且本身就是兼通天文、地理、数学、医学、律吕、文学等方面的饱学之士。他们善于学习和掌握当时的先进思想和技术成果，并将其渗透于理论之中，建立起了广博的学术体系。张载明确提出“惟博学然后有可得”，“学愈博则义愈精微”，“见物多，穷理多，如此可尽物之性”⑤，由其所开奠的这一宗风不断被后世所传承，造就了关学史上一个又一个博学之士。张载的亲炙弟子三吕和苏昞在张载去世后依附洛学，但在学术主旨上仍“守横渠学甚固”。

**（二）对学政不二、经世致用的致思取向的坚守**

在宋代理学的濂、洛、关、闽四派中，关学可谓是最具求实精神的学派。我们知道，张载为学不尚空谈，而是“语学而及政，论政而及礼乐兵刑之

---

① （宋）李复：《回庐教授书》，《李复集》卷三，西北大学出版社2015年版，第34页。
② （宋）张载：《经学理窟·义理》，《张子全书》（增订本）卷五，第71页。
③ （宋）张载：《经学理窟·义理》，《张子全书》（增订本）卷五，第71页。
④ （宋）张载：《经学理窟·义理》，《张子全书》（增订本）卷五，第70页。
⑤ （宋）张载：《张子语录上》，《张子全书》（增订本）卷十一，第200页。

学”①，反对把“道学”与“政术”分为“两事”，倡导学政不二。张载现存的文集中有不少讨论守城、积蓄、择帅、用将、养兵等边境防务的文章。张载的不少弟子曾在军旅中供职，他们在军务上或有独到见解，或有所建树，正是秉承了张载的为学宗旨。土地问题在宋代十分突出，赵宋王朝推行“不抑兼并”的政策，土地集中在少数富户手中，贫富相差悬殊，成为整个北宋政治危机的重要根源。张载对这一问题十分关心，主张平均分配土地，使富者不至于田连阡陌，贫者亦有其安身之地。张载虽然反对王安石的变法措施，但他并不反对变法。他“变法”的基本措施包括恢复井田、重建封建、推行宗法等。张载虽未得到朝廷的重用，政治抱负未能实现，但在辞官归乡后，将“渐复三代”的理想付诸试验。从中可以窥见张载学术思想中学贵于用的强烈色彩。张岱年先生曾言：“关学和洛学，两派的学风颇不相同。关学注意研究天文、兵法、医学以及礼制，注意探讨自然科学和实际问题……洛学则专重内心修养，‘涵泳义理’，提倡静坐，时常‘瞑目而坐’。”② 张载这种“经世致用”的求实精神，也基本上为后代的关学家们所继承和发扬。他以“为天地立心，为生民立命，为往圣继绝学，为万世开太平”作为自己“立志”“治学”“做人”的崇高目标，指导自己的人生实践，对后世影响深远。“经世致用”“开物成务”的实学精神，是关学近千年来培育的优良学风，它不但在宋明理学中独具特色，而且在整个中国思想史上、学术史上放射着光彩。③

### （三）对崇礼贵德、重视教化的理论建构面向的持守

张载写有不少探讨礼学的文字，并能躬行实践。做官时，张载就非常注重恢复古礼，以之革新社会风俗。张载对当时流弊颇多的日常礼仪颇为不满，从而致力于革除并代之以古礼。“学者有问，多告以知礼成性、变化气质之道，学必如圣人而后已。”④ 张载认为：“知礼以成性，性乃存，然后道义从此出。”⑤ 即是说，张载已经把知“礼”、践“礼”提升到了道德修养的高度，

---

① （宋）程颢、程颐：《论学篇》，《河南程氏粹言》卷一，《二程集》，第1196页。

② 张岱年：《关于张载的思想和著作》，《张载集》前言，第12页。

③ 赵馥洁：《论关学的基本精神》，《西北大学学报》（哲学社会科学版）2005年第6期。

④ （宋）吕大临：《横渠先生行状》，《张子全书》（增订本）附录一，第376页。

⑤ （宋）张载：《横渠易说·系辞上》，《张子全书》（增订本）卷十，第172页。

认为“克己复礼”是成圣成贤的必由之路。张载弟子吕氏兄弟继承和发展了张载注重礼教的思想，编订并实际推行乡约乡仪等，使张载此种思想更加系统化和具体化。关学始终保持这一传统。吕柟曾著《礼问内外篇》，其任国子监祭酒时期，以四书五经及《仪礼》为教材，并把正心、修身、忠君、孝亲作为道德教育的基本内容，注意学生的道德品行培养，要求学生严格按各种道德规范和礼节约束自己。他说：“若无礼以提防其身，则满腔一团私意，纵横四出矣。”① 他认为从“正己”入手，通过改过行善功夫，就能达到张载所说的乾父坤母、民胞吾与的境界。《明儒学案·师说·吕泾野柟》谓：“关学世有渊源，皆以躬行礼教为本。”② 不为无据。对关学奉行“躬行礼教为本”的宗旨，二程有不同认识：

> 子（二程）谓子厚曰：“洛之俗难化于秦之俗。”子厚曰：“秦之士俗尤厚，亦和叔（吕大钧）启之有力焉。今而用礼渐成风化矣。”子（二程）曰：“由其气质之劲，勇于行也。”子厚曰：“亦自吾（家）规矩不迫也。”③

洛学虽然同关学一样重礼，二程和张载同样研习诸礼文本，把礼看作为人之规范，立身之所守。但与洛学不同的是，“关学以礼为教，躬行之、践履之，使礼通过诸如《乡约》《乡仪》一类可以具体操作实行的规范，而成为经世化俗之方和变化气质之道；洛学则以礼为敬，认为‘敬即便是礼，无己可克’，‘敬以直内，便是浩然之气’”。④ 由此，二程为洛学树立了“涵养须用敬，进学则在致知”的致思宗旨，并将关学的致思路向归结为：“语学而及政，论政而及礼乐兵刑之学。”

**（四）对崇尚气节、坚贞不二的人格风范的弘扬**

从历史上看，关学学者大都治学与做人并重，努力把真理追求和人格追

① （明）黄宗羲：《河东学案下》，《明儒学案》卷八，第152页。

② （明）黄宗羲：《吕泾野柟》，《明儒学案·师说》，第11页。

③ （宋）程颢、程颐：《论政篇》，《河南程氏粹言》卷一，《二程集》，第1217页。

④ 陈俊民：《学政不二，礼教为本——从张载关学独特的致思路向看关学研究的新面向》，《陕西师范大学继续教育学报》2002年第3期。

求相统一。他们不但在学术研究上做出了杰出贡献，而且在砥砺节操、锻铸人格方面，为学人树立了崇高的榜样。崇尚节操的精神也是由张载开风气之先的。王安石变法，张载在政治上是基本赞同的，但又不同意变法的具体做法，加之其弟张戬与王安石矛盾尖锐，为了不卷入党派之争，他毅然托病辞职，“谒告西归”，以著述讲学为生，“处之益安”，其高尚气节，为时人所称道。后来关学学者多能继此高风，大多走的是因“学著”而后为“官”，又因不愿与黑暗势力同流合污而“辞官”为“学”的人生道路。关学学者这种坚贞气节和高尚人格，受到当时士人和后代史家的高度赞颂。①

由此可见，关学不能说在张载之后出现所谓的洛学化的局面。这也充分地说明，以“洛学化”来称谓张载之后理学的发展方向之一，从事实上是讲不通的。关中学者在张载之后大量转依洛学只是一心求道、向学的表现，入其门不一定就完全抛开了自己应有的自主选择，这在后面所要分析的兼学关洛的吕大临那里就可以明显地体现出来。

## 二　李复为关学“正传”说的检讨②

李复（1052—1128），字履中，世称潏水先生。以往有关张载之后宋代关学发展的研究往往将其视为“关学正传”，成为张载逝后关学发展的重要代表。此观点与前所论“关学洛学化”的观点一起在以往的研究中被视为定论，并被广泛征引。笔者曾经在点校整理《李复集》时，通过全面比照李复与关学学派创始人张载思想的主要方面，对该问题进行了探讨。

### （一）“太极”和“元气”与“太虚”和“气”

在有宋一代的理学建构中，以易立说是理学家建构自己理论体系的惯用手法。马宗霍曾云：“宋之道学同源于希夷，而刘为异说，邵为别宗，至周子始渐醇，而与儒学为近，张子羽翼之，二程扩充之，至朱子始大。然要不外乎象数与义理两派，两派之于经学，初不外乎《周易》一经。”③ 张载于此表

① 如上论述参见赵馥洁《论关学的基本精神》，《西北大学学报》（哲学社会科学版）2005 年第 6 期；方光华、曹振明：《张载思想研究》，西北大学出版社 2015 年版，第 292—296 页。

② 本部分曾以《李复与张载思想辨异——兼对李复为“关学正传”说的质疑》为题，发表于《孔子研究》2011 年第 6 期。

③ （清）马宗霍：《中国经学史》，河南人民出版社 2016 年影印版，第 113 页。

现得尤为明显。在张载诸多弟子中，李复是最重视“以易立论”的，他通过对《周易》的诠释，形成了一套以往被视为继承张载的气论体系。那么，他的气论到底与张载是何关系？笔者以为这里的关键在于考察李复思想中“太极元气”的意旨及其与张载“太虚即气”的关系，以及他所讲的“一”的含义及其与张载“太虚”之间的关系，而对前者的考察尤为重要。

1. “太极元气”与“太虚即气”

李复以“太极”为入手建构其宇宙论哲学。“太极”这一概念，始见于《周易大传》。汉儒将太极诠释为原始的统一体，此当以《汉书·律历志》为代表。该书曾云：“太极元气，函三为一。极，中也，元，始也。”始将“太极”和“元气”连用。汉晋隋唐以来，“太极”一直被视为天地未分之前的“元气”，或天地未分之前“气”的某几个阶段之一，[①] 孔颖达在诠释“易有太极”之时，认为太极即是元气：“太极谓天地未分之前元气混而为一，即是太初，太一也。故老子云‘道生一’，即此太极是也。又谓混元既分即有天地，故曰太极生两仪，即老子云一生二也。”[②] 认为太极即“道生一”之“一”，而道在太极之先，这是接受了老庄关于道的观点。至宋代，“太极”观念有新的发展。周敦颐作《太极图说》，以太极为阴阳五行之本原。此说影响甚大，代表了早期宋代新儒学援道入儒的思路。

周敦颐援道入儒的思路虽对宋明理学的建构产生了重要的贡献[③]，但从某种意义上讲，其“太极”论成为宋代新儒学建构的重要针对。[④] 尽管张载早期曾谈及：“一物而两体，其太极之谓欤！阴阳天道，象之成也；刚柔地道，

① 张立文：《中国哲学范畴发展史（天道篇）》，中国人民大学出版社1988年版，第366—372页。

② （唐）孔颖达：《周易正义》，北京大学出版社1999年版，第289页。

③ 刘又铭在《宋明清气本论研究的若干问题》中指出：“在历史上《太极图说》也跟张载《正蒙》一样，对明清气本论的兴起与发展起了相当大的催化作用。”（载杨儒宾、祝平次编《儒学的气论与工夫论》，华东师范大学出版社2008年版，第151页。）

④ 刘学智在《关于张载哲学研究的几点思考》（《哲学研究》1991年第12期）中指出：“张载的论战对象是儒者营垒的人，也许主要是针对周敦颐。……张载认为周子讲‘自无极而为太极’，认为太极之前有‘无极’（虚），然后太极因动静而生阴阳，阴阳‘二气交感，化生万物’就是一种‘虚生气’的观点。这种观点显然与佛道二氏划不清界限，故张载指出他使‘儒、佛、老、庄浑然一涂’。”

法之效也；仁义人道，性之立也。三才两之，莫不有乾坤之道也。”① 后来亦被其晚年著作《正蒙》原封不动采用，但这并不能说明张载就是要将“太极”推到至高无上的本体层次。有学者认为张载这里的太极就是气，② 应该说是比较准确的。但问题在于张载在“太极”之外，又引入了“太虚”的概念。这说明张载对宇宙论的探讨并没有止于“气”抑或“太极”。大概在张载看来，周敦颐的“太极”理论大有“虚生气”之嫌，因此批评周敦颐“不知择术而求”而援道入儒，不够纯粹。他则引入太虚的概念以贯通“上下”“有无”“虚实”“庸圣”，真正实现为人类道德价值立本的目的。故而，周敦颐的“太极”理论成为张载哲学的主要现实针对和批评对象。

而在李复这里，尽管也继承了乃师“以易立论”的视角，但“太极”却被多处强调，从形式上看与其师张载的取向有很大的不同。翻检李复遗著，可见其关于“太极”的论说主要有如下数端：

> 太极元气，函三而为一，故三爻而成卦，万物皆函三数，皆自然之数也，卦虽各有体，其气互相交通，八卦二十四爻，阴阳各一十二，其气旁通……③
>
> 太极元气，函三为一，元气之中亦有数也……④
>
> 太极未判，两仪未生，虽未形易之象，而易之妙固已存在于其中矣，元气既分，象数既形，夫物芸芸而生。⑤

这里“太极元气，函三为一”的提法来自《汉书·律历志》。此处的关键在于考察这里的“太极元气”是否有新的含义。李复将象数与义理相结合，对宇宙化生作了形象的说明。“太极”即是“元气”，它是宇宙间万事万物运

① （宋）张载：《横渠易说·说卦》，《张子全书》（增订本）卷十，第192页；亦见于《正蒙·大易》，《张子全书》（增订本）卷二，第31页。

② 张岱年先生提出：“这里的太极似乎是气。”（见氏著《中国古典哲学概念范畴要论》，中国社会科学出版社1982年版，第52页。）

③ （宋）李复：《答辛祖德书》，《李复集》卷四，第44页。

④ （宋）李复：《答曹钺秀才书》，《李复集》卷五，第49页。

⑤ （宋）李复：《易说送尹师闵》，《李复集》卷八，第85页。

动变化、相互“交通”的材料，从构成的意义上体现了万物的统一性，而且无论是“太极未判”还是“元气既分”，这种统一性都是客观存在的，此即“自然之数”。借助于“太极”或“元气”而讲的这种统一性实际上并没有将宇宙创生万物的动力和根源揭示出来，故相当于张载的“气化之道”。尽管李复注意对包括月食在内的自然现象的观察，似乎在一定意义上对乃师“先识造化”的思路有所继承，然李复并没有将其上升到理论层面，从而实现宇宙生成论上的质料与动力的相即不离，也没有像乃师张载那样建构出一个由太虚（天）统帅阴阳二气而构成的“天参”宇宙论模式,[①] 从而解决“为天地立心”的问题。这也是李复宇宙论哲学建构的局限性所在。

2. “一”与“太虚”

“一”是李复思想中非常重要的另一个范畴。老子曾将“一”作为一个宇宙论范畴，他讲：“道生一，一生二，二生三，三生万物。万物负阴而抱阳，冲气以为和。”（《老子》第四十二章）这里“三”指阴阳与冲气，“二”指天地。“一”应指天地未分的统一体。这里“生”是比喻之词，主要是表示先后的区别，与父母生子女的生有所不同。在老子以前，人们都认为天地是最根本的，老子认为天地不是永恒的，尚有天地未分之时，称之为一，这未分之一也不是最根本的，最根本的是道，道是永恒的绝对，此乃“道生一，一生二”的含义。但《老子》中，尚有另一种意义的“一”。第十章云：“载营魄抱一，能无离乎！”第二十二章又云：“是以圣人抱一以为天下式。”第三十九章云：“昔之得一者，天得一以清，地得一以宁，神得一以灵，谷得一以营，万物得一以生，侯王得一以为天下贞。”这些“一”字都指统一性，亦即自我同一。之后经《庄子》《吕氏春秋》《礼记》《淮南子》等的诠释，“一”逐渐演化为“太一”和与道并立之“一”，给“一”赋予了新的哲学含义。

张载亦曾讲“一”。在解说“大衍之数五十，其用四十有九”时，张载讲道：“虚太极之一，故其用四十有九。”[②] 张载这里的“一”除了与多相对

① 林乐昌：《张载两层结构的宇宙论哲学探微》，《中国哲学史》2008 年第 4 期。

② （宋）张载：《横渠易说·系辞上》，《张子全书》（增订本）卷十，第 174 页。

的意义外，还强调“一”的虚位意义，但又不是绝对的虚，而是将之理解为“无形”，唯其如此，万物才为“可状”之物。而李复则将该句解为：“一者数之总也，四十九者数之用也。凡言数必先求一，得一则数自然生，不得其一则无由见数。既得一而用数，一乃在于所用数之中矣。”① 将这段话与“太极元气，函三为一……”一段做参照，即可推断出，这里的“一”即为“太极”抑或“气”。他进一步结合蓍占对此作了更为形象的说明：“今揲蓍取四十九茎，两手围而未分，虽四十九茎聚而为一也，分其一于两手，然后有数矣，此一在四十九矣。”② 从这两段中可以看出：

其一，“一”和数是辩证统一的关系，即“一中有数”“数中有一”；

其二，作为世界统一性的“一”和万事万物之间是“总”和“用”的关系；

其三，由“一”到“四十九”正是“太极”化生万物过程的模拟，即由聚到散，由散又归于聚的往复过程。

由上可见，李复仍然是从生成论的意义上讲“一”。李复曾强调“太极”即“元气”是整体的一。这正是老子所讲的“道生一”中的“一”。那么，是道孕于“一”之中，还是在“一”之外存有作为他者之“道”？这是我们进一步要追问的问题，也是整个宋明理学所要讨论的核心问题。李复强调的“一”即气统“数”的说法，并不是在回答这个问题。他所提出的“既得一而用数，一乃在于其用数之中矣”，似乎已有用体用思维理解“一”与“数”之间关系的意识，然而从万物一体的视角审查，这里的“一”和“数”之间并非没有间隔，故而从思维层次上并没有达到宋明理学“体用一源，显微无间”的层次。尽管他也讲：“大衍四十九，周流通一气。阴阳穷必变，往返无始终。元化密推移，消长生默契。”③ 这里的“周流通一气”与“万物生芸芸，与我本同气”④ 成为过往定李复为气本论者的主要根据。仔细分析似可见，这两段引文与庄子讲的“通天下一气”的思想及汉儒讲的元气思想从本

① （宋）李复：《答曹鉴秀才书》，《李复集》卷五，第51页。
② （宋）李复：《答曹鉴秀才书》，《李复集》卷五，第51页。
③ （宋）李复：《杂诗》，《李复集》卷九，第98—99页。
④ （宋）李复：《物我》，《李复集》卷九，第103页。

质上并无二致，[①] 皆未对于“一”与“道”的关系问题作出必要的回答。

应该说将“太极元气”提高到世界始基的至高地位，将其视为化生万物的材料，有一定的理论高度，然而李复的这一用法与其师张载哲学体系中对“太虚”至上性地位的强调有异：

其一，在张载那里，太虚就是“至实”“至一”“不动摇”，乃为“气之本体”。此处作为本体的“太虚”之自足性与独立性已充分朗现。而李复所讲的“太极元气”之“一”在解释存在根源问题时，却不得不借助于自然而然的价值观念。

其二，张载太虚本体是超越于气或一切相对性层面之上的至高无上者、独一无二者。而李复只强调“一”必然要衍生“万”，而万又必然归于“一”的平面关系，对于“一”亦即“太极元气”绝对性地位的强调是不够的。

其三，在张载那里，太虚的永恒性是非常明显的，而李复尽管讲：“太极未判，两仪未生，虽未形易之象，而易之妙固已存在于其中矣。元气既分，象数既形，夫物芸芸而生。”[②] 似乎“易之妙”具有永恒性，但其到底所指为何，与“一”有何关系，并不是非常清楚。

其四，张载太虚概念的引入，使得形上的价值世界与形下的事实世界实现了有效的沟通与衔接，可谓“即体即用”，而李复所讲的“一”则仅从天地万物演化过程的角度来谈，有“体用殊绝”之嫌。因此，李复尽管也在讲“一”，但并未达到其师基于虚气“二而不二”之关系基础上而形成的宇宙本体论与宇宙生成论合一的思维层次。[③]

与魏晋玄学本体论不以“无形之元气”界说本体，不谈“宇宙之构造”“万物之孕成”，而是“舍物象，超时空”，“研究天地万物之真际”，直接

---

① 庄子在《知北游》里讲：“气之聚也，聚则为生，散则为死。……故万物一也。是其所美者为神奇，其所恶者为臭腐，臭腐复化为神奇，神奇复化为臭腐。故曰：‘通天下一气耳。’”（（清）郭庆藩：《庄子集释》，中华书局2009年版，第735页。）在庄子这里，气是道所产生的一种细微的原始物质，是构成宇宙万物的材料；汉儒无论是刘歆、王充、班固等都讲宇宙当以元气为本，基本上还是从宇宙生成的意义上来讲的。

② （宋）李复：《易说送尹师闵》，《李复集》卷八，第85页。

③ 李东峰《李复及其思想研究》（陕西师范大学硕士学位论文，2007年。）第21页指出：“李复‘太极元气’的用法摒弃这种太极或元气从属地位的安排，将‘太极元气’提高到世界基始的至高地位……最终完成了宇宙本体论与生成论的统一。”这种说法是不符合李复思想实际的。

“为本体之体会”① 的特征不同，汉儒多以元气界说万物的生成和宇宙的构成，而李复则与汉儒相类，其思想亦停留在汉儒的宇宙生成论层次，或可称之为“自然气本论”②。由上亦可见，自 20 世纪 80 年代以来，有关关学史研究中李复为气本论者的说法是比较模糊的。③

李复虽然力图以“易论”探本溯源，然他没有像乃师那样，在气与万物之外，引入“太虚”的概念，以体用合一的思维建构起太虚与气“一而二”“二而一”的理论体系，在生成论上强调“虚气相即”，在本体论上挺立太虚的超越与绝对，最终解决为人类道德价值立法的问题，④ 这也正是其气论与乃师张载“太虚即气”理论在宇宙本体论建构上的差异所在。故以此为据，认为李复为“关学正传”的说法是站不住脚的。

### （二）“善本”“养心”与“立本”“虚心”

南宋时期士人钱端礼曾盛赞李复“可以追配古之君子”⑤。洪迈在《夷坚志·宋都相翁》中也认同李复“晚悟性命之理”⑥ 的说法。朱熹曾对李复论

---

① 汤用彤：《魏晋玄学流别略论》，《魏晋玄学论稿》，人民出版社 1957 年第 1 版，第 49 页。

② 刘又铭在《宋明清气本论研究的若干问题》中指出：“我认为宋明清气本论初步可以分成两类共计三型。第一类暂且称为‘神圣气本论’（以便跟第二类的‘自然气本论’形成对比和区隔），它又包括以下的两型。第一型以王夫之为代表，它在气本论间架中含摄着理本论的观点，等于跟理本论相容相结合。第二型以刘宗周、黄宗羲为代表，它用气本论间架发挥心本论的观点，等于跟心本论相容相结合。……第二类气本论暂且称为‘自然气本论’（以罗钦顺、王廷相、吴廷翰、顾炎武、戴震、焦循等人为代表），它的型态、理路较为单纯素朴，属于气本论中的基本型态或纯粹型态。我曾一度称它为‘本色派气本论’，现在觉得可以称它为‘混沦（混沌）元气气本论’、‘自然元气气本论’或‘自然主义气本论’，简称‘自然气本论’。”（《儒学的气论与工夫论》，华东师范大学出版社 2008 年版，第 143—145 页。）

③ 方光华主编的《古都西安——关学及其著述》第 40 页指出：“在本体论方面，李复倾向于气本论，仍然能够在尊重自然之理的情势下进行宇宙论的探讨。”（氏著：《古都西安——关学及其著述》，西安出版社 2003 年版。）李立宏《西安传统哲学概论》第 156 页指出：“李复的气本论思想，是针对‘理本论’而提出的。……其思想具有一定的唯物论成分。”（氏著：《西安传统哲学概论》，西安出版社 2007 年版。）此两种说法代表了诸多以李复为气本论者的基本思路。但其判断都未有充分的文献根据，往往将这个判断作为一个不需论证的命题直接套用。

④ 林乐昌：《张载两层结构的宇宙论哲学探微》，《中国哲学史》2008 年第 4 期。

⑤ （宋）李复：《书〈潏水集〉后》，《李复集》卷十六，第 223 页。

⑥ （宋）洪迈：《夷坚志》，中华书局 2006 年版，第 1127 页。

孟子“养气”的言论予以高度评价：“其言虽粗，却尽此章之意。”[①] 通过这些评论，我们可以看出，李复的修养工夫论已引起了学者们的广泛关注。那么，作为张载后学，他在修养工夫论上与张载思想的关系如何呢？以下便通过文本分析对此作一考察。

李复首先倡导要“穷性源”，即所谓“知本”。进而他将对“善”的体认提高到“道”“性”的层次，他提出：“草木虽无知，养本已足论。人生感元化，道贵穷性原……”[②] 张载也非常强调“立本”的重要性，如其所言：“今之言性者，(污)［汗］漫无所执守，所以临事不精。学者先须立本。”[③] 并说：“立本既正，然后修持。”[④] 强调为学要善于“发源立本”李复“知本”即承自张载“立本”。其次，在李复看来，“知本”仅为“入德”的开始，关键是要在“知本”的基础上“善本”“养心”。他曾讲：“善学必探本，知本贵善养。”[⑤] 只有做到“动必由理”，才能“仰不愧于天，俯不怍于人，无忧无惧，其气岂不充乎？故曰是集义所生者。舍是则明有人非，幽有鬼责，自歉于中，气为之丧矣，故曰无是馁也”[⑥]。那么，如何做到“养心”呢？李复对“养心”之术提出了两点要求，而这两点却正体现了其修养工夫论与其师的差异。

1. “虚一而静”与“虚心与得礼相发明”

首先，李复倡导心要“虚一而静”，或者说，“自合于虚”。在《静斋记》中，李复曾就动静问题有过专论：“动静之理，一体而未尝离。静自有动，虽动而静在其中矣。”[⑦] 对于动静关系的认识可谓深刻而全面。在此基础上，进而引出了他面对人世纷扰如何“处静”的重要思考：“应天下之故，反而照之，凝然、寂然，旷然、阒然，无荣辱利害之纷然，而有虚白之皎然，乃不偏滞于一曲也。”[⑧]倡导在纷扰的社会中，人们应该尽量摆脱外物的奴役，做到“正心顺行”。经过这样的修身养性，人们可以避免“与接为酬，日与心斗，

---

① （宋）黎靖德编：《朱子语类》卷五十二，第1248页。
② （宋）李复：《杂诗》，《李复集》卷九，第98页。
③ （宋）张载：《张子语录中》，《张子全书》（增订本）卷十一，第308页。
④ （宋）张载：《经学理窟·气质》，《张子全书》（增订本）卷四，第64页。
⑤ （宋）李复：《杂诗》，《李复集》卷九，第100页。
⑥ （宋）朱熹：《晦庵先生朱文公文集》卷七十一，《朱子全书》第24册，第3413页。
⑦ （宋）李复：《静斋记》，《李复集》卷六，第63页。
⑧ （宋）李复：《静斋记》，《李复集》卷六，第63页。

神犹受其役焉”，从而达到“虚其中”而“处静”。李复亦曾说：“予尝思人之心，虚一而静者也。微妙独立，不与物俱，或失其本心，则物必引之矣。”①强调只有“虚一而静”，才不会为外物所牵引而出现“滋口芬膻乱，悦耳声音繁。众攻日外战，目暗天地昏”②的乱局，才能避免张载所批评的“殉物丧心”。而只有此“虚一而静”之心才能合于太虚，从而上升到“万物生芸芸，与吾本同气”③的境界。此种“虚一而静”的修养方法从表面看是遥接荀子，实际上是对乃师张载“大其心”“虚其性”思想的继承。但如何做到“虚一而静”，李复并未具体讲明。张载除“大心”“虚心”之外，所提出的“以礼为教”的方法可以让人们摆脱世俗的缠绕，从而避免修养工夫流于空疏，将“虚心与得礼相发明”，这一点未得到李复的充分重视。

2. “脱然自悟”与“渐修”

此外，李复还主张要具备“脱然自悟”的能力。李复以“闻见”为“心之所自得”的“筌蹄”，即是认为“闻见之知”是体悟“天道”或“天性”的途径，或手段。闻见只是见道的一个基本条件，但并非充分条件。并且他还意识到多闻见、只求之于闻见的弊端，即“多闻见适足以长小人之气”④。所以要超越见闻之知的层次，积极求道，达致与天地万物相通。此点与张载所谈到的德性之知与见闻之知的关系中不拘于见闻之知，通过求道，达致诚明的路径是相通的。然李复诗中的“求于形器外”即反映出对“闻见之知”的超越，而且由此所达到的“脱然有所得”颇近于有二程“只穷理便是至于命”⑤，以及禅宗的“顿悟”方式。而此点在张载看来则是“失于太快”。张载倡导由穷理—尽性—至于命、从学者—大人（贤人）—圣人的层级递进的修为方式，认为“知命与至于命，尽有远近”，应逐步经由“己之性”至“人之性”，再推衍到“万物之性”，然后通过“下学”而“上达”而至于“道”以及“至于命”。李复在实践中所表现出的“顿悟”倾向，正是其与乃师之分歧所在。

---

① （宋）李复：《七祖院吴生画记》，《李复集》卷六，第64页。
② （宋）李复：《杂诗》，《李复集》卷六，第98页。
③ （宋）李复：《物我》，《李复集》卷九，第103页。
④ （宋）张载：《经学理窟·气质》，《张子全书》（增订本）卷四，第63页。
⑤ （宋）程颢、程颐：《河南程氏遗书》卷十五，《二程集》，第115页。

由上可见，从修养论上推断李复为张载关学的“正传”，亦是难以成立的。

### （三）“立政有本”与“学政不二”

在今本《李复集》中保留有李复大量的政论性文字。基于其丰富的从政经历，李复的政论，往往能切中时弊，切实可行，较少浮阔色彩。李复虽然在总体的思维取向上与张载同，然在具体问题上却往往有自己独特的看法。

1. “立政有本”与“立养民之本”

在李复看来，立政须“有本”，这包括三方面的内容，或者叫“三本”，即养民、兵政和取士，分别涉及经济、军事及人才培养，这是为政者须着力解决的三大基本问题。他对立政“三本”的认识来自对西周圣王之治的历史经验的总结。李复认为，昔之圣王为政立足于解决好这三方面的问题，才成就了“其政美，其治久”的大治局面。尽管李复没有直截了当地给出这“三本”的具体内容，但从他对圣王之治的描述中，我们还是可以推知。对于西周的“养民之政”，李复总结道：“一夫一妇，受田百亩，劳来劝相督察，皆有法。岁或不登，则举荒政以赒之，此养民之政有本也。”① 从中我们不难概括出李复所谓“养民之政”的内容，即耕者有其田，劝民、恤民有法，其核心是耕者有其田。李复还提出：“兵车皆寓之于农，讲阅有时，出则以公卿大夫将之，此兵政有本也。”② 这里他仅指出“兵政”的基本内容，即兵源、军费和统帅的问题。至于西周的“取士”制度，李复总结道：“上自天子之都，下至乡邑，皆有学。塾学序庠遍于天下，教以德行道艺，月吉考其实，次第升而官之。”③ 李复所谓的“取士”，简言之，就是要广建学校，培养实用性人才。张载亦提出了治国的三个重要问题，即：封建、井田和肉刑。他认为要想治理好国家，首先要从这三个方面入手，“立养民之本”，最终方能恢复“周道”，实现“均平”。应该说张载是从具体的制度上讲的，李复所立的三本是从社会应重视的面上来讲的，两者还是有很大差别。

2. “观时之宜”与“为政法乎三代”

在李复看来，在为政有本的前提下，还要“观时之宜，酌今之政”，“损

① （宋）李复：《答人问政书》，《李复集》卷五，第56页。
② （宋）李复：《答人问政书》，《李复集》卷五，第56页。
③ （宋）李复：《答人问政书》，《李复集》卷五，第56页。

益以致其美意”[①]。在《答人问政书》中，李复分别从立政“三本”的不同领域入手，详细分析了古今时势所造成的社会现实的差异，并指出，若不“观时之宜”，而一味地照搬先王旧典，将会造成当世立政“三本”尽失的局面。此外，李复还从要编著有宋一代典礼的高度对“观时之宜”作了进一步的强调：“国朝承平一百六十年，高出唐虞，岂三代可拟……臣愿诏有司，上自郊庙社稷，下至三祀……不僭不逼，据于古而不泥，宜于今而不陋，著为一代之典。”[②] 这里，“据于古而不泥，宜于今而不陋”就是“观时之宜”的具体体现。他提出既然有宋一代“高出唐虞，岂三代可拟”，那么宋代就应该有超越前代且能反映新时代风貌的一套制度。这与张载主要推崇古礼的主张是根本不同的。在井田制的推行问题上，张载力图通过恢复西周的井田制，以解决土地高度集中的问题。而李复则不赞成恢复“井田制”，他认为：“夫井田之法坏已久矣，今天下之田皆私田，民自养也。民之私田可尽夺而为王田，以周制分授之乎？此养民之政无本也。”[③] 在他看来，当时社会上土地皆为私有，不应由政府夺而分之。基于如此的社会现实状况，李复认为恢复井田制违背了“观时之宜”的原则。《与张横渠书》一文，记载了其与张载探讨“宗子之法”之事，李复基于人的差等性及继嗣方面可能出现的问题反对推行张载积极倡导的宗法制。在关于王安石变法的问题上，李复主张立政须根据“观时之宜”原则，坚持厚今薄古的现实主义态度，倡导勿图虚名，强调社会实效；在变法的策略上，李复认为变法之初，不宜冒进，“当徐而措置之”[④]。这些都与其师在政治上倡导“法乎三代”的原则是有差别的。

李复在地方从政长达三十年之久，涉足政治、经济、军事等关乎国计民生的各个领域，身体力行“学政不二”的关学宗旨。南宋人钱端礼亦曾评价李复说：“公以通儒喜论事，而每执正议，不为势利之所移。”[⑤] 四库馆臣赞扬他“在宋儒之中，可谓有体有用者矣”[⑥]。二程曾对包括李复在内的关中学

① （宋）李复：《答人问政书》，《李复集》卷五，第 56 页。
② （宋）李复：《议礼》，《李复集》卷一，第 3 页。
③ （宋）李复：《答人问政书》，《李复集》卷五，第 56 页。
④ （宋）李复：《答人问政书》，《李复集》卷五，第 56 页。
⑤ （宋）李复：《书〈潏水集〉后》，《李复集》卷十六，第 223 页。
⑥ （宋）李复：《卷首提要》，《李复集》附录一，第 238 页。

者颇为称道："关中之士，语学而及政，论政而及礼乐兵刑之学，庶几善学者。"[①] 这也说明，"学政不二"当是张载及其弟子包括张舜民、种师道、苏昞及蓝田三吕等人的共同特征，非李复所独具，加之在具体问题的阐发和实践方面他与其师差异较大，故依此而论，称李复为"正传"亦是不合适的。

### （四）李复非未转依"洛学"之唯一者

未转依"洛学"往往成为李复作为"关学正传"的另外一个重要根据。然而，详考史籍会发现，张载逝后，除三吕和苏昞，张载的不少弟子都没有转依洛学，如游师雄、种师道等均投笔从戎；李复、田腴、邵彦明、张舜民等"笃信师说而善发其蕴"[②]。

据吕本中《童蒙训》："田腴，诚伯，笃实之士，尝从横渠学，每三年治一经，学问贯通，当时无及之者。"正是据此条资料，《宋元学案》卷三一《吕范诸儒学案》方有田腴从学张载之说："田腴，字诚伯，安丘人也，后徙河南。从横渠学，而与虔州宿儒李潜善。每三年治一经，学问通贯，当时无及之者。尤不喜佛学，力诋轮回之说，曰：'君子职当为善。'建中靖国间，以曾子开荐，除太学正。崇宁初罢去。先生之叔明之，安定先生高弟也，其学专读经书，不治子史，以为非圣人之言皆不足治。而先生不以为然曰：'博学详说，然后反约。如不遍览，非博学详说之谓也。'先生尝言：'近世学者无如横渠先生，正叔其次也。'盖其守关学之专如此。"[③] 从黄百家之叙述中可以看到，田腴亦是张载逝后笃守其说之人。另据《宋元学案》卷三一《吕范诸儒学案》所载："邵清，字彦明，古田人。元祐间太学诸生有'十奇士'号，先生与焉。尝从张横渠学《易》，遂不复出。有故人任河南尹，召之，先生曰：'子以富贵骄我邪？'卒不往。"[④] 可见邵清在从张载学《易》之后，遂潜心于此，未转依他学。张舜民（？—约 1111），字芸叟，号浮休居士，又号矴斋，邠州（今陕西彬县）人。进士出身，曾任襄乐令、监察御史、陕西转运使、历知陕潭青三州、右谏议大夫、集贤殿修撰等职。为人慷慨刚直，尚气节而不为名，喜论时事，擅长诗、词、书画。据黄宗羲所论："先生之从

---

① （宋）程颢、程颐：《河南程氏粹言》卷一，《二程集》，第 1196 页。

② （清）冯从吾撰：《关学编（附续编）》卷一，第 14 页。

③ （清）黄宗羲原著，全祖望补修：《宋元学案》卷三一《吕范诸儒学案》，第 1118 页。

④ （清）黄宗羲原著，全祖望补修：《宋元学案》卷三一《吕范诸儒学案》，第 1119—1120 页。

横渠学，见于《晁景迂集》中，他书无所考也。考横渠之卒，先生为之乞赠于朝，以为孟轲、杨雄之流。”[①] 在张载逝后，张舜民向朝廷为其师乞谥，虽遭到了司马光等人的反对，然其对乃师及其学说的崇奉之情由此可见一斑。王安石倡新法，张舜民上书言：“裕民所以穷民，强内所以弱内，辟国所以蹙国。以堂堂之天下，而与小民争利，可耻也。”对王安石变法提出强烈反对。而且此后长期坚持自己的观点，坚持乃师的政治观点，至死不渝。

李复生当北宋后期，青年时正值北宋周、邵、张、程儒学理论改造运动进行之中。张载退居横渠后，遂往受学，历时五六载，直至张载病逝。经过了关学的熏陶，他意识到“幼时所学，声律偶丽之文耳”[②]，此后，“自以年少，十年不试于礼部，刻苦于学”，逐步成长为“居官行己，咸取则于‘六经’，而尤邃于《易》”[③]，对于易学和修养工夫论均有一定研究和体贴的当世名儒。张载逝后，李复走上了从政的道路。元祐四年（1089）调任上党之前的十余年间，他一直身处关中。此间，曾于元祐元年至四年（1086—1089）任耀州教授。今本《潏水集》中保留的大量论学问答书信大概成于此时。利用作为耀州教授的学官身份，李复为诸生答疑解惑，弘扬关学。然不久即调官离任，遂和其他同门一样，忙于政务，无暇顾及讲学，故其从理论上对关学的发展所生发的历史影响非常有限。故以李复未转依洛学，而称其为“正传”是不合适的。

### 三　“正传”与“洛学化”的关学二分说之理论误区

通过如上的探讨，可以注意到，以往认为张载逝后，关学出现了分化，即以“李复”为正传，而三吕、苏昞等则走向“洛学化”，应该说是不符合张载之后关学发展状况的。况即便是投奔洛学，也不能说其学就“洛学化”了。[④] 如有学者所指出的，关学自张载之后，李复等虽能“笃信师说”，但道学初起并无严格门户，关中士人多及程子之门，亦为事实。不过，如“三吕”

---

① （清）黄宗羲原著，全祖望补修：《宋元学案》卷三一《吕范诸儒学案》，第1121页。

② （宋）李复：《答彭元发书》，《李复集》卷四，第39页。

③ （宋）李复：《书〈潏水集〉后》，《李复集》卷十六，第223页。

④ 姜国柱在《张载关学》中指出：“关学盛传于关中，且自成一家，当然有自己的传播、发展系统。虽然有的弟子转师二程，但并不表明关学已经完全‘洛学化’。”（陕西人民出版社2000年版，第390页。）此说甚确。

虽师事二程，却仍恪守张载关学传统，这一点二程也是承认的。[①] 伊川说："吕与叔守横渠学甚固，每横渠无说处皆相从，才有说了，便不肯回。"[②] 作为在理论上代表关学后学的吕大临，虽然从形式上投于二程门下，但并没有放弃师说，此恐为当时关学弟子的共同品格。所以二程说："关中学者，以今日观之，师死而遂倍之，却未见其人，只是更不复讲。"[③] 张载逝后，其原有的私淑弟子仍在广泛地传播关学，并非因完颜之乱而致"中绝"。更何况之后出现了周行己"兼传关洛"[④]，对于关学的南传起到了重要作用。

张载一生除短暂的从政生涯以外，大部分时间都从事于学术思考和讲学活动。早在张载未中举时，即已声名远扬，曾受时知永兴军事文彦博邀请，在长安讲学。《横渠先生行状》称："方未第时，文潞公以故相判长安，闻先生名行之美，聘以束帛，延之学宫，异其礼际，士子矜式焉。"[⑤] 其后一直到去世，在长期思考和讲学过程中，张载自己的思想逐渐形成、发展并日益成熟；同时，随着名声的扩大和门人弟子的增多，关学学派也逐渐形成。"思想日趋深入和门人弟子的增多，使得其理论之中所蕴含的不同发展方向之间的张力，也必然会随着门人性格和经历的不同而增大，学派最终的分化便不可避免。应该说，尽管北宋各种理论学派林立，但各学派并非是在单个孤立中发展，而是在彼此交织、互动中形成和发展。"[⑥] 这种情况既反映在如关学和洛学这样的"共倡道学"的学派之间，也发生在新学、洛学、蜀学这样广义的"新儒家"学派之间。当然，互动的具体展开形式是有所不同的。与洛学把新学和蜀学同作为儒家学派，但却是批评对象不同，"在关学和洛学之间，因为有共同的思想宗旨和学术倾向，因而更多是在彼此激励和义理商榷中互

---

① 刘学智：《儒道哲学阐释》，中华书局2003年版，第281页。

② （宋）程颢、程颐：《河南程氏遗书》卷十九，《二程集》，第265页。

③ （宋）程颢、程颐：《河南程氏遗书》卷二下，《二程集》，第50页。

④ 全祖望云："世知永嘉诸子之传洛学，不知其兼传关学。……而周浮沚、沈彬老又尝从蓝田吕氏游，非横渠之再传乎?"（《宋元学案》卷三十一《周许诸儒学案》，第1131页。）陆敏珍在《被拒绝的洛学门人：周行己及其思想》（《中国哲学史》2010年第3期）中指出："在关于'道'的认识上，周行己就既接受洛学以理训道的思想创见，又吸纳了关学以气言道的理论立场。"该文从对周行己思想的深入分析入手系统揭示了周行己"兼传关洛"的学术取向。

⑤ （宋）吕大临：《横渠先生行状》，《张子全书》（增订本）附录一，第375—376页。

⑥ 魏涛：《李复与张载思想辨异——兼对李复为"关学正传"说的质疑》，《孔子研究》2011年第6期。

相影响的；而他们的门人弟子在两派之间的门户观念也较小，他们不但直接参与了张程当面的议论，促成了地方学派之间的互动，而且在其师去世之后，转投到二程门下，继续深研义理，就成为非常自然的现象。故而一味地以关学学派为本位进行‘洛学化’与‘正传’的刻意分化，是不符合思想本身相互砥砺、相互交融的实际的。”①

以上通过对李复和张载气论的对比及张载逝后关学发展基本状况的再考察，不难发现，以往对于包括以李复为“关学正传”的定位在内的关学分化为二的理解是不符合历史事实和思想理论本身的发展规律的。那种提法实质上掩盖了张载之后关学与闽学、永嘉之学、湖湘学派、陆氏心学等的关系问题，对于深入研究宋代关学史是非常不利的。

总之，通过如上三个大的方面，即入洛关学弟子、未入洛关学弟子及理论范式上的探讨，可以看到，以往研究中所提出的“关学正传”和“洛学化”的说法是难以成立的。关学洛学化的提法容易在理论上给人一种误解，即形成关学在张载之后被洛学所裹挟的观感。李存山先生在《关学的特点及其命运》中指出：“关学与洛学有气本与理本的对立，但关学终被洛学所裹挟，其原因主要有三：第一，关学以气本服务于‘惟务崇德’的价值取向，在大本以下步步与洛学合流，造成自身体系的不严密或不彻底，而洛学则将‘惟务崇德’、‘只明人理’贯穿本末，遂使洛学成为理学的主流。第二，张载比二程早卒，其主要弟子在张载死后‘埒于洛中’，而其高弟如吕大临竟贬先师而谄二程，另有些弟子虽不肯悖师说，但对张载思想不同于二程者‘不复讲’，遂使关学的特质不明。第三，程门弟子为高其门户，造关学源于洛学的舆论，将关学纳入伊洛渊源，凡横渠弟子未及程门者皆略而不传，遂使关学余绪终被洛学大潮所吞掩。”② 李先生看到了关学在张载逝后被洛学所裹挟的格局，并且实际上将原因归于关学自身的理论“不严密或不彻底”。应该说这和二程、朱熹基于自身立场看张载的结论是一致的，恐有程朱化张载诠释之误解之嫌。此诚如牟宗三先生所言：“明道对于《正蒙》之言太虚神体未能

① 魏涛：《李复与张载思想辨异——兼对李复为“关学正传”说的质疑》，《孔子研究》2011 年第 6 期。

② 李存山：《关学的特点及其命运》，载陕西省哲学学会编《气化之道——张载哲学新论》，陕西人民教育出版社 1992 年版，第267—268 页。

相契也。据吾今日细看《正蒙》，横渠诚有滞辞，然其实意却并不是以此太虚神体为器（气），为形而下者。直谓其‘以器言’，非是。……明道于此，未能尽其实。此种误会亦由于横渠简别不精而然。然其实意不可掩，误会终是误会也。”① “至于其不契横渠之言清虚一大，则只是误解，未能尽横渠言太虚神体之实义，至少据今日所流传之《正蒙》观之，虽不免有滞辞，而其实义固不可掩，一切误会可因精简而免除也。”② 从诠释学的角度来审视，思想家之间的误解其实乃属常态。在思想史演进过程中，后面的思想家固然有其高明于前贤之处，但很多时候与其自身对其关注对象的误解不无关系。牟宗三不仅指出了程颢对张载的误解，也指出了程颐、朱熹对张载的误解。③ 不只是牟宗三先生看到了这一点，唐君毅先生也注意到：“二程于横渠之学，多有不相契。”④ 正是因为这些误解的存在，方在一定意义上影响了张载思想的传播。由于程朱理学在后世长期占据主导地位，其社会影响不言而喻，故而由其所形成的对张载思想的误解性判定所产生的影响太大，直至今天，这种影响还在延续。张载曾自言：“一出于佛氏之门者千五百年。自非独立不惧，精一自信，有大过人之才，何以正立其间，与之较是非，计得失！”⑤ 其中未提及濂溪、二程。伊川亦说：“孟轲死……千四百年之后，得不传之学于遗经。”⑥ 其心中亦无廉溪、横渠。两者合观，仔细分析可见，其要不在各树道统，而在于作为并世之人，各立其道。在这个问题上，唐君毅先生的观点值得我们关注：“盖并世之人，各自为学，各有其道，虽皆大贤，亦未必能相喻于一朝。吾尝喻如一时并肩齐步之人，皆互见其侧面。故其互相评论之言，不足皆据之说其所评论者。然要可借之以观此评者之意之所在，道之所存，其入道之门缘何而异；方可更观其由何而出，由何而通，以终归于道并行而

① 牟宗三：《心体与性体》上册，第363页。

② 牟宗三：《心体与性体》上册，第364页。

③ 牟宗三言：“横渠之措辞亦常不能无令人生误解之滞辞。当时有二程之误解，稍后有朱子之误解，而近人又误解为唯气论。然细会其意，并衡诸儒家天道性命之至论，横渠决非唯气论，亦非误以形而下为而上者。”（见氏著《心体与性体》上册，第405页。）

④ 唐君毅：《中国哲学原论》（原教篇），第80页。

⑤ （宋）张载：《正蒙·乾称》，《张子全书》（增订本）卷二，第44页。

⑥ （宋）程颢、程颐：《明道先生墓表》，《河南程氏文集》卷十一，《二程集》，第640页。

不悖耳。”[1] 依此我们可以试想，在张载、二程所生活的当世，其实根本不存在所谓的严格的学派划分，基于其君子人格之风范，亦更不存在敝帚自珍、厚此薄彼的举动，即便其后学在进行理论追溯时偶或有本着对其师的尊崇之情而刻意抬高之举，但也未出现将其进行“理论收编”之举。由此我们亦可以看出，所谓的“关学洛学化”其实在古典时期是不存在的，程门后学的臆解顶多导致思想的误解，而后世的逻辑化的理论构建则成为该种说法萌生的重要渊薮。张载逝后吕大临对其理论方向的坚守，其他关学弟子对关学宗风的传承，这些都充分地说明张载关学并没有因为三吕、范育、苏昞等入洛而被洛学化。基于传统的道统论的立场所形成的“关学洛学化”的观点虽然在客观上对于推进理解和弘扬张载关学的普遍精神是有利的，但从其思路方法上却着实容易形成对张载关学自身理论自洽性理解的偏失。这无论是对关学研究者，还是对洛学研究者而言，都是应该警醒的。本着“道并行而不悖”的思维，探究张程在宋代新儒学理论建构过程中的不同思路，并尽可能从其自身的内在理路出发去进行理解、诠释，从中凝练、提升出对后世理论建构的鉴戒，恐是我们对包括张载关学、二程洛学在内的古典思想流派展开研究的意义和真正价值之所在。

---

① 唐君毅：《中国哲学原论》（原教篇），第80页。

# 第五章　文献互入

## ——从语录相混看关洛关系

张载的语录和二程语录作为两种语录体著述，其资料来源比较复杂。在张载那里有《张子语录》《经学理窟》等版本的语录，在二程那里则有《遗书》《粹言》《外书》等版本的语录。仔细考察会发现，不同版本的语录之间多有重复，而且皆有双方语录夹杂的情况。这恐怕与语录记录整理者兼学关洛的身份和张程在某些具体问题上思想的近似性有着一定的关系。再加之这些语录被人们不断地整理和刊印，积久成习，鲜有学者去作辨析，于是形成了今天《经学理窟》《遗书》中表现非常明显的关洛语录混杂现象。而后世学者对此多有疏忽，从而形成了研究其思想时难以自洽与不可靠的局面。虽然语录互入现象在其他同时代的学者之间也经常发生，但这种情况表现在张载、二程之间却比较明显。语录互入，既可以看到张程思想之间有些方面的近似性，亦可以此为突破口，进一步考察关洛学派关系的文献建构。

## 第一节　张载言论汇入二程语录问题再考察

### 一　二程语录中汇入张载言论考辨

关于二程语录中混入张载语的问题，英国著名汉学家葛瑞汉曾有论及①，河南师范大学赵振先生通过对二程语录的全面考察，发现其中误入最多的是

① ［英］葛瑞汉在《中国的两位哲学家：二程兄弟的新儒学》中说："我发现《遗书》中有六条语录在别的文献中归属张载。《外书》中至少有一条语录归属张载。如果要彻底查找，毫无疑问会发现更多。"（大象出版社 2000 年版，第 220 页。）

张载的言论。他曾就有关材料作了详细辨析[①]，笔者在其基础上作了进一步考辨，具体如下表所列：

**表 5-1　二程语录汇入之张载言论**

| 序号 | 二程语录 | 张载语 | 考辨 |
|---|---|---|---|
| 1 | 子曰：不诚不庄，而曰尽性者，无之。性之德无伪慢，不免乎伪慢者，未尝知其性也。(《河南程氏粹言》卷二，《二程集》，第 1261 页。) | 不诚不庄，可谓之尽性穷理乎？性之德也未尝伪且慢，故知不免乎伪慢者，未尝知其性也。[《正蒙·诚明》，《张子全书》(增订本) 卷一，第 13 页。] | 据毕梦曦考证，张载《正蒙》乃由张载本人撰著，中间环节少，易保持文献原貌。《粹言》本身乃二程语录又经过了二次编辑，其来源与编辑者今天仍存在疑问。《正蒙》与《粹言》发现重出语录，有理由认为，《粹言》的版本应该经过了改写。故此条应为张载语被误当作二程语编入《粹言》[②] |
|  | 《易》，圣人所以立道，穷神则无《易》矣。(《河南程氏遗书》卷五，《二程集》，第 78 页。) | 《易》所以明道，穷神则无《易》矣。[《横渠易说·系辞下》，《张子全书》(增订本) 卷十，第 185 页。] | 据毕梦曦考证，这一段与张载的思想更加接近，从文献方面来说，《横渠易说》是张载亲作，相对更可靠，而《遗书》卷五不知作者来源，更有可能存在问题，这段话应该为张载所作 |
| 2 | 知德斯知言，故言使不动。孟子知武王，故不信漂杵之说。(《河南程氏外书》卷十一，《二程集》，第 412 页。) | 《武成》取二三策，言有取则是有不取也。孟子只谓是知武王，故不信漂杵之说。知德斯知言，故言使不动。纵心莫如梦。梦见周公，志也。不见周公，不逾矩也。[《张子语录下》，《张子全书》(增订本) 卷十一，第213 页。] | 程颐认为："若谓梦见周公，大段害事，即不是圣人也。"(《河南程氏遗书》卷二十三，《二程集》，第 307 页。) 故此"梦见周公，志也"当非二程思想。"知德斯知言"的说法还出现在《经学理窟·学大原》和《经学理窟·义理》当中，似可进一步说明其为张载的说法 |
| 3 | 师不立服，不可立也，当以情之厚薄，事之大小处之。如颜闵于孔子，虽斩衰三年可也，其成己之功，与君父并。其次各有浅深，称其情而已。下至曲艺，莫不有师，岂可一概制服？(《河南程氏遗书》卷二上，《二程集》，第 23 页。) | 师不立服，不可立也，当以情之厚薄事之大小处之。如颜闵于孔子，虽斩衰三年可也，其成己之功与君父并。其次各有浅深，称其情而已。下至曲艺莫不有师，岂可一概制服！[《经学理窟·丧纪》，《张子全书》(增订本) 卷七，第 92 页。] | 明代编《性理大全》卷五十二作张载语。此为该则语录归属张载的重要确证 |

① 赵振：《二程语录的文献误入问题辨析》，《图书馆杂志》2007 年第 6 期；亦见于氏著《二程语录研究》，人民出版社 2015 年版，第 103—109 页。

② 毕梦曦：《张载与二程语录混入问题辨析》，《船山学刊》2021 年第 4 期。

续表

| 序号 | 二程语录 | 张载语 | 考辨 |
| --- | --- | --- | --- |
| 4 | 《论语》问同而答异者至多，或因人材性，或观人之所问意思而言及所到地位。(《河南程氏遗书》卷十八，《二程集》，第246页。) | 《论语》问同而答异者至多，或因人才性，或观人之所问意思，言语及所居之位。[《张子语录上》，《张子全书》（增订本）卷十一，第198页。] | “有不知则有知，无不知则无知。是以鄙夫有问，仲尼竭两端而空空。《易》无思无为，受命乃如向。圣人一言尽天下之道，虽鄙夫有问，必竭两端而告之。然问者随才分各足，未必能两端之尽也。”[《正蒙·中正》，《张子全书》（增订本）卷一，第31页] “称其才，随其等，无骄吝之弊，斯得之矣。”[《正蒙·有德》，《张子全书》（增订本）卷二，第29页。] 皆表达了“因人才性”“位分”差异而引发的认识差异问题。此可确认为张载之语 |
| 5 | 勿谓小儿无记性，所历事皆能不忘。故善养子者，当其婴孩，鞠之使得所养，全其和气，乃至长而性美，教之示以好恶有常。至如养犬者，不欲其升堂，则时其升堂而扑之。若既扑其升堂，又复食之于堂，则使孰从？虽日挞而求其不升，不可得也。养异类且尔，况人乎？故养正者，圣人也。(《河南程氏遗书》卷二下，《二程集》，第57页。) | 勿谓小儿无记性，所历事皆能不忘。故善养子者，当其婴孩，鞠之使得所养，(合)〔全〕其和气，乃至长而性美，教之示以好恶有常。至如不欲(其)〔犬之〕升堂，则时其升堂而(朴)〔扑〕之。若既(朴)〔扑〕其升堂，又复食之于堂，则使孰从？虽日挞而求其不升，不可得也。[《经学理窟·学大原下》，《张子全书》（增订本）卷六，第79页。] | 此又见《张子语录上》① |
| 6 | 重，主道也。士大夫得有重(一作设。)，应当有主。既埋重，不可一日无主，故设苴；及其已作主，即不用苴。(《河南程氏遗书》卷六，《二程集》，第86页。) | “重，主道也”，谓人所嗜者饮食，故死以饮食依之。既葬然后为主，未葬之时，棺柩尚存，未可为主。今人之丧，既为魂帛又设重，则是两主道也。[《经学理窟·表纪》，《张子全书》（增订本）卷七，第90页。] | 宋代李如圭《仪礼集解》卷二十五作张载语 |

① 此条又见《张子语录上》，但所记文字稍微有差异，云：“勿谓小儿无记性，隔日事皆能不忘。故善养子者，必自婴孩始，鞠之使得所养，令其和气。乃至长性美，教之便示以好恶有常。至如不欲犬之上堂，则时其上堂而扑之。若或不常，既挞其上堂，又食之于堂，则使孰适从？虽日挞而求不升堂，不可得也，是施之妄。庄生有言：‘养虎者不敢以生物与之，为其〔有〕杀之之怒；不敢以全物与之，为其有决之之怒。’养异类尚尔，况于人乎？故养正者，圣人也。”[《张子全书》（增订本）卷十一，第202页。]

**续表**

| 序号 | 二程语录 | 张载语 | 考辨 |
| --- | --- | --- | --- |
| 7 | 物形便有大小精粗，神则无精粗。神则是神，不必言作用。三十辐共一毂，则为车。若无毂辐，何以见车之用？（《河南程氏遗书》卷十五，《二程集》，第144页。） | 物形乃有大小精粗，神则无精粗，神即神而已，不必言作用。譬之三十辐共一毂则为车，若无毂与辐，亦何以见车之用！［《横渠易说·系辞上》，《张子全书》（增订本）卷十，第176页。］ | 庞万里先生认为这里是程颐和张载的共同观点，是程颐引用张载语来说服关中学者，以证明神非为虚。[①]宋代方闻一《大易粹言》卷六十七作张载语 |
| 8 | 凡观书，不可以相类泥其义，不尔则字字相梗，当观其文势上下之意。如“充实之谓美”与《诗》之美不同。（《河南程氏遗书》卷十八，《二程集》，第246页。） | 凡观书，不可以相类而泥其义，不尔则字字相梗。当观其文势上下，如‘充实之美’，与《诗》之言美，轻重不同。［《横渠易说·说卦》，《张子全书》（增订本）卷十，第191页。］ | 此又见于《张子语录中》[②]。宋代方闻一《大易粹言》卷七十一亦作张载语 |
| 9 | 或问：“老子言‘天地不仁，圣人不仁’，如何？”曰：“谓‘天地不仁，以万物为刍狗’，是也。谓‘圣人不仁，以百姓为刍狗’，非也。圣人岂有不仁？所患者不仁也。天地何意于仁？鼓舞万物而不与圣人同忧，圣人则仁，此其为能弘道也。”（《河南程氏外书》卷十一，《二程集》，第410页。） | 老子言“天地不仁，以万物为刍狗”，此是也。“圣人不仁，以百姓为刍狗”，此则异矣。圣人岂有不仁？所患者不仁也。天地则何意于仁？鼓万物而已。圣人则仁耳，此其为能弘道也。［《横渠易说·系辞上》，《张子全书》（增订本）卷十，第171页。］ | 《横渠易说》乃张子独著，程子《外书》乃由朱子多年后整理而成，其间或混入了张子之语。此条当属该种情况。故属张子之语混入二程语录。毕梦曦亦认为：“认为这里圣人有为，积极为仁的思想也更加接近张载的思想。”[③] |

经仔细考察可见，如上9条语录乃为张载之语混入二程论著者。之所以会出现这种情况，恐与兼传关洛的吕大临、苏昞等有关。因包括《河南程氏遗书》在内的二程论著在历史上的整理情况较为复杂，不仅历时久，且整理工作乃是出自众人之手，语录记载之时恐即会有张载之语混入，更何况历经

① 庞万里：《与二程相关的几点哲学思想及史料问题之辨析——兼评葛瑞汉书中的一些观点》，《北京航空航天大学学报》（社会科学版）2004年第4期。

② 《张子语录中》所记相同，云：“凡观书，不可以相类泥其义，不尔则字字相梗，当观其文势上下之意。‘充实之谓美’，与《诗》之言美，轻重不同。”［见《张子全书》（增订本）卷十一，第207页。］

③ 毕梦曦：《张载与二程语录混入问题辨析》，《船山学刊》2021年第4期。

多年流传，语录本身也在被接受和传播中产生误传之可能性。即便是被朱熹整理的《遗书》，这种可能性亦是存在的，其他的《外书》《粹言》等就不用说了。

## 二　张载言语汇入二程语录问题的再审视

在中国传统文献尤其是语录体文献中，文献误入情况屡有发生。一般而言，所谓文献误入，是指某种文献在长期流传的过程中误入了一些其他作品的内容，这是中国古代典籍中普遍存在的一种现象，究其原因，恐有后世编撰者考之不详的因素，亦有同时代两个或多位学者多有学术交流的因素，还有一些人为达到某种目的而故意窜改文献所致。如上所论，在二程的语录中汇入张载之语，在一定意义上反映了二程与张载之间的密切学术交流，也展现出张载和二程在有关学术问题上比较相近的观点。或许作为语录的记载整理者在有关问题的理解上出现了误录的情况，从而使得后世流传的二程语录中汇入了张载之语。尽管张程之间在很多问题的理解上存在着不少的分歧，但同作为面对佛老的理论挑战，同肩负着复兴儒学重任的当世大儒，在相互交流中围绕很多问题有达成共识的可能。这无论是从对传统经典的理解，还是从自我的“造道”实践上都可以清晰地看出来。而对于该部分语录的辨识则成为后世研究的难点。

在目前所见的二程研究论著中，尽管有像庞万里等学者皆尝试依据大量文献所载来考察二程兄弟之异，尤其是辨析语录中未署程颢还是程颐之语的条目，为研究二程思想的内在关系提供了重要的视角，但从目前的研究而言，尚存在证据不足的情况。丁涛基于其博士学位论文《程颢理学思想研究》[①]研究之需，对存于《遗书》《外书》中的数百条语录作了进一步的辨析，但个中所存问题尚为数不少。其中一个重要的方面便是忽视了对汇入二程语录中张载语录的拣择与辨析。尽管相较于庞万里、丁涛的讨论而言，赵振的《二程语录研究》提出了该问题，并如前面所论进行了初步的辨析和讨论，然往往因对张程之间的讨论背景缺乏有效观照，而使得其考察未尽全面。

应该说，在张载与二程进行理论建构的过程中，张载作为年长的表叔，

---

① 丁涛：《程颢理学思想研究》，西北大学博士学位论文，2019 年。

基于其“少事于兵”“出入佛老”“返归六经”，孜孜于“为万世开太平”的政治理想，形成了对问题的深度思考及邃密论证，当成为二程理论逐步趋于成熟完善的重要理论依托和针对。以往所论，往往会认为是二程影响了张载，但从目前所留存下来的材料而言，实际上并看不到张载在与二程论学之后其理论建构发生了较大的变化。在两者各自的语录中，尤其是在二程的语录中，我们看到的尽管是二程对张载学术思想、学术观点的批评，但这些都不足以证明当前很多学者之所见。张载大量语录汇入二程著作，或者在一定意义上恰恰说明作为语录整理者的二程门人在理解二程思想时已经潜移默化地深受张载思想的影响。毕竟在今天所留存下来的张载论著中，鲜见张载评价二程学术观点的言论。尽管这给我们深入探讨张载与二程之间论辩问题会造成很大的遗憾，但毕竟这样的格局着实会给我们在重新考察和理解张程语录互入问题及关洛学派关系问题时留下更多的思考空间。

## 第二节　二程语录汇入张载论著考辨

### 一　二程语录与《经学理窟》的关系

张载重要的语录性著作，除了《张子语录》外，即是《经学理窟》。汪伟很早就已指出，在张载的《经学理窟》中汇入有二程的语录。当代著名中国哲学史研究大家，也是国内张载研究的重要开创者和奠基者张岱年先生在1978年中华书局出版的《张载集》前言中也重申了这一点。但长期以来在有关张载学术思想的研究中，尤其是对其文本的研究中，对于这一点却往往视而不见，很多时候往往直接将《经学理窟》理所当然地视作张载的话语予以引用，这使得此前的张载研究往往会出现难以自洽和困惑之处。对《经学理窟》这一文本中汇入二程之语的问题展开系统的考辨，对于进一步推进张载研究无疑具有非常重要的学术意义。

《经学理窟》作为一部有争议的作品，其著者和文本构成在学界皆有一定讨论。南宋学者赵希弁和陈振孙持张载自著说。晁公武《郡斋读书志·附志》著录横渠先生《经学理窟》一卷，并附题解云：“张献公载之说也。……希弁所藏横渠先生《经学理窟》一卷，其目有所谓《周礼》、《诗》、《书》、《宗法》、《礼乐》、《气质》、《义理》、《学大原》、《自道》、《祭祀》、《月令统》、《丧纪》，凡十二。”① 陈振孙《直斋书录解题》卷九亦著录有张载撰《经学理窟》一卷。然另一部分学者则认为此书乃后人所辑张载、二程之语录。晁公武《郡斋读书志》著录《理窟》二卷，并附题解云：“右题曰金华先生，未详何人。盖为二程、张氏之学者。”② 也就是说，《经学理窟》乃二程、张载的后学所编著。后明代黄巩指出：“考之《近思录》，凡取之先生（指张载）《文集》《语录》诸经说者，乃皆出于《理窟》，意《理窟》亦其门人汇辑《文集》《语录》诸经说之语而命以是名，殆非先生所自著也。”③明代汪伟也说：“若《理窟》者，亦分类语录之类耳，言有详略，记者非一手也。虽然，言之精者固不出于《正蒙》，谓是非先生之蕴不可也。”并且汪伟进一步指出《经学理窟》中的一些条目与《二程遗书》所载相同，即“其间数条，与《遗书》所不殊。如‘为学如登山麓’及尧夫论‘他山之石可以攻玉’”。但可惜的是，他并没有认真地探讨其中的原因，亦未考订辨析二程哪些语录混入其中，而是认为：“先生平昔与程氏兄弟议论之同，而非剿以入也。”④ 其推理实难令人信服。在问题讨论过程中，或并不能排除观点相同的可能性，然而连语言表述竟也完全一样，则不可简单地以两人之同来作说明。清代关中大儒贺瑞麟在《张子全书序》中也认为：“盖此书惟《正蒙》成书，余皆非先生手定，门人记录或各据所见，且有程子语而误入者，不知何故？”⑤ 贺瑞麟也看到了在张载论著中混有二程之语的现象，然对其中原因却未追溯，对混入之详情亦未及详加考订。当代著名哲学史家张岱年先生则认为此书乃二程与张载语录的汇编，他说：“今存的《理窟》，内容和赵希弁所述目次相同，但其中有些是程颐的《语录》，而从大部分的题材、语气来看，又确像张载的话。疑宋代《理窟》有两个本子，一题金华先生，一题横渠先生。金华先生可能是编者。这本书当是张载、程颐语录的类编，后人因其中张载的话

---

① （宋）晁公武著，孙猛校证：《郡斋读书志校证》，上海古籍出版社 2011 年版，第 1207 页。

② （宋）晁公武著，孙猛校证：《郡斋读书志校证》卷十，第 454 页。

③ （明）黄巩：《经学理窟跋》，《张载集》，第 304 页。

④ （明）汪伟：《经学理窟序》，《张载集》，第 247 页。

⑤ （清）贺瑞麟：《庄里镇魏氏族谱序》，《清麓文集》卷三，《贺瑞麟集》，西北大学出版社 2015 年版，第 61 页。

较多，所以算作张载的书了。”[①] 笔者认为以上诸家所论，当以张岱年先生的观点较为妥当，也就是说，《经学理窟》所载大部分内容为张载的言论，但也不排除其中有一些程颐之语。据此说张载之学源于二程恐与事实不符，而张载在讲学时经常提到二程的一些观点并被门人记录下来，则有一定的可能。若对现存张载论著与二程论著进行全面的比照，恐会对《经学理窟》中杂入的二程之语有清晰的界定。然限于历史上关于张载二程之语有不少皆已佚失，目前对两人语录的辨析亦只能在有限的范围内展开。在这一方面，中国社会科学院历史所林鹄先生曾经专门就《经学理窟·宗法》中所存之二程语录进行了仔细的辨析[②]，可以说进行了很好的尝试，个中观点颇值得注意。北京大学毕梦曦博士将考察范围拓展到整个《经学理窟》，并着重对于《宗法》篇的十四条语录的归属问题，在林说的基础上又作了进一步考辨。[③] 笔者在此综合众说，对其归纳总结，略作考辨，可如下表：

**表 5－2　《经学理窟·宗法》中汇入之二程言论**

| 序号 | 《经学理窟·宗法》中语录条目 | 语录内容及在《二程集》中对应出处 | 考　辨 |
|---|---|---|---|
| 1 | 管摄天下人心，收宗族，厚风俗，使人不忘本，须是明谱系世族与立宗子法。宗法不立，则人不知统系来处。古人亦鲜有不知来处者。宗子法废，后世尚谱牒，犹有遗风。谱牒又废，人家不知来处，无百年之家，骨肉无统，虽至亲，恩亦薄。［《张子全书》（增订本）卷三，第55页。］ | 第一句又见《河南程氏遗书》卷六《二先生语》，且作为程颐语录被收入《近思录》卷九，末二句又见《河南程氏遗书》卷十五《伊川入关语录》 | 卫湜《礼记集说》卷十四《曲礼》经文“支子不祭，祭必告于宗子”下亦全文引录此条。两见《河南程氏遗书》，且其中一处恰恰就见于《伊川入关语录》，清末关中大儒贺瑞麟在《庄里镇魏氏族谱序》中亦言：“程子曰：‘管摄天下人心，收宗族，厚风俗，使人不忘本，须是明谱系、收世族、立宗子法’。”[④] 据此可知此条实为程颐说的可能性较大 |

① 张岱年：《关于张载的思想和著作》，《张岱年全集》第五卷，河北人民出版社1996年版，第155页。

② 林鹄：《〈经学理窟·宗法〉与程颐语录——兼论卫湜〈礼记集说〉中的张载说》，《中国哲学史》2015年第2期。

③ 毕梦曦：《张载与二程语录混入问题辨析》，《船山学刊》2021年第4期。

④ （清）贺瑞麟：《庄里镇魏氏族谱序》，《清麓文集》卷三，《贺瑞麟集》，第95页。

续表

| 序号 | 《经学理窟·宗法》中语录条目 | 语录内容及在《二程集》中对应出处 | 考　辨 |
|---|---|---|---|
| 2 | 宗子之法不立，则朝廷无世臣。且如公卿一日崛起于贫贱之中以至公相，宗法不立，既死遂族散，其家不传。宗法若立，则人人各知来处，朝廷大有所益。或问："朝廷何所益?"公卿各保其家，忠义岂有不立? 忠义既立，朝廷之本岂有不固? 今骤得富贵者，止能为三四十年之计，造宅一区及其所有，既死则众子分裂，未几荡尽，则家遂不存，如此则家且不能保，又安能保国家！［《张子全书》（增订本）卷三，第55页。］ | 宗子之法不立，则朝廷无世臣。宗法须是一二巨公之家立法。宗法立，则人人各知来处。（《河南程氏遗书》卷十七，《二程集》，第179页。）<br>今无宗子法，故朝廷无世臣。若立宗子法，则人知尊祖重本。人既重本，则朝廷之势自尊。（《河南程氏遗书》卷十八，《二程集》，第242页。） | 左引两条二程语文字虽不同，意思完全一致。《理窟》此条亦见卫湜《礼记集说》卷十四《曲礼》经文"支子不祭，祭必告于宗子"语下之注。笔者认为此条实为程颐说 |
| 3 | 夫所谓宗者，以己之旁亲兄弟宗己。所以得宗之名，是人来宗己，非己宗于人也。所以继祢则谓之继祢之宗，继祖则谓之继祖之宗，曾高亦然 。［《张子全书》（增订本）卷三，第55页。］ | 所谓宗者，以己之旁亲兄弟来宗于己，所以得宗之名，非己宗于人也。（《河南程氏遗书》卷十七，《二程集》，第180页。） | 此条又见《礼记集说》卷八十五《大传》经文"别子为祖，继别为宗，继祢者为小宗"下引横渠说。不过，如左《河南程氏遗书》卷十七与此语类似，疑此条为程颐语 |
| 4 | 言宗子者，谓宗主祭祀。宗子为士，庶子为大夫，以上牲祭于宗子之家。非独宗子之为士，为庶人亦然 。［《张子全书》（增订本）卷三，第55页。］ | | 《性理大全》卷六十七视此条为张子语 |
| 5 | "宗子之母在，不为宗子之妻服"，非也。宗子之妻与宗子共事宗庙之祭者，岂可夫妇异服！故宗子虽母在，亦当为宗子之妻服也。东酌牺象，西酌罍尊，须夫妇共事，岂可母子共事也? 未娶而死，则难立后，为其无母也。如不得已须当立后，又须并其妾母与之，大不得已也。未娶而死，有妾之子，则自是妾母也。［《张子全书》（增订本）卷三，第55页。］ | | 《性理大全》卷六十七视此条为张子语 |

**续表**

| 序号 | 《经学理窟·宗法》中语录条目 | 语录内容及在《二程集》中对应出处 | 考　辨 |
| --- | --- | --- | --- |
| 6 | “天子建国，诸侯建宗”，亦天理也。譬之于木，其上下挺立者本也，若是旁枝大段茂盛，则本自是须低摧。又譬之于河，其正流者河身，若是泾流泛滥，则自然后河身转而随泾流也。宗之相承固理也，及旁支昌大，则须是却为宗主。至如伯邑考又不闻有罪，只为武王之圣，顾伯邑考不足以承文王之绪，故须立武王。所以然者，与其使祖先享卿大夫之祭，不若享人君之礼。至如人有数子，长者至微贱不立，其间一子仕宦，则更不问长少，须是士人承祭祀。[《张子全书》（增订本）卷三，第55—66页。] | 今无宗子法，故朝廷无世臣。若立宗子法，则人知尊祖重本。人既重本，则朝廷之势自尊。古者子弟从父兄，今父兄从子弟，由不知本也。且如汉高祖欲下沛时，只是以帛书与沛父老，其父老便能率子弟从之。又如相如使蜀，亦移书责父老，然后子弟皆听其命而从之。只有一个尊卑上下之分，然后从顺而不乱也。若无法以联属之，安可？且立宗子法，亦是天理。譬如木，必从根直上一干，（如大宗。）亦必有旁枝。又如水，虽远，必有正源，亦必有分派处，自然之势也。然又有旁枝达而为干者。故曰：古者天子建国，诸侯夺宗云。（《河南程氏遗书》卷十八，《二程集》，第242页。） | 《近思录》卷九《治法》第18条，将此近似内容归为伊川语 |
| 7 | 古所谓“支子不祭”也者，惟使宗子立庙主之而已。支子虽不得祭，至于斋戒致其诚意，则与祭者不异；与则以身执事，不可与则以物助之，但不别立庙，为位行事而已。后世如欲立宗子，当从此义，虽不与祭，情亦可安。若不立宗子，徒欲废祭，适足长惰慢之志，不若使之祭犹愈于已也。[《张子全书》（增订本）卷三，第56页。] | 古所谓支子不祭者，惟使宗子立庙，主之而已。支子虽不得祭，至于斋戒，致其诚意，则与主祭者不异。可与，则以身执事；不可与，则以物助，但不别立庙为位行事而已。后世如欲立宗子，当从此义。虽不祭，情亦可安。若不立宗子，徒欲废祭，适足长惰慢之志，不若使之祭，犹愈于已也。（《河南程氏遗书》卷十五，《二程集》，第165页。） | 卫湜《礼记集说》卷十四亦作此条为二程语 |
| 8 | 今曰大臣之家，且可方宗子法。譬如一人数子，且以嫡长为大宗，须据所有家计厚薄以养宗子，宗子势重，即愿得之，供宗子外乃将所有均给族人。宗子须专置教授，宗子之得失，责在教授，其他族人，别立教授。仍乞朝廷立条，族人须管遵依祖先立法，仍许族人将已合转官恩泽乞回授宗子，不理选限官，及许将奏荐子弟恩泽与宗子，且要主张门户。宗子不善，则别择其次贤者立之。[《张子全书》（增订本）卷三，第56页。] |  | 从义理判定当属张子语。此处乃张子提出的如何具体落实宗子法的实施方案，符合张子关于宗子法的基本思想 |

续表

| 序号 | 《经学理窟·宗法》中语录条目 | 语录内容及在《二程集》中对应出处 | 考 辨 |
|---|---|---|---|
| 9 | 后来朝廷有制，曾任两府则宅舍不许分，意欲后世尚存某官之宅或存一影堂，知尝有是人，然宗法不立，则此亦不济事。唐狄仁杰、颜杲卿、真卿后，朝廷尽与官，其所以旌别之意甚善，然亦处之未是。若此一人死遂却绝嗣，不若各就坟冢给与田五七顷，与一闲名目，使之世守其禄，不惟可以为天下忠义之劝，亦是为忠义 者实受其报。又如先代帝王陵寝，其下多有闲田，每处与十亩田，与之闲官世守之 。［《张子全书》（增订本）卷三，第56页。］ |  | 程颐《修立孔氏条制》建议置“奉圣公宅教授一人，主导翊袭封之人，及教导其嗣子”。与此条遥相呼应。疑为程颐说 |
| 10 | 《礼》言祭毕然后敢私祭，为如父有二子，幼子欲祭父，来兄家祭之，此是私祭；祖有诸孙；适长孙已祭，诸孙来祭者祭于长孙之家，是为公祭 。［《张子全书》（增订本）卷三，第56页。］ | 《河南程氏遗书》卷十七伊川语录提道：“宗法须是一二巨公之家立法。”（《二程集》，第179页。）又《河南程氏遗书》卷十五云：“宗子法坏，则人不自知来处，以至流转四方，往往亲未绝，不相识。今且试以一二巨公之家行之，其术要得拘守得须是。且如唐时立庙院，仍不得分割了祖业，使一人主之。”（《二程集》，第150页。） | 将张子与程子语合而观之，可见，其所表达的意思近似，然因表述方式差异较大，故可判定此条当为张子语，属于与二程思想观点相类的条目 |
| 11 | 宗子既庙其祖祢，支子不得别祭，所以严宗庙 ，合族属，故曰：“庶子不祭祖祢，明其宗也。”［《张子全书》（增订本）卷三，第56页。］ |  | 收入卫湜《礼记集说》卷十四；当视为张子语 |
| 12 | 宗子为士，立二庙；支子为大夫，当立三庙；是曾祖之庙为大夫立，不为宗子立。然不可二宗别统，故其庙亦立于宗子之家。［《张子全书》（增订本）卷三，第57页。］ |  | 卫湜《礼记集说》卷四十九，胡广《礼记大全》卷七，鄂尔泰等撰、张廷玉等整理的《日讲礼记解义》卷二十二，《古今图书集成·陈梦雷——明伦汇编家范典宗族部》等皆有收入，视此条为张子语 |

如上我们结合有关材料在林鹄先生基础上就张载《经学理窟·宗法》中

的十三则语录作了进一步考辨，让原来归属不详的语录有了较为清晰的定位，所得结论对我们颇有启发，这一方向着实不得不引起我们的重视。看来张岱年先生及之前的官私目录中对《经学理窟》的定性是比较准确的，其应该属于张程语录的合编本。我们还需要对除《宗法》篇以外的其他篇章作进一步的考察辨析，从而为准确把握张载、二程的思想提供可资信赖的文本。毕梦曦已做了扎实的工作，其将张载《经学理窟》各篇各章与《二程集》进行了全面比照，在林鹄基础上有较大推进。其中涉及《诗书》4 条、《宗法》14 条、《礼乐》2 条、《学大原》5 条、《丧纪》4 条。经过翔实的考辨之后，她提出："《正蒙》《横渠易说》与《张子语录》文献相对可靠，除了《横渠易说·佚文》当中的一则语录之外，其他与二程重出的材料多归属张载，这应为二程与张载共同弟子在记录二程语录时发生的错误。这一点已经被前辈学者反复指出。比较有问题的是《经学理窟》。《程氏遗书》卷五和卷六作者都有疑问，这两卷与张载重合的语录有 6 段，多数为二程语录。《程氏遗书》卷十五、卷十七都有可能为关中学者所记，重出的语录都在《经学理窟》当中，来自卷十五的重合语录多为二程语录，而卷十七的重复语录，有些语录难以考证，但是能够相对确定归属的也是二程语录为多。所以《经学理窟》确实编入了很多二程语录，多数重复的语录来自张载与二程的共同弟子所记录。这几卷二程语录与张载语录的重复，可能也是朱熹认为其可信度存疑的原因之一。"[①] 经对其所列除《宗法》外的《经学理窟》中其他篇章进行仔细辨析可见，如下相关条目当较为确定地为二程语混入者：

**表 5－3　《经学理窟》其他篇章中汇入之二程言论**

| 序号 | 张载言论 | 二程语录 | 考　辨 |
| --- | --- | --- | --- |
| 1 | 死生存亡皆知所从来，胸中莹然无疑，止此理尔。孔子言"未知生，焉知死"，盖略言之。死之事只生是也，更无别理。［《经学理窟·学大原上》，《张子全书》（增订本）卷五，第 72 页。］ | 死生存亡皆知所从来，胸中莹然无疑，止此理尔。孔子言"未知生，焉知死"，盖略言之。死之事即生是也，更无别理。（《二程遗书》卷二上，《二程集》，第 17 页。） | 此条以理作为评判的重要依据，从话语表达上来看，当属二程之论无疑。故此条乃二程之语汇入张载《经学理窟》中者 |

① 毕梦曦：《张载与二程语录混入问题辨析》，《船山学刊》2021 年第 4 期。

**续表**

| 序号 | 张载言论 | 二程语录 | 考　辨 |
|---|---|---|---|
| 2 | 圣人于文章不讲而学，盖讲者有可否之疑，须问辨而后明，学者有所不知，问而知之，则可否自决，不待讲论。如孔子之盛德，惟官名礼文有所未知，故其问老子、郯子，既知则遂行而更不须讲。[《经学理窟·学大原上》，《张子全书》(增订本）卷五，第73页。] | 圣人于文章，不讲而学。盖讲者有可否之疑，须问辨而后明。学者有所不知，问而知之，则可否自决，不待讲论。如孔子之盛德，惟官名礼文有所未知，故问于郯子、老子，既知则遂行而已，更不须讲。(《河南程氏遗书》卷二上，《二程集》，第22页。) | 庞万里先生指出："此条意思中有提倡'不讲而学'，不主张讲论。《二程集》23页第（9）条有同样的观点，该条可证为程颐语。《二程集》152页第（5）条程颐语与此条意同。从程颐不主张讲习，而程颢并不反对讲习来看，此条为程颐语。"（见氏著《二程哲学体系》，第354页。）笔者以为庞先生之考证为的当之论 |
| 3 | "忠信所以进德"者何也？闲邪则诚自存，诚自存斯为忠信也。如何是闲邪？非礼而勿视听言动，邪斯闲矣。[《经学理窟·学大原上》，《张子全书》(增订本）卷五，第73页。] | 忠信所以进德者何也？闲邪则诚自存，诚存斯为忠信也。如何是闲邪？非礼而勿视听言动，邪斯闲矣。（《河南程氏遗书》卷二上，《二程集》，第26页。) | 据庞万里先生云："该条在《明道学案》'语录'，《学案》第五册27页作程颢语。从此条讲'忠信'，反对修养成'枯木死灰'来看，也是程颢之语。"（见氏著《二程哲学体系》，第356页。）经详考，此论为确 |
| 4 | 尧夫解"他山之石可以攻玉"，玉者温润之物，若两玉相攻，则无所成，必石以磨之。譬如君子与小人处，为小人侵陵，则修省畏避，动心忍性，增益所不能，如此便道理出来。[《经学理窟·诗书》，《张子全书》（增订本）卷三，第54页。] | 尧夫解"他山之石可以攻玉"，玉者温润之物，若将两块玉来相磨，必磨不成，须是得佗个粗砺底物方磨得出。譬如君子与小人处，为小人侵陵，则修省畏避，动心忍性，增益预防，如此便道理出来。(《河南程氏遗书》卷二上，《二程集》，第35页。) | 庞万里先生云："此条可由《二程集》61页第（5）条程颢语来证明。《近思录》卷五作程颢语。陈荣捷先生亦认为是程颢语。（《朱学论集》100页。）"（见氏著《二程哲学体系》，第362页。）经仔细分析，此论为确 |
| 5 | 今尺长于古尺，尺度权衡之正必起于律。律本黄钟，黄钟之声，以理亦可定。古法律管当实千有二百粒秬黍，后人以羊头山黍用三等筛子透之，取中等者用，此特未为定也。此尺只是器所定。更有因人而制，如言深衣之袂一尺二寸，以古人之身，若止用一尺二寸，岂可运肘，即知因身而定。羊头山老子说一稃二米秬黍，直是天气和，十分丰熟。山上便有，山下亦或有之。[《经学理窟·礼乐》，《张子全书》(增订本）卷五，第59页。] | 今尺长于古尺。欲尺度权衡之正，须起于律。律取黄钟，黄钟之声，亦不难定。世自有知音者，将上下声考之，须（一作既。）得其正，便将黍以实其管，看管实几粒，然后推而定法可也。古法：律管当实千二百粒黍，今羊头山黍不相应，则将数等验之，看如何大小者，方应其数，然后为正。昔胡先生定乐，取羊头山黍，用三等筛子筛之，取中等者用之，此特未为定也。此尺是器上所定，更有因人而制。如言深衣之袂一尺二寸，若古人身材只 | 庞万里先生云："此条因有'胡先生'之称，可定为程颐语。"（见氏著《二程哲学体系》，第372页。）似应再考 |

**续表**

| 序号 | 张载言论 | 二程语录 | 考　辨 |
|---|---|---|---|
| 5 |  | 用一尺二寸，岂可运肘？即知因人身而定。（《河南程氏遗书》卷二上，《二程集》，第47页）羊头山老子说一秠二米秬黍，则是天地气和，十分丰熟。山上便有，山下亦或有之。（《河南程氏遗书》卷六，《二程集》，第85页。） |  |
| 6 | 正叔尝为《葬说》，有五相地，须使异日决不为道路，不置城郭，不为沟渠，不为贵家所夺，不致耕犁所及。<br>安穴之次，设如尊穴南向北首，陪葬者前为两列，亦须北首，各于其穴安夫妇之位，坐于堂上则男东而女西，卧于室中则男外而女内也。[《经学理窟·丧纪》，《张子全书》（增订本）卷七，第90—91页。] | 正叔尝为《葬说》，有五事：相地，须使异日决不为路，不置城郭，不为沟渠，不为贵人所夺，不致耕犁所及，此大要也。其穴之次，设如尊穴南向北首，陪葬者前为两列，亦须北首，各于其穴安夫妇之位。坐于堂上，则男东而女西，卧于室中，则男外而女内也。（《河南程氏遗书》卷二下，《二程集》，第56页。） | 庞万里先生考云："此条是以记录者口气录下的正叔语。"（见氏著《二程哲学体系》，第377页。）似应再考 |
| 7 | 《周南》、《召南》如《乾》、《坤》。[《经学理窟·诗书》，《张子全书》（增订本）卷三，第52页。] | 《周南》、《召南》如《乾》、《坤》。（《河南程氏遗书》卷六，《二程集》，第85页。） | 庞万里先生云："此条不可考。"（见氏著《二程哲学体系》，第394页。） |
| 8 | 《诗序》必是周时所作，然亦有后人添入者，则极浅近，自可辨也。如言"不肯饮食教载之"，只见《诗》中云"饮之食之，教之诲之，命彼后车，谓之载之"，便云"教载"，绝不成言语也。又如"高子曰灵星之尸"，分明是高子言，更何疑也。[《经学理窟·诗书》，《张子全书》（增订本）卷三，第54页。] | 《诗序》必是同时（一作国史）所作，然亦有后人添者。如《白华》只是刺幽王，其下更解不行;《绵蛮》序"不肯饮食教载之"，只见《诗》中云"饮之食之，教之诲之，命彼后车，谓之载之"，便云教载，绝不成言语也。又如"高子曰：灵星之尸也"，分明是高子言，更何疑？（《河南程氏遗书》卷六，《二程集》，第92页。） | 庞万里先生认为："'《诗》序必是同时所作，然亦有后人添者。'与程颐观点相同，《二程集》40页第（1）条讲《诗》'前序'必是当时国史所作，'大序'则孔子所作，后世亦有人添入。《二程集》229页程颐语亦持此观点。故此条似为程颐语。"（见氏著《二程哲学体系》，第400页。）待考 |
| 9 | 受祥日食内，弹琴恐不是，圣人举动，使其哀未忘，则子于是日哭，不饮酒食肉，以全哀，况弹琴可乎？使其哀已忘，何必弹琴？[《经学理窟·丧纪》，《张子全书》（增订本）卷七，第92页。] | 受祥肉弹琴，恐不是圣人举动。使其哀未忘，则子于是日哭，则不歌，不饮酒食肉以全哀，况弹琴可乎？使其哀已忘，则何必弹琴？（《河南程氏遗书》卷十五，《二程集》，第155页。） | 《河南程氏遗书》卷十五为程颐"入关语录"，此时张载已去世，不可能为张载语。《经学理窟》收入者当属程颐之语杂于其中 |

**续表**

| 序号 | 二程语录 | 张载言论 | 考　辨 |
| --- | --- | --- | --- |
| 10 | 今人为学如登山麓，方其迤逦之时，莫不阔步大走，及到峭峻之处便止，须是要刚决果敢以进。[《经学理窟·学大原下》，《张子全书》（增订本）卷六，第77页。] | 今之为学者，如登山麓，方其迤逦，莫不阔步，及到峻处，便逡巡。（《河南程氏遗书》卷十七，《二程集》，第176页。） | 据《河南程氏遗书》卷十七卷首所署当为伊川之语 |
| 11 | 丧须三年而祔，若卒哭而祔，则三年都无事。礼卒哭犹存朝夕哭，若无祭于殡宫，则哭于何处？[《经学理窟·丧祭》，《张子全书》（增订本）卷六，第90页。] | 丧须三年而祔，若卒哭而祔，则三年却都无事。礼卒哭犹存朝夕哭，若无主在寝（一作祭于殡），哭于何处？（《河南程氏遗书》卷十七，《二程集》，第180页。） | 据《二程遗书》卷十七卷首所署当为伊川之语 |

上表所列11条有关二程的语录均见于中华书局点校本《张载集》中，所表达的意思亦完全相同，只是个别地方文字表述略有差异。特别是其中第4条语录，因其亦见于《河南程氏遗书》，于是就被《张载集》的点校者视为二程言论而从《张载集》中删除掉了。这种未加考稽就轻下断语的做法实乃武断之举。如此，除了过去学界所重点关注的《宗法》篇外，在《经学理窟》的《学大原》《丧纪》《诗书》《礼乐》等篇中亦存在二程语录之混入现象。由此可以看出《经学理窟》文献构成的复杂性。而该文献亦成为二程之语汇入张载文献的最为重要的一种。

综上所述，有关《经学理窟》文献误入问题是十分复杂的，其中既有记录者当时已有误录，也有在传播过程中不自觉混入的情况。当然这种文献误入的情况，在一定程度上反映了张程之间密切的学术交流关系，当然亦不排除他们在某些问题认识上的一致。尽管由于年代久远及文献不足征等原因，我们尚无法全面准确地判明这些语录的归属权问题，但这一初步的尝试无疑在有关关洛学派思想关系的问题上向前迈进了一步。

## 二　《横渠易说》《张子语录》中汇入的二程语考辨

在研究中，我们发现，除了《经学理窟》，在张载其他文献中亦混有二程语。对张载和二程传世文献比较之后，可见如下数条语录亦当为二程之语：

**表5-4　张载其他文献汇入之二程言论**

| 序号 | 张载言论 | 二程语录 | 考　辨 |
| --- | --- | --- | --- |
| 1 | 天地动静之理，天圆则须动转，地方则须安静。[《横渠易说·系辞上》，《张子全书》（增订本）卷十，第177页。] | 天地动静之理，天圆则须转，地方则须安静。（《河南程氏遗书》卷二上，《二程集》，第44页。） | 庞万里先生云："此条讲'坎离又不是人安排得来，莫非自然也。'是程颢的思想和用语。"（见氏著《二程哲学体系》，第369页。）经仔细分析，此论为确 |
| 2 | 四端不言信，信本无在。在《易》则是至理，在孟子则是气。（《河南程氏遗书》卷六，《二程集》，第88页。）或问："信在四端，犹土王四季乎?"子曰："信无在，无不在。在《易》则至理也，在孟子则配道义之气也。"（《河南程氏粹言》卷一《论道篇》《二程集》，第1176页。） | 在《易》则是至理，在孟子则是气。[《横渠易说·总论》，《张子全书》（增订本）卷十，第196页。] | 据毕梦曦考证，程颐进一步解释了"四端不言信"："凡理之所在，东便是东，西便是西，何待信？凡言信，只是为彼不信，故见此是信尔。"（《河南程氏遗书》卷二十二，《二程集》，第296页。）所以这一段应该是程颐语录。此论为确 |
| 3 | 《论语》问同而答异者至多，或因人材性，或观人之所问意思而言及所到地位。（《河南程氏遗书》卷十八，《二程集》，第246页。） | 《论语》问同而答异者至多，或因人才性，或观人之所问意思，言语及所居之位。[《张子语录上》，《张子全书》（增订本）卷十一，第198页。] | 该条语所在之《河南程氏遗书》卷十八乃刘元承所录，元承未曾受教于张载，误录之可能性不大；所在之《张子语录上》虽不详其编撰者，然从张元济《张子语录跋》可见，该语录乃经历史上多次修订纂集而成，误收二程语之可能性很大。故暂定为二程语 |

尽管《横渠易说》乃为张载早期作品，且其作为独著的可能性非常大，然亦有二程之语混入其中，一个重要的原因恐在于流传过程中，那些兼学关洛的学者将二程之语混入了其中，以致形成了异本。至于《张子语录》在历史上乃经多次编纂，并非张载手定，他人语录误入的情况就更有可能了。以上数条仅是在当前有限的文献条件下进行的初步拣择，这一工作的完成，恐需在对张程思想进行更为深入全面的把握的基础上方可真正实现。

## 三　张载佚书《礼记说》二程语录汇入考辨

二程语录与张载语相混的情况不仅发生在传世的《横渠易说》《张子语录》《经学理窟》中，在其佚书《礼记说》中亦有体现。

作为宋代《礼记》研究的重要资料，卫湜的《礼记集说》收录有包括张载《礼记说》在内的一百四十多家《礼记》解说，可谓"礼家之渊海"，是北宋道学家研治《礼记》的资料汇编，不少散佚之书赖是书以传，足见其价值之重要。后陈澔之《礼记集说》及其《补正》、胡广之《礼记大全》、孙希旦之《礼记集解》等皆取材于此。卫湜在《礼记集说》一书之《名氏》中云："横渠张氏载，字子厚，《记说》三卷。"《记说》即为《礼记说》的省称。"以上解义唯严陵方氏、庐陵胡氏始末全备，自余多不过二十篇，或三数篇，或一二篇，或因讲说仅十数章，其他如《语录》如《文集》凡有及于礼经可以开晓后学者裒辑编次，粗已详尽。"[①] "自郑注而下，所取凡一百四十四家，其他书之涉于《礼记》者，所采录不在此数。"[②] 由此可见，卫湜撰《礼记集说》时，该书尚有流传。据四库馆臣的意见，卫湜的《礼记集说》始作于南宋开禧、嘉定间，成书于宝庆二年（1226）。也就是说，在南宋开禧、嘉定年间，张载的《礼记说》当还流传于世。至明代，吕柟在嘉靖五年（1526）编著的《张子抄释》序文中云："横渠张子书甚多，今其存者止《二铭》《正蒙》《理窟》《语录》及《文集》，而《文集》又未完，止得二卷于三原马伯循氏。"[③] 就已未提及《礼记说》清代朱彝尊所撰之《经义考》卷一百四十一著录《横渠礼记说》三卷，将魏了翁之序原封不动地置于解题之下，注曰"未见"。可见，有学者所指出的"明嘉靖年间，该书已经亡佚"[④] 的说法或有可能。因此该书乃随着卫湜之《礼记集说》而流传。卫湜《礼记集说》对于宋代《礼记学》的重要文献价值，早已被一些学者所关注。[⑤] 故笔者亦以此为主要材料，对张载《礼记说》进行重新整理，形成了近五万字的张载《礼记说》辑本。据前文可见，张载与二程论学之文献在二程著作中屡屡可见，而在今通行本《张载集》中几乎看不到。在笔者整理完成的张载佚书《礼记说》中，二程之语汇入的情况亦多有体现。宋代魏了翁就已注意到

---

① （宋）卫湜：《名氏》，《礼记集说》，《四库全书荟要》，吉林出版集团有限责任公司 2005 年版，第 16 页。

② （宋）卫湜：《提要》，《礼记集说》，《文渊阁四库全书》第 121 册，台湾商务印书馆 1983 年版，第 1 页。

③ （明）吕柟：《嘉靖五年本横渠张子抄释序》，《张子全书》（增订本）附录二，第 386 页。

④ 舒大刚、潘斌：《张载〈礼记〉学述论》，《古籍整理研究学刊》2007 年第 12 期。

⑤ 近人杨立诚从中辑录出王安石《礼记发明》（江西省图书馆 1933 年版，第 34 页）；今人陈俊民先生从中辑出了吕大临《礼记解》，收入《蓝田吕氏遗著辑校》一书中。

此点，他在《横渠礼记序》中云："或者先生虽未及定著为书，而门人荟萃遗言以成是编欤！亦有二程先生之说参错其间，盖先生之学其源出于程氏，岂先生常常讽道之语而门人并记之欤?"[①] 这里魏了翁已经注意到在《礼记说》中混有二程之语。然魏氏仅略提及，却未做进一步考察。经仔细考辨，略有如下条目恐为二程之语，其详情如下：

曾子问曰："宗子去在他国，庶子无爵而居者可以祭乎?"孔子曰："祭哉!""请问其祭如之何?"孔子曰："望墓而为坛，以时祭。若宗子死，告于墓，而后祭于家。宗子死，称名不言孝，身没而已。子游之徒，有庶子祭者以此，若义也。今之祭者，不首其义，故诬于祭也。"

1. 横渠张氏曰：嘉礼不野合，野合则秭稗也。故生不野合，死不墓祭。盖燕享祭祀，乃宫室中事。后世习俗废礼，有踏青，藉草而饮，故墓亦有祭。如《礼》"望墓为坛"，并墓人为墓，祭之尸，是亦有时为之，非经礼也。后世在上者未能制礼，则随俗未免墓祭。[②]

**考辨**：本条亦见于《河南程氏遗书》卷一，作："嘉礼不野合，野合则秕稗也。故生不野合，则死不墓祭。盖燕飨祭祀，乃宫室中事。后世习俗废礼，有踏青，藉草饮食，故墓亦有祭。如《礼》望墓为坛，并墓人为墓祭之尸，亦有时为之，非经礼也。后世在上者未能制礼，则随俗未免墓祭。既有墓祭，则祠堂之类，亦且为之可也。"[③] 文字表述基本相同，且根据上下文意思来判定，此段为二程之语当无疑。

万物本乎天，人本乎祖，此所以配上帝也。郊之祭也，大报本反始也。

2. 横渠张氏曰：祭先之道，其不可得而推者则无可奈何，其可知者无远近多少，当尽祭之，祖岂可不报？盖根本所系，虽远，乌得无报？"郊祀后稷以配天"，周止知后稷是己之始祖，已上不可知。天则是万物

① （宋）魏了翁：《鹤山大全集》卷五十二，四部丛刊本，第12页。
② （宋）卫湜：《礼记集说》卷四十九，第962页。
③ （宋）程颢、程颐：《河南程氏遗书》卷一，《二程集》，第6页。

之祖，故祭天则以始祖配之。虽庶人必祭，及高祖比之天子，诸侯止有疏数耳。如祭法庙数有不及祖者，是不祭祖也，以理论之，人无贵贱上下，皆须祭及高祖，以有服故也。如五世祖若在，死则岂可不为服？礼虽无此服，当以义起。昨朝廷议礼，言太宗袒免亲。袒免亲止于卑小，施于尊者，岂可言袒免？①

**考辨：**“祭先之道……虽远，乌得无报”又见于《河南程氏遗书》卷十七：“祭先之礼，不可得而推者，无可奈何；其可知者，无远近多少，须当尽祭之。祖又岂可不报？又岂可厌多？盖根本在彼，虽远，岂得无报？”② 清李光坡撰《礼记述注》卷二十载：“程子曰：祭先之礼，不可得而推者，无可奈何；其可知者，无远近多少，犹当尽祭之。祖又岂可不报？又岂可厌多？盖根本在此，虽远，岂得无报？”③《河南程氏遗书》和《礼记述注》中皆收有该条，有可能此节内容乃二程语录混入者。

别子为祖，继别为宗，继祢者为小宗。有五世而迁之，宗其继高祖者也。

3. 横渠张氏曰：宗子“继别为宗”，言别则非一也。如别子五人，五人各为大宗。所谓“兄弟宗之”者，谓别子之子、继祢者之兄弟，宗其小宗子也。④

**考辨：**此节又见于《河南程氏遗书》卷一：“宗子‘继别为宗’，言别，则非一也。如别子五人，五人各为大宗。所谓‘兄弟宗之’者，谓别子之子、继祢者之兄弟宗其小宗子也。”⑤ 此节又被收入《性理大全书》卷六十七，亦载为“程子曰”，文字与上无异。又见于《宋元学案补遗》，文字亦与上无异。

---

① （宋）卫湜：《礼记集说》卷六十六，第 1374—1375 页。
② （宋）程颢、程颐：《河南程氏遗书》卷十七，第 180 页。
③ （清）李光坡：《礼记述注》卷二十，《文渊阁四库全书》第 127 册，台湾商务印书馆 1983 年版，第 795 页。
④ （宋）卫湜：《礼记集说》卷八十一，第 1705 页。
⑤ （宋）程颢、程颐：《河南程氏遗书》卷一，《二程集》，第 7 页。

《宋元学案补遗》作者未对该条做专门考察，似沿袭了卫湜《礼记集说》中的判定。据上可见，此条为二程之言为确。

礼，不王不禘。王者禘其祖之所自出，以其祖配之。诸侯及其太祖。大夫士有大事，省于其君，干祫及其高祖。

4. 横渠张氏曰："禘其祖之所自出"，始受姓者也。"以其祖配之"，以始祖配也。文、武必以后稷，后世必以文王配，所出之祖无庙，于太祖之庙禘之而已。"万物本乎天，人本乎祖"，故以所出之祖配天地。周之后稷生于姜嫄，姜嫄已上更推不去也。文、武之功起于后稷，故推以配天，复以后稷。严父莫大于配天，宗祀文王于明堂以配上帝，上帝，即天也。聚天之神而言之，则谓之上帝。此武王祀文王，推父以配上帝，配上帝须以父也。曰昔者周公郊祀后稷以配天，宗祀文王以配上帝。不曰武王者，以周之礼乐尽出周公制作，故以其作礼乐者言之。犹言"鲁之郊禘非礼，周公其衰"，是周公之法坏也。若是成王祭上帝，则须配以武王。配天之祖则不易，虽百世推以后稷。配上帝则以父，若宣王祭上帝，则须以厉王。虽圣如尧、舜，不可以为父；虽恶如幽、厉，不害其为所生也。故《祭法》言"有虞氏宗尧"，非也。如此则须是尧、舜之子，苟非其子，虽舜受以天下之重，不可谓之父也。如此则是尧养舜以为养子，禅逊之事蔑然矣。以始祖配天，须在冬至。冬至一阳始生，万物之始，祭用员丘，器用陶匏藁秸，服大裘。而祭宗祀九月，万物之成。父者，我之所自生，帝者，生物之祖，故推以为配而祭于明堂，其实天与帝一也。本朝以太祖配员丘，以祢配于明堂，自介甫定议方正。先此祭五帝，又祭昊天上帝，并配者六位。自介甫议，惟祭昊天，上帝以祢配之。太祖而上，有僖、顺、翼、宣，先尝以僖祧之矣，介甫议以为不当祧，顺以下祧之可也。何者？本朝惟僖祖为始，已上不可得而推也。或难以僖祖无功业，当祧。以是言之，则英雄以得天下自己力为之，并不与祖德。物岂有无本而生者？今日天下基本盖原于此，安得为无功业？故朝廷复立僖祖庙为得礼。介甫所见，终是高于世俗之儒。但《孝经》之文有可疑处。周公祭祀，当推成王为主人，则当推武王配上帝，不当言文王以为配。若文王配，则周公自当祭祀矣。纯父以祭地于圜丘，愈于不祭。不知祭父于稠人广众中堂之上则可，祭母则不来享。要之，一是父道，一是母道；一在员丘，一在方泽；一于冬，一于夏。自是资始与资生之道甚异，感生帝之说不可用。①

**考辨**：自段首至“终是高于世俗之儒”，与朱熹《书程子禘说后》之文字同：“禘其祖之所自出，始受姓者也。其祖配之，以始祖配也。文、武必以后稷配，后世必以文王配。所出之祖无庙，于太祖之庙禘之而已。万物本乎天，人本乎祖，故以所出之祖配天也。周之后稷生于姜嫄，姜嫄已上更推不去也。文、武之功起于后稷，故配天著须以后稷。严父莫大于配天，宗祀文王于明堂，以配上帝，帝即天也。聚天之神而言之，则谓之上帝。此武王祀文王，推父以配上帝，须以父也。曰‘昔者周公郊祀后稷以配天，宗祀文王于明堂以配上帝’。不曰武王者，以周之礼乐出于周公制作，故以其作礼乐者言之。犹言‘鲁之郊禘非礼，周公其衰’，是周公之法坏也。若是成王祭上帝，则须配以武王，配天之祖则不易，虽百世惟以后稷。配上帝则以父，若宣王祭上帝，则亦以厉王。虽圣如尧、舜，不可以为父；虽恶如幽、厉，不害其为所生也。故《祭法》言‘有虞氏宗尧’，非也。如此则须舜是尧之子，苟非其子，虽授舜以天下之重，不可谓之父也。如此则是尧养舜，以为养男也，禅让之事蔑然矣。以始祖配天，须在冬至，一阳始生，万物之始。祭用圆丘，器用陶匏藁秸，服用大裘。而祭宗祀九月，万物之成。父者，我之所自生；帝者，生物之祖，故推以为配，而祭于明堂也。本朝以太祖配于圆丘，以祢配于明堂，自介甫此议方正。先此祭五帝，又祭昊天上帝，并配者六位。自介甫议，惟祭昊天上帝，以祢配之。太祖而上，有僖、顺、翼、宣，先尝以僖祧之矣。介甫议以为不当祧，顺以下祧可也。何者？本朝推僖祖为始，已上不可得而推也。或难以僖祖无功业，亦当祧。以是言之，则英雄以得天下自己力为之，并不得与祖德。或谓灵芝无根，醴泉无源，物岂有无本而生者？今日天下基本，盖出于此人，安得无功业？故朝廷复立僖祖庙为得礼。介甫所见，终是高于世俗之儒。熹未见此论时，诸生亦有发难，以为僖祖无功德者。熹答之曰：‘谁教他会生得好子孙’。人皆以为戏谈，而或笑之。今得杨

① （宋）卫湜：《礼记集说》卷八十四，第1744—1745页。

子直所录伊川先生说，所谓‘今天下基本，皆出于此人，安得为无功业?’乃与熹言默契，至哉言乎！天下百年不决之是非，于此乎定矣。”[①] 从《书程子禘说后》之名亦可知该条当是来自二程之语。该条又见于《宋元学案补遗》，作：“禘其祖之所自出，始受姓者也，以其祖配之，以始祖配也。所出之祖无庙，于太祖之庙禘之而已。万物本乎天，人本乎祖，故以所出之祖配天地。”“文武之功起于后稷，故推以配天。严父莫大于配天。宗祀文王于明堂，以配上帝，上帝即天也。聚天之神而言之，则谓之上帝。此武王祀文王，推父以配上帝也。曰昔者周公郊祀后稷以配天，宗祀文王以配上帝。不曰武王者，以周之礼乐尽出周公制作，故以其作礼乐者言之。以始祖配天，须在冬至。冬至一阳生，万物之始。宗祀九月，万物之成。父者，我之所自生，帝者，万物之祖，故推以为配。而祭于明堂，其实与帝一也。”[②]《补遗》沿袭了卫湜所录之张载《礼记说》，但有节略。今观《二程集》，见《禘说》之文字与自段首至“介甫所见，终是高于世俗之儒”[③] 一段文字相同，由此更可确定《礼记说》中的该条当是来自二程而非张载。

通过这里的考察，我们可以看到，二程语录汇入张载存世的文献，主要见于《经学理窟》和《礼记说》之中。根据相关考证，《经学理窟》本就是张载和二程语录的合编，只是因为其中张载的语录较多，故后世认其为张载独著，故而以讹传讹，形成层累的误解，导致后世在对张载、二程思想的把握上因语录的归属问题而形成思想的误解。至于《礼记说》，恐有部分内容来自张载的《语录》《经学理窟》《正蒙》等。其中所涉及的《经学理窟》之内容，由于卫湜当年对其张程语录合编性质的忽视，直接取材，未加辨析，从而构成今天《礼记说》中有二程语汇入的情况。对此视而不见，使得我们在探讨关洛学术争鸣及张载思想研究、二程思想研究时会出现误判，从而造成理解上的偏差。

综括以上的考察可见，从文献互入的视角去把握关洛学术争鸣，有利于更为清晰地展现两者之间关系之历史生成的文献演化脉络。这也成为我们今

---

① （宋）朱熹：《晦庵先生朱文公文集》卷八十三，《朱子全书》第24册，第3922—3924页。

② （清）王梓材、冯云濠：《宋元学案补遗》卷十七《横渠学案补遗》，中华书局2012年版，第1356页。

③ （宋）程颢、程颐：《禘说》，《河南程氏文集·遗说》，《二程集》，第670页。

天继从学术思想的生成链条的维度、两大学派之间相互讨论的维度展开关洛学术争鸣的一种新的研究视角。基于此，让我们对于扑朔迷离、复杂多样的学派关系类问题的研究也有了更为切实有效的考察模式。文献是我们今天思想史研究的重要依托，而对于文献的复杂性、真实性展开辨析，则是把握思想研讨真实、走进历史本来面目不可或缺的方面。

# 第六章　学派融通

## ——弟子视野中的关洛思想关系

对于关洛思想关系问题的探讨，作为两大学派创立者的张载、二程之间的讨论、争锋及其文本的互汇等皆是直接的考察对象。我们也可以通过张程弟子的视野，对于两者之间的思想关系做进一步的考察，以期对该问题有一个更为全面的认识。杨时与游酢、谢良佐、吕大临并称程门四大弟子，[①] 因其对二程之学传承发展的重要贡献，被清代大儒张伯行予以高度评价："先生为程门高弟，游、杨、尹、谢四先生中，独推先生之学最纯，先生之信道最笃。"[②]《宋史》更是以"程氏正宗"称。他开湘启闽，对后来的湖湘学派和朱子学的形成都发挥了重要作用。[③] 作为程门"最纯""最笃"的后学，以他对张载的认识与评价为考察点，有助于更为清晰、全面地把握关洛之间的思想关系。另一位值得关注的为既是张载弟子又是二程弟子的吕大临。从思想上来说，吕大临被二程视为"守横渠之学甚固"，尽管在张载去世后入洛学于二程，但并没有丢弃张载关学的传统。且张载之弟张戬将女儿嫁给吕大临，其妻对人说"吾得颜回为婿矣"[④]，足见吕大临在关学弟子中的特殊重要地位。以其对二程的思想评价和认识作为考察点，也有利于较为客观地展现出

① 黄百家说："二程得孟子不传之秘于遗经，以倡天下。而升堂睹奥，号称高第者，游、杨、谢、尹，吕其最也。"（黄宗羲原著，全祖望补修：《宋元学案》卷二十五《龟山学案》，第947页）。

② （清）张伯行：《杨龟山先生全集序》，《杨时集》附录一《杨时著作序跋》，第1088页。

③ 《宋史·杨时传》称："朱熹、张栻之学，得程氏之正，其原委脉络皆出于时。"（《杨时集》，第1128页。）

④ （宋）朱熹：《祭文》，《伊洛渊源录》卷八，《朱子全书》第12册，第1032页。

当时关洛学派思想关系之实际情况。

## 第一节 杨时视野中的张载

### 一 杨时对张载《西铭》的诠释

深受二程的影响，程门弟子多对张载之学甚有关注，尤以杨时表现得最为明显。从求学历程来看，杨时先是从学于程颢，在程颢去世后，即转师程颐。据其自述，他在从学程颢之初，即在程颢的指引下读《西铭》，在仔细研读过程中，他对于其师对《西铭》的极高评价，颇不理解。在师从程颐之后，于浏阳任上寄书程颐探讨《西铭》，提出萦绕于心许久的疑虑。据《杨龟山先生年谱》记载，绍圣三年（1096），“是岁，再与伊川先生书论《西铭》”[①]。此时程颐六十四岁，杨时四十四岁。杨时初以师礼见二程是在元丰四年（1081），程颢于元丰八年（1085）病逝，程颐在元祐二年（1087）罢崇政殿说书。杨时和游酢在元祐八年（1093）曾以师礼见程颐于洛阳。游酢、杨时“程门立雪”的佳话即发生于是年。三年之后，程颐仍居洛阳，而杨时则在浏阳任官，是岁写《寄伊川先生》，其中有关于《西铭》的讨论：

> 《西铭》之书，发明圣人微意至深，然而言体而不及用，恐其流遂至于兼爱，则后世有圣贤者出，推本而论之，未免归罪于横渠也。某窃意此书，盖西人共守而谨行之者也。愿得一言，推明其用，与之并行，庶乎学者体用兼明，而不至于流荡也。[②]

杨时认为《西铭》立言阐发万物同体之意而不及用，没有做到体用兼举，因此担心其学说会流于墨家的兼爱思想。杨时继承孟子和其师维护儒学的严正立场，曾针对学生关于儒、墨、杨之辩的讨论发表了自己的看法：“杨氏为我，不知仁也；墨氏兼爱，不知义也。至于无父无君，乃其末流耳，非其本

---

① （清）佚名：《杨龟山先生年谱》，《杨时集》附录二，第1159页。

② （宋）杨时：《寄伊川先生》，《杨时集》卷十六，第450页。

也。仁义之实难知，其信矣乎！”[①] 尽管这里提出了对杨朱学派、墨家不知仁义的批评，但也指出仁义在现实生活中的践行之难。据此，杨时对《西铭》与墨家兼爱思想体用不能贯通的弊病深有体会。针对杨时的疑惑，程颐用“理一分殊”命题进行了分析、点拨：

> 《西铭》之为书，推理以存义，扩前圣所未发，与孟子性善、养气之论同功。二者亦前圣所未发，岂墨氏之比哉？《西铭》明理一而分殊，墨氏则二本而无分。老幼及人，理一也；爱无差等，本二也。分殊之蔽，私胜而失仁；无分之罪，兼爱而无义。分立而推理一，以止私胜之流，仁之方也；无别而迷兼爱，至于无父之极，义之贼也。子比而同之，过矣。且谓“言体而不及用”，彼则使人推而行之，本为用也，反谓不及，不亦异乎？[②]

孟子称“天之生物也，使之一本，而夷子二本故也”[③]。在孟子看来，万物本是一体同源，墨家实则是二本，讲两个本原，且言行不一。程颐承继孟子批评墨家兼爱是“二本而无分”，认为张载《西铭》讲的是“理一而分殊”，与墨家兼爱有根本区别。“理一”就是“老吾老以及人之老，幼吾幼以及人之幼”[④] 的推己及人的仁爱之心，分殊即仁爱所内含的“由己推人”的差等远近。程颐强调如果只讲分殊不讲理一，就会局限于分而致私胜失“仁”；只讲理一不讲分殊，就会局限于一而无别而不合于“义”，自分殊推出理一可以避免私胜失仁，而泯灭了分殊差别的兼爱说则是极端的无父之论。程颐认为《西铭》论说了前圣体会到但未言明的义理，阐发的是由体而推用的思想，并非如杨时说的言体而不及用。

对于程颐的解惑释疑，杨时又书《答伊川先生》，解释自己前面的疑问，说：

---

① （宋）杨时：《辨一》，《杨时集》卷六，第141页。

② （宋）杨时：《伊川答论〈西铭〉》，《杨时集》卷十六，第451页。

③ （宋）朱熹：《孟子集注·滕文公上》，《四书章句集注》，第262页。

④ （宋）朱熹：《孟子集注·滕文公上》，《四书章句集注》，第209页。

前书所论，谓《西铭》之书以民为同胞，长其长，幼其幼，以鳏寡孤独为兄弟之无告者，所谓明“理一”也。然其弊，无亲亲之杀，非明者默识于言意之表，乌知所谓“理一而分殊”哉？故窃恐其流遂至于兼爱，非谓《西铭》之书为兼爱而发与墨氏同也。[①]

杨时称自己之所以担心张载的《西铭》会流于兼爱之说，是因为《西铭》一书明确了“民为同胞，物吾与也”的“理一”观念，但却没有明确表达亲疏差等的“分殊”思想，学者若只读文字，不去仔细体会，难以推知“理一而分殊”之意，容易流于墨子的兼爱。依杨时答书可见，其对《西铭》的本旨初衷还是理解的，只是担心其在客观上所可能造成的误解，从而在道德实践上滑向墨家“兼爱”。依此可见，杨时对《西铭》的批评，主要集中在两点：其一是说《西铭》言“仁之体”有“过”，不像孔子那样“至于仁之体，未尝言也”；其二是说《西铭》“言体而不及用”，不像孟子那样“本体用兼举两言之”。杨时认为，因为《西铭》有此两方面之“过”，所以可能引发“后学之弊”而流于墨家的“兼爱”。由是之故，杨时希望从程颐那里“得一言推明其用，与之并行，庶乎学者体用兼明，而不至于流荡也”[②]。杨时的担心不能说没有道理。

根据李存山先生的考察，杨时对《西铭》的批评并非偶然，而是前有所积。[③] 李先生依龟山之《求仁斋记》和《寄翁好德》对此进行了说明。据《宋儒龟山杨先生年谱》记载，《求仁斋记》是杨时于元祐三年（1088）所作。中云：

夫孔子之徒，问仁者多矣，而孔子所以告之者，岂一二言欤？然而犹曰“罕言”者，岂不以仁之道至矣，而言之不能尽欤？故凡孔子之所言者，皆求仁之方也。若夫仁，则盖未之尝言。是故其徒如由、赐者，虽曰“升堂”之士，至于仁则终身莫之许也。然则所谓求之难，不其然

---

① （宋）杨时：《答伊川先生》，《杨时集》卷十六，第 452 页。

② （宋）杨时：《寄伊川先生》，《杨时集》卷十六，第 450 页。

③ 李存山：《程颐与杨时关于〈西铭〉的讨论》，《人文论丛》2017 年第 2 辑。

欤？学者试以吾言思之，以究观古之人所以求之之方，将必有得矣。[①]

在《龟山集》中又有《寄翁好德》，据《宋儒龟山杨先生年谱》所载此信写于绍圣元年（1094），比《寄伊川先生》仅早两年。其文云：

> 夫求仁之方，孔子盖言之详矣。然而亲炙之徒，其说犹有未闻者，岂孔子有隐于彼欤？……后世之士，未尝精思力究，妄以肤见臆度，求尽圣人之微言，分文析字，寸量铢较，自谓得之，而不知去本益远矣。夫至道之归，固非笔舌史尽也，要以身体之，心验之，雍容自尽于燕闲静一之中，默而识之，兼忘于书言、意象之表，则庶乎其至矣。反是，皆口耳诵数之学也。[②]

通过以上的一文一书，我们可知，杨时一贯所重视的是“求仁之方”。他认为“凡孔子之所言者，皆求仁之方也。若夫仁，则盖未之尝言”。这里的“若夫仁，则盖未之尝言”，也就是《寄伊川先生》中所说的“至于仁之体，未尝言也”。《龟山集》中又有《答问》，也同样说：“其（孔子）告诸门人可谓详矣，然而犹曰‘罕言’者，盖其所言皆求仁之方而已，仁之体未尝言故也。”[③] 孔子为什么不言“仁之体”？在杨时看来，是因为“仁之体”深奥隐微，“固非笔舌能尽也，要以身体之，心验之，雍容自尽于燕闲静一之中，默而识之，兼忘于书言、意象之表，则庶乎其至矣”。杨时对于“仁之体”的看法，或许与他后来所传的“于静中体认大本未发气象”的“道南指诀”有一定的联系。

缘于如上的考虑，杨时针对程颐“理一分殊”之论作了进一步的分析：

> 理一而分殊，故圣人称物而平施之，兹所以为仁之至、义之尽也。何谓称物？亲疏远近各当其分，所谓称也。何谓平施？所以施之，其心一焉，所谓平也。某昔者窃意《西铭》之书，有平施之方，无称物之义，

① （宋）杨时：《求仁斋记》，《杨时集》卷二十四，第632—633页。
② （宋）杨时：《寄翁好德》其一，《杨时集》卷十七，第480—481页。
③ （宋）杨时：《答胡德辉问》十二，《杨时集》卷十四，第410页。

故曰“言体而不及用”，盖指仁义为说也。故仁之过，其蔽无分，无分则妨义。义之过，其流自私，自私则害仁。害仁则杨氏之为我也，妨义则墨氏之兼爱也。二者其失虽殊，其所以得罪于圣人则均矣。①

杨时以圣人“称物而平施”来理解“理一而分殊”，“称物”即是衡量万物之亲疏远近，使各当其分，即义，即用；平施是指以平均齐一之心对待万物，为仁。讲仁若过分了而无差分则会妨碍义；讲义过分了，其流弊则是自私，而自私就会害仁。害仁则沦入杨朱的为我，故不知仁，妨义则是墨子的兼爱，无君无父，则不知义。这两个极端在客观效果上是一样违背了圣人有体有用之本意，都是未“称物而施”。杨时这里以“称物而平施”来诠释仁与义的关系，联系体用范畴来解释理一分殊，使张载《西铭》隐奥之意蕴得以清晰阐发和揭示，可谓功莫大焉！

杨时以仁义并说来讲体用兼该，从体用角度对儒家自孔孟以来的仁爱观作了更进一步的解释。后来朱熹解释“称物平施”为“称物之宜以平吾之施”②，认为杨时此处“言不尽而理有余”，尚未说透理一分殊之旨，因此也并没有真正“释然”而消除心中疑虑。而其真正释然是在年高德盛，学问日益精进之后。

师生间的问答使理论愈辩愈明。往复辩论后，杨时接受了其师程颐之说：

论《西铭》，曰：“河南先生言‘理一而分殊’，知其‘理一’，所以为仁；知其‘分殊’，所以为义。所谓‘分殊’，犹孟子言‘亲亲而仁民，仁民而爱物’。其分不同，故所施不能无差等。”

或曰：“如是，则体用果离而为二矣。”曰：“用未尝离体也。且以一身观之，四体百骸皆具，所谓体也。至其用处，则履不可加之于首，冠不可纳之于足，则即体而言，分在其中矣。”③

这里杨时认为学生对程颐“理一分殊”之说有“体用分离”之嫌，进行

① （宋）杨时：《答伊川先生》，《杨时集》卷十六，第452—453页。

② （宋）朱熹：《〈西铭〉解》，《朱子全书》第13册，第146页。

③ （宋）杨时：《语录二·京师所闻》三十一，《杨时集》卷十一，第297页。

了更为具体的阐发，非常形象地将《西铭》所展现的“理一分殊”之理作了分析说明：即“理一”为仁，“分殊”为义，“分殊”是区别、差异，特殊性等。万物有区别，所以仁爱有差等，杨时通过解读《西铭》、阐释理一分殊对儒家仁爱说有了更深的理解。杨时初读《西铭》时更多体会到的是其中的一体之说，为此才质疑张载在其中言体而不及用。在程颐以理一而分殊之论点拨后，杨时注重推究理一与分殊的体用关系，思索体会“分殊”之用的客观存在及重要性，将“理一”与“分殊”比喻为人身体的整体与部分，从整体来看，人的身体是完整的，这可称为体；但从身体的每一部分来看，各有各的功能，这就是具体的用。杨时认为论“分殊”并不会导致体用二分，相反“分殊”之用就在“理一”之体中。并且如果“权其分之轻重，无铢分之差，则精矣”。[①] 就是说，理清了“分殊”，对“理一”的理解就会更加精深、精确；如果“分殊”不明，“理一”就会不精，因而有注重分殊的倾向。在对理一分殊有了更深的体会后，杨时曾对弟子罗从彦说：“《西铭》只是发明一个事天的道理。所谓事天者，循天理而已。”[②] 天理即是分在其中的“理一”，“循天理”即是遵循理一分殊之道。杨时抬高“分殊”的地位与作用，是为了与墨家兼爱相区别。其重视“分殊”的思维方式开启了再传弟子李侗所提出的“吾儒之学，所以异于异端者，理一而分殊也。理不患其不一，所难者分殊耳”[③] 说的先河。

在探讨张载《西铭》篇的宗旨时，程颐虽提出“理一分殊”命题，用失仁、无义来说明专守“理一”或“分殊”的偏差，但没有明确将“理一”解释为“仁”，“分殊”解释为“义”。学成南归后，杨时清楚地阐释了“理一”与“分殊”的伦理内涵。

杨时还将张载《西铭》与孟子的“尽心”联系起来进行诠释。

仲素问：“‘尽其心者知其性’，如何是尽心底道理？”曰：“未言尽心，须先理会心是何物。”又问。曰：“心之为物，明白洞达，广大静一，若体会得了然分明，然后可以言尽。未理会得心，尽个甚？能尽其心，

---

① （宋）杨时：《书五·答胡康侯》其一，《杨时集》卷二十，第536页。

② （宋）杨时：《语录三·余杭所闻》四十五，《杨时集》卷十二，第353页。

③ （清）黄宗羲原著，全祖望补修：《宋元学案》卷三十九《豫章学案》，第1291页。

自然知性，不用问人。大抵须先理会仁之为道，知仁则知心，知心则知性。是三者，初无异也。横渠作《西铭》，亦只是要学者求仁而已。”①

杨时再传弟子李侗上承杨时论理一分殊之思路，并以此论题接引弟子朱熹。朱熹在问学之初，曾兼修儒、禅，且受禅学影响较深。李侗否定了朱熹的禅学倾向，通过对“理一分殊”说的辨析对其进行引导。他指导朱熹在认得《西铭》“仁者浑然与物同体”的旨意后，更要推而求之，理会分殊之意。杨时论说了分殊的客观存在及对分殊的领会将有助于对理一的把握、理解。李侗则发挥杨时思想，将能否理会分殊作为判断是否具有儒者气象的重要标准。为此，他明确地说：“吾儒之学，所以异于异端者，理一而分殊也。理不患其不一，所难者分殊耳。”强调儒学与异端之学的区别，主要是对“理一分殊”之旨，特别是“分殊”的认识与掌握不同，学者更应在分殊上下工夫。杨时、李侗重视“分殊”对朱熹“理一分殊”说的形成有很大影响。

朱熹在从学李侗之初，因受佛学思想的影响，认为天下只是一理，在具体分殊上下工夫则是多余之事。后经反复辩论思索，他接受了李侗重视分殊的观点。在《西铭论》中，朱熹认为《西铭》的要旨就是：

一统而万殊，则虽天下一家，中国一人，而不流于兼爱之弊；万殊而一贯，则虽亲疏异情，贵贱异等，而不梏于为我之私。②

杨时与李侗论“理一分殊”关注的是其中仁义的伦理内涵，朱熹则进一步将“理一分殊”引申为论述宇宙本体与万事万物之理的关系问题。他认为天理只有一个，却又存在于万事万物之中，通过分殊之万物表现出来；分殊之万理又归于一理，且万物之中的理“处处浑沦”“个个完全”，都是天理的完整体现。不理会“分殊”，就不会通达“理一”。通过对二程、杨时、李侗等人论点的继承、发挥及超越，朱熹形成了较为全面系统的“理一分殊”思想。

---

① （宋）杨时：《语录三·余杭所闻》五十二，《杨时集》卷十二，第358页。

② （宋）朱熹：《〈西铭〉解》，《朱子全书》第13册，第145页。

可见，杨时读《西铭》，由于疑惑、质疑而激发程颐提出了“理一分殊”命题，并围绕该命题不断深思，将理一分殊、仁义、体用等多个范畴联系起来相互诠释，不仅丰富了理学内容，且为后来朱熹的集大成思想奠定了基础。[①] 杨时由对张载《西铭》意旨的质疑，到经由程颐的点拨之后，形成了基于“理一分殊”理论方法指导下的理解与贯通，也从一个侧面展现了其对张载思想的消化与吸收。他“由是浸淫经书，推广师说”[②]。将洛学传至东南，并在当地生根开花。其一传至罗从彦，再传至李侗，三传至朱熹集理学之大成。杨时亦因此被称为“南渡洛学大宗”“闽学鼻祖”。

## 二　杨时对张载《正蒙》的诠释

杨时对张载《正蒙》的评价，主要展现在宇宙论和人性论方面。首先，他吸收了张载的气学思想，并借此对于二程的理气关系论作了进一步的完善：

> 通天下一气耳，合而生，尽而死，凡有心知血气之类，无物不然也。知合之非来，尽之非往，则其生也沤浮，其死也冰释，如昼夜之常，无足悦戚者。世之美生者，吐故纳新，熊经鸟伸，欲以引年。甚者鏖丹化金，饵之以祈不死，厌常为奇，卒以丧者十常六七而不悟。[③]

并对气的作用作了进一步的发挥说：

> 大抵看《易》，须先识他根本，然后有得。夫易，求之吾身，斯可见矣，岂应外求？张横渠于《正蒙》中曾略说破云：“乾坤之阖辟，出作入息之象也。”非见得彻，言不能及此。某旧作《明道哀辞》云：“通阖辟于一息兮，尸者其谁？”盖言易之在我也。人人有易，不知自求，只于文字上用功，要作何用？[④]

---

① 刘京菊：《杨时解读张载之〈西铭〉》，《晋阳学刊》2014 年第 6 期。

② （清）黄宗羲原著，全祖望补修：《宋元学案》卷二十五《龟山学案》，第 944 页。

③ （宋）杨时：《踵息庵记》，《杨时集》卷二十四，第 634 页。

④ （宋）杨时：《语录四・南都所闻》二，《杨时集》卷十三，第 379—380 页。

他在坚持二程理一元论的前提下，充分吸收了张载的气学思想，对气在万物化生中的作用作了更为具体细密的论证。在二程那里，他们提出“气化”与“形化”的概念，并论及升降、消息、参错等作用，从而解释自然界的变化。如前所论，程颐还对张载以气辟佛的观点提出了质疑。他认为气化生物，既返之气不是归于太虚，以为造化之原，而是归于消灭。也就是说，气在自然界造化中，能自然生出，也能自然消灭，并不像张载所说的，源于太虚，又归于太虚，继续化生万物。杨时则继承了程颐的观点：

《正蒙》谓“万象为太虚所见之物，则物与虚不相资，卒陷于浮图见病”之说。山河大地，正指物言之也。若谓指物言之可也，则浮图见病之说，不足非矣。此与佛氏以心法起灭天地，更当究观。所谓心法起灭天地之旨，未易以一言攻之也，更详味之，如何?①

这里的“不足非”和“更当究观”表明了杨时其实并不同意张载以气辟佛的理论。在他看来，不可以对佛教“以心法起灭天地”的观点进行简单的批判，需要对其思想的本旨初衷进行具体的考察。当然，他又指出：“横渠‘水沤’之说，与释氏‘轮回’之说异，其详见于《答吕和叔书》中。此是非异同，达者当自见之，非言论所及也。”② 横渠“水沤”之说的核心在于以聚散谈气之表，而以鬼神言气之隐现，作为实体的气并不会因天地万物之变化而“动摇”。“水沤”之说实际上指的是张载在《正蒙》中的两个比喻：

天性在人，正犹水性之在冰，凝释虽异，为物一也。③

海水凝则冰，浮则沤，然冰之才，沤之性，其存其亡，海不得而与焉。推是足以究死生之说。④

程颐对张载的批评，最重要即在于他认为横渠论《易》与佛教轮回之说

① （宋）杨时：《与杨仲远》三，《杨时集》卷十六，第457—458页。
② （宋）杨时：《答学者》其一，《杨时集》卷二十一，第565页。
③ （宋）张载：《正蒙·诚明》，《张子全书》（增订本）卷一，第11页。
④ （宋）张载：《正蒙·动物》，《张子全书》（增订本）卷一，第9—10页。

无异。该看法被朱子所继承，在《答廖子晦书》中朱子即明确叹道：

> 夫性者，理而已矣。乾坤变化，万物受命，虽所禀之在我，然其理则非有我之所得私也。所谓"反身而诚"，盖谓尽其所以得乎己之理，则知天下万物之理初不外此，非谓尽得我之知觉，则众人之知觉皆是此物也。性只是理，不可以聚散言。其聚而生、散而死者，气而已矣。所谓精神魂魄有知有觉者，皆气之所为也。故聚则有，散则无。若理则初不为聚散而有无也。但有是理，则有是气。苟气聚乎此，则其理亦命乎此耳，不得以水沤比也。①

朱子基于理本论的立场，认为"性只是理，不可以聚散言"。气之聚散与物之生死在他看来当是一致的，不存在张载所言的"知死之不亡者，可与言性矣"②。唯有理乃可以不随物之聚散而存亡，而具有恒久性。此外，1172年，朱熹内弟程允夫写信与朱子论学，提到张载《正蒙·诚明》有关"水冰"的说法：

> 张子曰："天性在人，犹水性之在冰，凝释虽异，其为物一也"。观张子之意，似谓水凝而为冰，一凝一释，而水之性未尝动；气聚而为人，一聚一散，而人之性未尝动。此所以以冰喻人、以水性喻天性也。然极其说，恐未免流于释氏，兄长以为如何？③

按程允夫的说法，张载以水性类比人的天性，水凝为冰，犹如人秉天地之性而生，等到人死气散，又好像冰重新融化为水一样。在这个过程中，水之为水的本性没有发生变化，只是其存在形态有水和冰的差异。由此可见，

① （宋）朱熹：《答廖子晦书》，《晦庵先生朱文公文集》卷四十五，《朱子全书》第22册，第2081页。

② （宋）张载：《正蒙·太和》，《张子全书》（增订本）卷一，第1页。

③ （宋）朱熹：《答程允夫》，《晦庵先生朱文公文集》卷四十一，《朱子全书》第22册，第1886页。

这个比喻关涉人的生死与性理之间的关系。[①] 在程允夫看来，此比喻若推至极端，难免会陷入佛教“轮回之说”的窠臼。朱熹在答书中亦认同程允夫的判断，说：“程子以为横渠之言诚有过者，正谓此等发耳。”[②] 虽然这封书信本身并未详细分析“水冰”比喻跟佛教思想之间的关联，然对张载这一说法的批评，则反复出现在朱熹与弟子的讨论中：

> 问：“横渠说‘天性在人，犹水性之在冰，凝释虽异，为理一也’，又言‘未尝无之谓体，体之谓性’，先生皆以其言为近释氏。冰水之喻，有还元反本之病，云近释氏则可。‘未尝无之谓体，体之谓性’，盖谓性之为体本虚，而理未尝不实，若与释氏不同。”曰：“他意不是如此，亦谓死而不亡耳。”[③]

这里的内容则具体涉张载“水冰”比喻和“体、性”的相关说法。体、性概念跟对“水冰”的理解密切相关。从问者关于“水冰”的断言方式可以看出，横渠“冰水”之此喻“近释氏”已是朱门内部的共识，原因在于其“有还元反本之病”[④]。朱熹在多处反复提到程子的批评，着眼于气的屈伸往来与自然生化之理的关系，“不必以既屈之气为方伸之气”对应的是自然的“生生之理”，程颐曾用“鼻息”的具体意象加以解释。因而，对朱熹来说，张载“说聚散屈伸处，其弊却是大轮回。盖释氏是个个各自轮回，横渠是一发和了，依旧一大轮回”[⑤]。这种质疑发端于二程，后来之所以被朱熹所重视[⑥]，恐与杨时之承接密不可分。

---

① 张清江：《理学生死论辩中的性、形与气——以朱熹对张载“水冰”比喻的批评为中心》，《中国哲学史》2018 年第 2 期。

② （宋）朱熹：《答程允夫》，《晦庵先生朱文公文集》卷四十一，《朱子全书》第 22 册，第 1886 页。

③ （宋）黎靖德编：《朱子语类》卷九十九，第 2536 页。

④ 所谓“还元反本”，指的是张载解释万物生化之理时提到“形聚为物、形溃反原”[《正蒙·乾称》，《张子全书》（增订本）卷二，第 66 页] 的“反原”。

⑤ （宋）黎靖德编：《朱子语类》卷九十九，第 2537 页。

⑥ 蒙培元先生指出：“这确实指出了张载学说的困难，但程颐的气有生灭之说，却有更大的困难，他与世界物质不灭，能量守恒规律显然是矛盾的。但是从他的观点来看，作为能，既返之气，虽不是消灭，却不能再作功了。从这一点说，他又比张载的理论高明一些。”（见氏著《理学范畴系统》，第 15 页。）

此外，杨时还对张载“乾坤阖辟”之说提出了批评：

> 夫易，求之吾身，斯可见矣，岂应外求？张横渠于《正蒙》中曾略说破云：“乾坤之阖辟，出作入息之象也。”非见得彻，言不能及此。某旧作《明道哀辞》云：“通阖辟于一息兮，尸者其谁？”盖言易之在我也。人人有易，不知自求，只于文字上用功，要作何用？①

杨时针对横渠所论气之“阖辟”现象，提出应该重视“反身而诚”，把握“易之在我”的道理，向自身去求。这无疑对于张载学说重视的“防检”“穷索”之功有一定的批评。他警醒学者们要重视自我的修身实践，不能仅仅停留于“文字上用功”，此乃“体用分离”的表现，对于达至“圣贤”的理想目标是无益的。

> 张横渠深辟老子有无之论，莫有见于此否？曰：“然。才说无，便成断灭去，如释氏说‘空’，又曰‘非空’，到了费力。圣人只说易，最为的当。”因言孟子论“养气”，到此方见有功于前圣。曰：“孟子者，方是能晓易。如说‘必有事焉’，非见得分明，此说如何撰得？”②

我们知道，在张载的思想中，有着非常强烈的批判佛老的问题意识。而他将这种批判聚焦为“有无”与“虚实”两对范畴，尤重前者。他曾明确地说：“诸子浅陋，有有无之分，非穷理之学也。”③ 杨时亦认为“圣人只说易，最为的当”，此说与横渠之论相类：“大《易》不言有无，言有无，诸子之陋也。”④ 所以他才会说：“若谓虚能生气，则虚无穷，气有限，体用殊绝，入老氏‘有生于无’自然之论，不识所谓有无混一之常。”⑤ 张载提出本体与现象是“通一无二”的，本体与现象统一于“有”，也就是“气”，因而无所谓

---

① （宋）杨时：《语录四·南都所闻》二，《杨时集》卷十三，第379—380页。
② （宋）杨时：《语录四·南都所闻》二，《杨时集》卷十三，第381页。
③ （宋）张载：《正蒙·太和》，《张子全书》（增订本）卷一，第2页。
④ （宋）张载：《正蒙·大易》，《张子全书》（增订本）卷二，第31页。
⑤ （宋）张载：《正蒙·太和》，《张子全书》（增订本）卷一，第1页。

"无"，只不过本体之气无形，现象之气有形罢了。[①] 然而，这里我们在字里行间可以看出杨时对张载关于佛教的批评还是有不同的看法。在他看来，张载批佛恐不够全面、准确，有误读的倾向，恐"未尽善"，这一方面表现为其对佛教的态度偏激而片面，另一方面表现为其对佛教观点的理解有偏差，往往只是抓住一点而不及其余，从而影响了其对佛教思想更好的融摄与吸收。[②] 而杨时的观点后来也被朱熹所继承。[③]

此外，杨时还吸收了张载"气质之性"的思想，并就此作了更进一步的阐释：

> 横渠曰："形而后有气质之性，善反之则天地之性存焉。故气质之性，君子有弗性者焉。"又曰："德不胜气，性命于气；德胜其气，性命于德。"斯言尽之，更当深考之也。《中庸》曰："反身不诚，不顺乎亲矣。诚身有道，不明乎善，不诚乎身矣。"[④]

张载人性论中非常重要的一点即是提出了"天地之性"与"气质之性"两分的观点以及"善反"的修养方法。杨时以为张载的这些观点"斯言尽之"，对其意蕴"更当深考"。在杨时看来，人的善性是受阴阳二气而来。由此很容易产生杨时之学为"惟气一元论"的认识[⑤]：

---

① 高建立、王蕾：《佛道与宋代儒学内部结构调整研究》，河南人民出版社 2017 年版，第 196—197 页。

② 王心竹：《理学与佛学》，第 77 页。

③ 朱熹在《答吴伯丰》中曾言："横渠论释氏其言流遁失守，穷大则淫，推行则诐，致曲则邪，此语胜其他分析之说。然未详其相因之序而错言之，亦未尽善也。"（《晦庵先生朱文公文集》卷五十二，《朱子全书》第 22 册，第 2447 页。）

④ （宋）杨时：《答吕居仁》其一，《杨时集》卷二十一，第 573 页。

⑤ 陈钟凡认为，龟山之学为"惟气一元论"（参见《两宋思想述评》，东方出版社 1996 年版，第 138 页）；而何乃川、张培春认为龟山思想为"理一元论"［参见氏著《简论杨时的理一元论思想》，《厦门大学学报》（哲学社会科学版）1984 年第 4 期］；徐远和则认为，龟山虽有气论思想，但核心概念仍是"理"（参见氏著《洛学源流》，齐鲁书社 1987 年版，第 221 页）；王巧生则认为龟山是理本论，但又强调理气相即（参见氏著《二程弟子心性论研究》，湖北人民出版社 2016 年版，第 21 页）。

仲素问："横渠云'气质之性'，如何?"曰："人所资禀固有不同者，若论其本，则无不善。盖'一阴一阳之谓道'。阴阳无不善，而人则受之，以生故也。然而善者其常也，亦有时而恶矣。犹人之生也，气得其和，则为安乐人；及其有疾也，以气不和，则反常矣。其常者性也。此孟子所以言性善也。"①

这里杨时所讲的"人所资禀固有不同者，若论其本，则无不善。盖'一阴一阳之谓道'。阴阳无不善，而人则受之，以生故也，"其根本意思是强调人的善性是受之于道的，而非只是受之于阴阳之气，尽管具体表现上有差异，但根本上却是共同的，每一个个体都禀有善端。而在对性的理解中，如何把握"气质之性"则成为其人性论中重要的一环：

横渠说气质之性，亦云人之性有刚柔、缓急、强弱、昏明而已，非谓天地之性然也。今夫水，清者其常然也，至于汩浊，则沙泥混之矣。泥沙既去，其清者自若也。是故君子于气质之性，必有以变之，其澄浊求清之义欤?②

通观杨时之学，天理是最根本的，在人性论上，因此天所赋予的至善之性是最根本的，气禀或气质虽然能够限制主体，但是气质不是不可变的。他引用张载气质之性，以形象的"泥沙之喻"来说明张载所言之"变化气质"的深意，从而实现其所言之"澄浊求清"的人性修养目标。顺此而言，杨时对张载之"性善恶混"说也提出了自己的理解：

横渠言性未成则善恶混，亹亹而继善者，斯为善矣。恶尽去，则善因以亡。故舍曰善而曰成之者性。伯思疑此，以问。③ 伯思言："善与性，皆当就人言。继之为说，如子继父，'成'乃无所亏之名矣；若非人，即不能继而成之。曰：不独指人言，万物得阴阳而生，皆可言继之。善亦

① （宋）杨时：《语录三·余杭所闻》三十七，《杨时集》卷十二，第346—347页。
② （宋）杨时：《语录三·余杭所闻》三十七，《杨时集》卷十二，第346—347页。
③ （宋）杨时：《语录四·萧山所闻》一，《杨时集》卷十三，第393页。

有多般，如乾之四德，有仁、义、礼、智之不同，后人以配四时。若如四时，则春固不可为秋，冬固不可为夏，其实皆善也。元者，特善之长也；固出于道，故曰：'继之者善。'性则具足圆成，本无亏欠，要成此道，除是性也。今或以万物之性为不足以成之，盖不知万物所以赋得偏者，自其气禀之异，非性之偏也。孔子曰：'天地之性人为贵。'人之性特贵于万物耳，何常与物是两般性?"①

"性未成则善恶混"是张载论性观点的核心之一。在其"合两"与"成性"相统一的人性论中，对人之初"善恶混"状态的肯任，使得其"气质之性"与"人之性有刚柔、缓急、强弱、昏明"之说有效对应，也为性之成提出了必然的要求。唯有通过"知礼成性""变化气质"，方可不为外物所役使。这里杨时针对学者对张载"性善恶混论"的质疑，作了有效的解答。深入来看，主要是在讨论解释"一阴一阳之谓道，继之者善也，成之者性也"这个命题。在他看来，"继之者善也"并非专指人而言的，"万物得阴阳而生，皆可言继之"。他说乾之四德虽有所差异，然而皆为善之表现，均出于道。故此，从逻辑上自然可以推演出对"善"的超越性理解。杨时的理解充分说明了其对张载思想的准确把握。除此以外，他对张载的圣人观也表现出一定的认同：

孟子曰："天与贤则与贤，天与子则与子。"唐虞禅，夏后、商、周继，皆天也，圣人何容心哉？奉天而已。横渠先生曰："舜之孝，武王之武，圣人之不幸也。征伐岂其所欲哉？不得已焉耳。"故曰"未尽善"也。帝王之号，亦曰"时而已"，皆非有心迹之异也。②

张载在《正蒙·作者》中讲："舜之孝，汤武之武，虽顺逆不同，其为不幸均矣。'明庶物，察人伦'，然后能精义致用，性其仁而行。汤放桀有惭德而不敢赦，执中之难也如是。天下有道而已，在人在己不见其间也，'立贤无

① （宋）杨时：《语录四·萧山所闻》一，《杨时集》卷十三，第394页。
② （宋）杨时：《答学者》其一，《杨时集》卷二十一，第564页。

方’也如是。”[①] 杨时对此提出了自己的认识。在张载看来，舜的孝顺，商汤武王的英武，虽然身处的顺境和逆境不相同，但是他们遇到的不幸却是相同的。明察万物和人伦关系，然后才能使精义得到运用，本性中的仁爱思想才能实行。商汤流放夏桀而非斩杀他，是因为心中的德行让他不能赦免其罪行，因而选择将他流放，因为执持中正之道需要给他相应的惩戒，这是遵循道义的艰难之处；天下有正道在运行，在于人、在于自己的言行不会偏离中正之道，确立贤臣也没有固定的方法，因为一切也都是以不偏离中道为主。在如上的引文中，杨时表现出对张载思想的认同，当然他不是像张载一样从“执中”这一对中道践行的角度去把握，而是从“时”的意义去理解。

### 三　杨时对张载的整体评价

杨时继承了其师二程对张载的总体评价，并且本着程门立场，提出了著名的“横渠之学源于程氏”之说：

> 横渠之学，其源出于程氏，而关中诸生尊其书，欲自为一家。故余录此简以示学者，使知横渠虽细务必资于二程，则其他故可知已。[②]（末署“大观元年八月己卯”）

杨时提出该观点乃是在大观元年（1107）八月，此时距离程颐去世约有两个月。此说在程门诸弟子中产生了较为广泛的影响，在一定意义上成为此后思想界尤其是朱子学中最为重要的关洛关系的衡准和标尺。

> 论横渠，曰：“正叔先生亦自不许他。”曰：“先生尝言自孟子之后无他见识，何也？”曰：“如彼见识，秦、汉以来何人到得？”论与叔，曰：“正叔先生尝言，与叔只是守横渠说，更不肯易，才东边扶得起，又倒从西边去。”此二人为常有疑焉，故问。[③]
>
> 《正蒙》之书，关中学者尊信之与《论语》等，其徒未尝轻以示人，

---

① （宋）张载：《正蒙·作者》，《张子全书》（增订本）卷二，第23—24页。

② （宋）杨时：《跋横渠先生书及康节先生人贵有精神诗》，《杨时集》卷二十五，第692页。

③ （宋）杨时：《余杭所闻》七，《杨时集》卷十三，第365页。

盖恐未信者不惟无益，徒增其鄙慢尔。如《西铭》一篇，伊川谓与孟子“性善”、“养气”之论同功，皆前圣所未发也。详味之，乃见其用意之深。①

张载于1077年去世，其学说在关中被其弟子所坚守。作为张载学说之集大成的《正蒙》，被学生尊信之如《论语》。对于其师之《正蒙》，张载门人弟子不随意给他人看，唯恐被误解而滋生不必要的麻烦。杨时继承了二程对《西铭》的看法，对其评价较高。总体上，杨时展现出与二程较为一致的扬《西铭》而贬抑《正蒙》的倾向。该评价基本上被后世包括朱熹在内的主流思想家所认同，对南宋以降对张载思想的总体评价产生了深远的影响。

如前所论，从总体上来看，杨时“承洛启闽，使闽学成为南宋学术之大宗”②。作为张程与朱熹之间非常重要的思想承接纽带，他对关洛学派思想关系的衡定既展现出对二程思想的继承性，也展现出对张载部分思想吸收后的有益弘扬。但整体而言，他对二程思想建构中张载作为其重要言说对象的意义有所忽视。

## 第二节　吕大临视野中的二程

吕大临在关洛学派中的特殊地位已被学界所充分认识，他不仅是张载的弟子，也是张载关学弟子中唯一有系统著作传世者。张载逝后，吕大临师事二程，成为二程的门人，而且是作为“程门四先生”之一。③ 今天我们在《二程集》中所看到的相当一部分反映二程思想的论著、语录皆撰、录于吕大临之手，像《东见录》《中庸解》《识仁篇》《论中书》《克己铭》等。这些

① （宋）杨时：《答胡康侯》四，《杨时集》卷二十，第541—542页。

② 郭庆财：《南宋的学派之争与文学嬗变》，人民出版社2020年版，第14页。

③ 《宋史》卷三四〇《吕大临传》：“大临字与叔。学于程颐，与谢良佐、游酢、杨时在程门，号‘四先生’。通《六经》，尤邃于《礼》。……元祐中，为太学博士，迁秘书省正字。范祖禹荐其好学修身如古人，可备劝学，未及用而卒。”（《宋史》，第10848—10849页。）其事迹又见于雍正《陕西通志》卷九三（雍正十三年刊本），又参见《东都事略》卷八九，《宋全文续资治通鉴》卷一三，《朱子语类》卷一〇一，《国朝二百家名贤文粹》卷三〇、卷三一、卷三三、卷一〇〇、卷一〇三、卷一〇四，冯从吾《关学编》卷一《与叔吕先生》，张舜典《明德集》，张骥《关学宗传》卷四《吕与叔先生传》等。

材料既展现了二程的思想，同时也反映了吕大临与二程之间的论疑辩难。因此，作为一个初学于关学后学于洛学的学者，吕大临身上所反映的关洛思想的交锋与融通，本身即应该成为我们今天探讨关学与洛学思想关系的重要材料。① 这些都决定着兼传关洛之学的吕大临，其思想在宋明理学中所具有的特殊地位。当学界提出应通过内在化，即注重吕大临自身问题意识的研究方式以还原吕大临思想这一观点时②，我们实际上对此还是要有所警醒。身处关洛思想争鸣讨论热烈之时的吕大临，其思想的独立性自毋庸置疑，但其价值实际上更在展现关洛之辩上。全祖望曾言："关学之盛，不下洛学，而再传何其寥寥也？亦由完颜之乱，儒术并为之中绝乎？《伊洛渊源录》略于关学，三吕之与苏氏，以其曾及程门而进之，余皆亡矣。"③ 在全祖望看来，吕氏兄弟和苏昞转学二程，乃是造成关学凋敝的原因。这一提法固然有其合理性，但其背后却有着过于强烈的"门户之见"。也正是缘于此，后世才有学者提出"关学洛学化"的观点，并以吕大临为代表。所以，我们有必要对于学承关洛的吕大临与张程的关系再作考察，以进一步明晰关洛学派的思想关系。

## 一　学承关洛

吕大临（1040—1093），字与叔，乃吕大忠、吕大防、吕大钧之弟。原籍汲郡（今河南卫辉市西南），祖父葬蓝田（今陕西蓝田）后，遂为蓝田人。生平无意仕进，修身好学，行如古人，博通六艺，尤邃于礼。熙宁三年（1070），张载辞官返乡，退居横渠，潜心治学。吕大临约于此时学于张载。熙宁十年（1077）张载去世。根据《关学学术编年》考证，约在宋神宗元丰

① 陈俊民先生早在上个世纪整理蓝田吕氏遗著时，就已注意到吕大临对于研究关洛思想关系的重要意义，他先后出版、发表《张载哲学思想及关学学派》（人民出版社 1986 年版），《吕大临易学发微》（新加坡东亚研究所 1987 年版）、《论吕大临易学思想及关学与洛学之关系》（上、下）（《浙江学刊》1991 年第 2、3 期）等。文碧方在此基础上有所推进，其博士学位论文就是沿着陈先生对吕大临基本认识的思路予以展开，只是刻意地将其思想划分为关学阶段、洛学阶段，之后在出版时对此有所调整。他在《关洛之间——以吕大临思想为中心》（中华书局 2011 年版）中明确指出："如果以吕大临思想为中心，透过其思想来把握和探讨张载思想、二程思想以及他们之间的关系，那么，这应不失为关学、洛学研究中的一条新的路径，也显然能推进和深化关学、洛学的研究。"（见该书第 3 页）

② 邸利平：《道由中出——吕大临的道学阐释》，中华书局 2020 年版。

③ （清）黄宗羲原著，全祖望补修：《宋元学案》卷十八《横渠学案》，第 6 页。

二年己未（1079）前后，吕大临、吕大忠、吕大钧、苏昞等关中学者先后入洛，师事二程。[①]《河南程氏遗书》卷二上《二先生语二》："元丰己未吕与叔东见二先生语。"[②]《关学编》卷一《与叔吕先生》："先生（吕大临）学通《六经》，……少从横渠张先生游，横渠殁，乃东见二程先生，卒业焉。"[③]"（吕大临）初学于横渠，横渠卒，乃东见二程先生，故深淳近道，而以防检穷索为学。"[④] 在程门与谢良佐、游酢、杨时并称"程门四先生"。在蓝田吕氏兄弟中，吕大临的思想最为深刻：论《易》，继承了张载易学"天人一体"的架构和程颐易学的传注形式，参证儒家典籍，推天道而明人道；论礼，继承张载"以礼为教""知礼成性、变化气质"的思想，主张"存心治身""礼所以正心修身"的思想；论"中"，提出了"居尊守中"的思想，并从人伦规定、社会秩序、精神境界等方面做出了深入探讨。总体看来，吕大临思想中既有张载关学独特的易道宇宙论，也有二程识仁、体认天理的工夫趋向，尤其突出了以关学涵摄洛学的特点。

《续资治通鉴长编》卷四七二载："（元祐七年四月）礼部侍郎兼侍讲范祖禹言：'臣伏见王存端方厚重，素有人望，前已执政，若使之进读，足以重经筵之选。……吕大临是大防之弟，修身好学，行如古人，臣虽不熟识，然知之甚久，以宰相之弟，故不敢言。陛下素知臣不附执政，又臣已乞外任，故不自疑，望陛下记其姓名，以备他日选用。'"[⑤]《宋元学案》卷三一《吕范诸儒学案》："吕大临，字与叔，和叔之弟。兄弟俱登科，惟先生不应举，以门荫入官，曰：'不敢掩祖宗之德也。'元祐中，为太学博士、秘书省正字。范学士祖禹荐其修身好学，行如古人，可充讲官，未及用而卒。"[⑥] 宋哲宗元

---

① 《关学学术编年》指出："据《二程集》中'元丰己未吕与叔东见二先生'及'附东见录后'中，屡次提及吕大临问学二程的言论，及二程对吕大临、吕大钧、吕大忠等人的评价。此外，《关学编》《宋元学案》载张载殁后，三吕东去求学于二程。故推测，虽然吕大忠等人师事二程的时间不确切，但也应约在吕大临入洛前后不久，故暂置此事于是年。"（王美凤、张波、刘宗镐：《关学学术编年》，西北大学出版社 2015 年版，第 77 页。）

② （宋）程颢、程颐：《河南程氏遗书》卷二上，《二程集》，第 13 页。

③ （明）冯从吾撰：《关学编（附续编）》卷一，第 11 页。

④ （清）黄宗羲原著，全祖望补修：《宋元学案》卷三一《吕范诸儒学案》，第 1105 页。

⑤ （宋）李焘：《续资治通鉴长编》卷四七二，中华书局 2004 年版，第 11276 页。

⑥ 其事迹又参见朱熹《伊洛渊源录》卷八所录相关《祭文》、周汝登《圣学宗传》卷八、冯从吾《关学编（附续编）》卷一《与叔吕先生》、张舜典《明德集》、孙奇逢《理学宗传》卷一五等。

祐二年（1087）三月，文彦博举荐吕大临。[①] 吕大临受范祖禹的举荐，但未及用，于元祐八年（1093）去世，年 54 岁。

从总体上来看，吕大临的学术历程大体上可以划分为三个阶段，第一阶段是 1070 年以前，乃是吕大临自主学术探索时期；第二阶段，从 1070 年到 1077 年，即 31 岁到 38 岁这段时间，乃为从学于张载的关学时期；第三阶段，从 1079 年东见二程到 1093 年去逝，乃为师从二程学习的洛学阶段。[②]

关于吕大临的思想定位问题，有学者认为：吕大临出生并主要生活在关学的活动中心关中，而其后又投奔了洛学的二程。假如按照上述学者划分学派的标准，则吕大临在不同层面上是可属于理学、心学、性学和气学的，因为就吕大临学术的生存空间而言，这些学派的划分标准在任何一个哲学家那里都不具有鲜明的特色，将之作为评判吕大临学派归属的论衡很显然是不妥当的。"[③] 刘学智认为："无论是认为吕大临的'洛学转向'促进了关学的'义理化'，还是认为'洛学转向'丢掉了关学的某些特点，都未必是切合实际的。考察吕大临在关洛之学中的位置，必须注意两个方面的问题：其一，张载在世时，关学和洛学在建立自己的理论体系时就不断讨论，但讨论的最后结果不是全然的对立，也不是全然的合一，而是形成了两种既有同也有异的理学形态，在共同的'道学'前提下，其中既有关注重心的不同，也有工

---

① （宋）李焘《续资治通鉴长编》卷三九六："（元祐二年三月）太学博士吕大临、太常博士杨国宝并令中书省记姓名。皆以文彦博荐也。先是，侍御史王岩叟言：'臣风闻文彦博特荐四人，乞朝廷不次擢用。其间杨国宝、吕大临二人，是见任执政之亲，士大夫口语籍籍，以为不平。此荐之有无，臣不可知，既有所闻，不敢不告。窃以执政之亲，虽是贤材，陛下许其不避嫌而用之，若其贤非素信于天下，则天下之人一见进用，必不称其贤，便谓用之出于私意。朝廷虽自信不疑，然人之多言亦不可不畏尔。况国宝已擢为太常博士，大临已擢为太学博士，皆儒学高选，不为沈抑。不若且养之以重其名实，待他日亲嫌之大臣去位，躐等用之，无所不可。初既不损清议，又不终失贤材，上下两得，岂不美哉？不然，恐失天下寒士之心，于圣德不为有益。伏望陛下用人之际，常以先寒素为意，以慰公议。臣闻耆旧之说，本朝贤相王旦执政之日，不令弟应举，恐妨孤寒进路，至今天下称其美。'"（第 9652 页）据《关学学术编年》考证："根据《续资治通鉴长编》记载元祐二年三月宋哲宗命中书省办理录用吕大临为太学博士之事，推测吕大临极有可能约在此时稍前被文彦博所举荐。虽然文彦博的举荐遭致王岩叟的阻荐，其理由是吕大临为'执政之亲'，即为吕大防的弟弟，不宜晋职，'恐妨孤寒进路'，但是王氏的阻荐并未被哲宗所采纳。"（第 89 页）

② 陈海红：《吕大临理学思想研究——兼论浙东学派的学术进程》，浙江工商大学出版社 2013 年版，第 1 页。

③ 陈海红：《吕大临理学思想研究——兼论浙东学派的学术进程》，第 8 页。

夫入手路径的不同。站在某种形态来评论另一种形态，必然会偏离历史事实。其二，吕大临道学思想的意义并不能仅仅放在关洛学派的视野中考察，吕大临固然受张载和二程的影响，但其成熟的思想必然有其自身的特色，而这一特色是在其自身的理论框架和实践过程中得以确立的。”① 这两个观点都重视吕大临个人的学术探索和独立的理论探讨，确实是研究吕大临思想一条重要的路径。但是，我们对于吕大临兼承关洛的学术特点也着实不可完全忽视。“吕大临实际上是同张载、二程一道参与理学思想的创发与奠基的。只不过由于他独特的学术经历，曾师事过张载与二程，并且寿命不永，才形成了他特殊的思想定位。或者说，在理学的形成与发端这一过程中，一方面，吕大临为后世理学家提出了一些值得认真探讨的课题；另一方面，他对张载、二程思想的拣择与综合，又为后世学者提供了重要的学术参考。”② 也正是缘于此，学界在探讨关洛思想关系时往往以其为突破口。在过去的研究中，有关吕大临与张程之间的思想比较的研究已为数不少，笔者拟在此转换一下视角，力图通过吕大临的眼光和视角来考察一下他对二程的学术评价，以此来探究关洛关系。

## 二　吕大临与二程的学术讨论

元丰二年（1079），程颢知扶沟县，程颐随往，吕大临往见二程问学并载于语录，后世称之为《东见录》，后被朱熹编入《河南程氏遗书》（卷二上），并广为流传。《东见录》乃张载去世后，吕大临东入洛阳与二程初见时的问学记录。此乃吕大临首次亲身感受到关洛思想的异同，对其之后的学术历程产生了重要影响。在二程的诸多语录中，《东见录》因记载较早，内容较多，且向来被认为较为准确地记载了二程的思想而获得了较高的评价。其中既有二程关于天理本体论的论断，也有关于他们对“识仁”“养心”“诚敬”等修养工夫的指点。尤其是在对张载之学的评价上，初步展现出张载去世之后二程对张载之学的态度。

张载去世后的第三年，即1080年，吕大临陪同程颐西行至关中雍州、华

---

① 刘学智：《关学思想史》，第154页。

② 陈海红：《吕大临学术思想研究——兼论浙东学派的学术进程》，第7页。

州，当时“关西学者相从者六七人”。程颐所讲集为《入关语录》，记录者即为吕大临。程颐并作《雍行录》。《河南程氏文集》卷八《雍行录》中程颐云：“元丰庚申岁，予行雍、华间，关西学者相从者六七人。……至雍，以语吕与叔曰：‘人之器识固不同。自上圣至于下愚，不知有几等。同行者数人耳，其不同如此也！’与叔曰：‘夫数子之言何如？’予曰：‘最后者善。’与叔曰：‘诚善矣。然观先生之言，则见其有体而无用也。’”① 吕大临“见其有体而无用”的评价，引起了程颐的共鸣。《入关语录》在二程生前即已广泛流传，② 程颐在其中对吕大临的极高评价在程门中亦被大家所广泛了解。

冯从吾在《关学编》中对吕大临的思想发展历程作了如下的总结：“少从横渠张先生游。横渠殁，乃东见二程先生，卒业焉。与谢良佐、游酢、杨时在程门号‘四先生’。纯公语之以‘识仁’，先生默识深契豁如也，作《克己铭》以见意。”③ 这一定位被《宋元学案》所接受。吕大临的这一地位，恐与由吕大临所记录后被收入《二程遗书》的《识仁篇》有密切关系。如前所言，在现代学术背景下，陈俊民先生较早对于吕大临的所谓“洛学化”转向作了较为详细的探讨，陈先生指出：“关学赢得了洛学‘涵泳义理’、空说心性的特点，却日渐丧失了它‘正而谨严’、‘精思力践’的古朴风格，开始‘洛学化’。”④ 这一说法曾经被广泛接受，近年来遭到学界的质疑。⑤ 如果说吕大临的思想在入洛以后完全洛学化或者并未改变关学的立场和宗旨，恐怕都有失公允，且与吕大临自身独立的学术追求和理论探索精神是不相符的。张载逝后东入洛阳求学二程，乃是吕大临的自我主体选择，二程的理论魅力当在吕大临东去之前已有所展现。从这个意义来说，吕大临在其入洛之后，或多或少受到二程思想的影响，这当是一个不争的事实。

以往在论及吕大临受二程影响这一问题时，首先谈到的就是吕大临受程颢“识仁”点拨之后所作的《克己铭》：

---

① （宋）程颢、程颐：《河南程氏文集》卷八，《二程集》，第 587 页。又参见《伊洛渊源录》卷八、《性理群书句解》卷八、《全宋文》卷一七五七等。

② 赵振：《试论二程语录在二程学术体系中的地位》，《山西师范大学学报》（社会科学版）2009 年第 3 期。

③ （明）冯从吾撰：《关学编（附续编）》卷一，第 11 页。

④ 陈俊民：《张载哲学思想与关学学派》，第 18 页。

⑤ 刘学智：《关学思想史》，第 153 页。

凡厥有生，均气同体。胡为不仁？我则有己。立己与物，私为町畦，胜心横生，扰扰不齐。大人存诚，心见帝则；初无吝骄，作我蟊贼。志以为帅，气为卒徒，奉辞于天，孰敢侮予？且战且徕，胜私窒欲，昔焉寇仇，今则臣仆。方其未克，窘我室庐，妇姑勃蹊，安取厥余。亦既克之，皇皇四达，洞然八荒，皆在我闼。孰曰天下，不归吾仁？痒疴疾痛，举切吾身。一日至之，莫非吾事；颜何人哉，晞之则是。①

《克己铭》是吕大临问学程颢后最为重要的思想成果，是默识程颢《识仁篇》的产物。其主题是“克己归仁”。具体来说，就是解决“均气同体”的有生之物为何不仁？在他看来，原因在于“有己”。“有己”则有了己与物之间的隔阂，所以需要“克己”。张载主张“强学以胜其气习”，于是便需“防检”“穷索”之功。在程颢看来，人识得“仁者浑然与物同体”之理，然后“以诚敬存之而已”，就无须穷索与防检。吕大临在此首先肯定了“气”的正面作用，人和物通过气之感通作用方可实现“同体”效应，所以，在其思想中，“气质”并不能成为道德修养中需要“防检”工夫的理由。实际上在他看来，真正需要做的是打破人为的人与物之间的隔阂，实现物我一体、物我交融。所以，从这个意义来说，“克己”与张载的“强学以胜其气习”的工夫没有太大差别。从本质上来看，吕大临这里所说的“克己”就是指打破自己身上“气质之性”对“天地之性”的负面影响，从而使人的身心完全成为本然之性的发用流行。② 而程颢“识仁”之语之所以能够对吕大临产生影响，关键在于其所倡导的心即性即天的思路超越、取消了天人、主客、内外、理气等的彼此对待和分隔，直接致力于本心的呈现与彰显，其“识仁之方”正是呈现与彰显此本心的决定性原则和最直接的门径。正是在程颢的启发下，吕大临开始从唯理的、对待性的思考转向内在性的体认存养之实践。③

我们知道，在吕大临思想中，最核心且一以贯之的就是他对于中道思想的坚持。在与二程的讨论过程中，其中道思想又在不断地细化和完善，其中

① （宋）吕大钧、吕大临等著，陈俊民辑校：《蓝田吕氏遗著辑校》，第404—405页。
② 刘学智：《关学思想史》，第157页。
③ 文碧方：《关洛之间——以吕大临思想为中心》，第222—223页。

最为重要的两个文本即是《论中书》和《中庸解》。

“吕与叔云：‘圣人以中者不易之理，故以之为教。’如此，则是以中为一好事，用以立教，非自然之理也。”先生曰：“此是横渠有此说。所以横渠没，门人以‘明诚中子’谥之，与叔为作《谥议》，盖支离也。西北人劲直，才见些理，便如此行去。又说出时，其他又无人晓，只据他一面说去，无朋友议论，所以未精也。”①

吕大临与程颐关于中道的讨论最集中地体现于《论中书》。吕大临提出“中者道之所由出”的观点，而程颐则认为“此语有病”。但是，吕大临并没有因为程颐的观点而改变自己的立场。吕大临与程颐的分歧实质上是对心性关系的理解不同：吕大临坚持心性为一，认为未发为心之体，已发为心之用。而程颐则否定这一点，认为性为未发，心为已发。② 二者相异的原因恐怕在于其理论建构目的不同。吕大临关心的是如何“立教”或实践的问题，因此不但要确立一个价值本体，而且这个本体必须是能动的，这就有了对“中”与“道”关系的理解；而程颐则关心的是表达层面的问题，故而提出“此语有病”“词之未莹”。在讨论中，程颐也在反复推敲、斟酌如何理解“中”与“心”的关系问题，他也感觉到“大抵论愈精微，言愈易差”③，于是，在讨论过程中不断修正吕大临的想法，同时也在不断调整自己的想法。吕大临虽然也承认自己有“命名未当”处，但更多地则是在反复证明其论断的合理性，他为自己的论证找寻各种经典依据，同时强调付诸实践。在讨论中，尽管吕大临有自己强烈的思想出发点和问题指向，但是程颐对其的影响却着实不容忽视。正是在程颐对其“辞命不明，言不逮意”的批评指摘中，吕大临的理论才不断趋于成熟、完善。

在《论中书》中，吕大临认为中与道，大本与达道，中与和，不可为二。他认为中即性，中就是体，所以他说“中者道之所由出”。而程颐则认为大本是体，不可与性本身混为一谈，“道无不中”，但不谓道就是中。吕大临认为

① （宋）黎靖德编：《朱子语类》卷一〇一，第2561页。

② 刘学智：《关学思想史》，第158页。

③ （宋）吕大钧、吕大临等著，陈俊民辑校：《蓝田吕氏遗著辑校》，第348页。

赤子之心即谓之中，而程颐则认为赤子之心不可谓之中，若谓之中，则乃是不识大体。归纳起来，可以看出，吕大临和程颐的分歧在于他们对于中的理解不同，吕大临以中为形上，为名词，为道体，乃道之源泉；程颐则虽然承认有道体的存在，然而他认为不可以将描述性的本然状态的中实体化。而这则根于他们对于心性看法的差异。吕大临所讲的赤子之心实际上是孟子所说的良心、本心，是先验的道德主体，本心与性的关系为本心即性，所以在他看来，中既可以状性之德，亦可状性之体；而程颐所理解的赤子之心，则是包括了知、情、意在内的与性不同的心，所以他认为中只可以状性之德，不可以状心。① 中和问题，实际上是内在之心性之大本之中，如何表现为达道之和、中节之发的问题。这是伊川之学所必然引发的问题，其实质，“原是在以心之发为敬者，对治心之发之为不合理之闲杂思虑，而引出者也”②。在唐君毅先生看来：“在此伊川与其门下讨论此心之未发已发中和之问题之言看，伊川对此问题，不能谓为善答，亦未能解决此中之问题。”③ 伊川除与吕大临讨论中和外，亦与苏昞讨论，但与吕大临之讨论影响更为深远。后湖湘学派、朱熹的中和说莫不发端于此。所以，程颐与其弟子之间的中和之辩，不但重新激发了儒家经典《中庸》的诠释活力，而且也深刻影响了宋明道学中各派的中和观。④

在这场讨论之后，吕大临经过一番沉淀，对二程洛学“涵泳义理”“以理为本”的思想有了更深的体会，当然，他在有关从心之体的角度理解中的问题上依然展现出自己的理性和坚持。

吕大临在太学博士任上曾为太学诸生讲授《中庸》，其对《中庸》的推崇在其《礼记解》中已充分展现出来：“《中庸》之书，圣门学者尽心以知性，躬行以尽性，始卒不越乎此书。孔子传之曾子，曾子传之子思，子思述所授之言，以著于篇，故此书所论，皆圣人之绪言，入德之大要也。”⑤ 在《中庸解》中他舍弃了“中者道之所由出”的观点，而代之以“理之所自出

---

① 陈来主编：《早期道学话语的形成与演变》，安徽教育出版社 2007 年版，第 111 页。
② 唐君毅：《中国哲学原论》（原教篇），第 128 页。
③ 唐君毅：《中国哲学原论》（原教篇），第 128 页。
④ 陈来主编：《早期道学话语的形成与演变》，第 120 页。
⑤ （宋）吕大钧、吕大临等著，陈俊民辑校：《蓝田吕氏遗著辑校》，第 172 页。

而不可易者，是谓之中”[①] 的思想。在这里，他将自己长期关注的“中”与二程强调的“理”联系起来，展现出对洛学思想的吸收和继承。在他看来：“理之所不得已者，是谓化育。”[②] 借助于二程之理对于中与化育进行了新的诠释，并且结合其所强调的“天德”进一步丰富了中的内涵。由“天德”之不倚于物，即是“中”，由此就可达至“厚”“深”“大”的境界。很显然，“不倚”的“中”成了天德的同义语。

关于《中庸解》的作者。晁公武《郡斋读书志》、陈振孙《直斋书录解题》、尤袤《遂初堂书目》等均未载吕大临撰有《中庸解》。而晁公武《郡斋读书志》卷二却载“明道《中庸解》一卷”，并云：“右皇朝程颢撰。陈瓘得之江涛，涛得之曾天隐，天隐得之傅才孺，云李丙所藏。明道者，颢之私谥。”[③] 马端临《文献通考》卷一八一从此说。《河南程氏经学》宋刻本原只有7卷。据陈振孙《解题》可知，此7卷中并没有《中庸解》。故而，针对程颢著《中庸解》说，历来有学者加以辨析，尤以庞万里先生在《二程哲学体系》和张波在《张载年谱》中的辨析最为精到。

尽管程颢确实非常重视对《中庸》的研究，曾以《中庸》教授杨时，这在杨时的《中庸义序》中有明确说明：“予昔在元丰中，尝受学明道先生之门，得其绪言一、二，未及卒业而先生殁。继又从伊川先生。未几先生复以罪流窜涪陵，……于是追述先生之遗训，著为此书。”[④] 这里杨时认为二程皆无《中庸解》传世，其为了追述两先生关于《中庸》之遗训，方著《中庸义》。程颐则在《明道先生行状》中说：“先生进将觉斯人，退将明之书；不幸早逝，皆未及也。其辨析精微，稍见于世者，学者之所传尔。”[⑤] 也说明程颢未及将自己对《中庸》的见解撰写成书。此外，程颐曾作《中庸解》，虽然“书已成”，但“自以为不满意，焚之矣”[⑥]，未能流传。程颐的长子程端中使其侄程昺编次《伊川先生遗文》，程端中于宋徽宗政和二年（1112）为

---

① （宋）吕大钧、吕大临等著，陈俊民辑校：《蓝田吕氏遗著辑校》，第344页。
② （宋）吕大钧、吕大临等著，陈俊民辑校：《蓝田吕氏遗著辑校》，第344页。
③ （宋）陈振孙撰，孙猛校证：《郡斋读书志校证》，第79页。
④ （宋）杨时：《中庸义序》卷十一，《杨时集》卷二十五，第674页。
⑤ （宋）程颢、程颐：《河南程氏文集》卷十一，《二程集》，第638页。
⑥ （宋）真德秀：《真文忠公读书记》卷三十，第82页。

该书作序，在注解中说："先生有《易传》六卷，《系辞说》《书说》《诗说》《春秋传》《改正大学》《论孟说》各一卷，别行。"① 其中别行的经解中也无《中庸解》。可见《中庸解》非程颐所作为确。

那么，《中庸解》的作者到底为何人呢？杨时所编的《河南程氏粹言》卷一载："吕大临曰：'信哉！实有是理，故实有是物；实有是物，故实有是用；实有是用，故实有是心；实有是心，故实有是事。'"② 经考察，《中庸解》中有："夫诚者，实而已矣。实有是理，故实有是物；实有是物，故实有是用；实有是用，故实有是心；实有是心，故实有是事。"③ 二者表述完全一致，说明在杨时看来，《中庸解》乃为吕大临所作。另胡宏《题吕与叔〈中庸解〉》云："靖康元年，河南门人河东侯仲良师圣自三山避乱来荆州，某兄弟得从之游，议论圣学必以《中庸》为至。有张焘者，携所藏明道先生《中庸解》以示之。师圣笑曰：'何传之误！此吕与叔晚年所为也。'焘亦笑曰：'焘得之江涛家，其弟子云然。'……后十年，某兄弟奉亲，南止衡山，大梁向沈又出所传明道先生《解》，有莹中陈公所记，亦云此书得之涛。某反覆究观词气，大类横渠《正蒙》书，而与叔乃横渠门人之肖者。征往日师圣之言，信以今日己之所见，此书与叔所著无可疑明甚。"④ 可见，胡宏从侯师圣处得知《中庸解》非程颢所作，乃为吕大临晚年所为。朱熹门人杨道夫问："《明道行状》谓未及著书，而今有了翁所跋《中庸》，何如？"朱熹答："了翁初得此书，亦疑《行状》所未尝载，后乃谓非明道不能为此。了翁之侄几叟，龟山之婿也。翁移书曰：'近得一异书，吾侄不可不见。'几叟至，次日，翁冠带出此书。几叟心知其书非是，未敢言。翁问曰：'何疑？'曰：'以某闻之龟山，乃与叔初年本也。'翁始觉，遂不复出。近日陆子静力主以为真明道之书。某云：'却不要与某争。某所闻甚的，自有源流，非强说也。'"⑤ 朱熹《四书或问》云："曰：吕氏之书，今有二本，子之所谓旧本，则无疑矣。所谓改本，则陈忠肃公所谓程氏明道夫子之言而为之序者，子于石氏《集解》

① （宋）程颢、程颐：《二程集·目录》，第24页。
② （宋）程颢、程颐：《论道篇》，《河南程氏粹言》卷一，《二程集》，第1169页。
③ （宋）程颢、程颐：《河南程氏经说》卷八，《二程集》，第1160页。
④ （宋）胡宏：《胡宏集》，中华书局1987年版，第189页。
⑤ （宋）黎靖德编：《朱子语类》卷九十七，第2494—2495页。

虽尝辨之，而论者犹或以为非程夫子不能及也。奈何？曰：是则愚尝闻之刘、李二先生矣。旧本者，吕氏太学讲堂之初本也。改本者，其后所修之别本也。陈公之序，盖为传者所误而失之，及其兄孙几叟具以所闻告之，然后自觉其非，则其书已行而不及改矣。近见胡仁仲所记侯师圣语，亦与此合。盖几叟之师杨氏，实与吕氏同出程门，师圣则程子之内弟，而刘、李之于几叟，仁仲之于师圣，又皆亲见而亲闻之，是岂胸臆私见、口舌浮辩所得而夺哉！若更以其言考之，则二书详略虽或不同，然其语意实相表里，如人之形貌，昔腴今瘠，而其部位神采，初不异也，岂可不察而遽谓之两人哉？又况改本厌前之详，而有意于略，故其词虽约，而未免反有刻露峭急之病，至于词义之间，失其本指，则未能改于其旧者，尚多有之，校之明道平日之言，平易从容而自然精切者，又不翅碔砆之与美玉也。于此而犹不辨焉，则其于道之浅深，固不问而可知矣。"①《朱子语类》卷六二："向见刘致中说，今世传明道《中庸义》是与叔初本，后为博士演为讲义。""尚恐今解是初著，后掇其要为解也。"② 朱熹是胡宏兄弟胡宪的学生，而与朱熹有着多年学术讨论的张栻又师从于胡宏，或可推断，朱熹认为吕大临作《中庸解》之说乃是从胡宏处而来。

综上可见，《中庸解》误传为程颢所作大致如晁《志》所云"陈瓘得之江涛，涛得之曾天隐，天隐得之傅才孺"③。二程为华阴侯氏之甥，侯师圣为二程内弟，少孤，为二程养育成人，从学二程最久，其辨作者为吕大临，当不误。杨时为二程弟子，与吕大临同门，而魏几叟又为杨时弟子及女婿，魏氏所云杨时语也应属实。由此可见，《中庸解》为吕大临所作当属实。虽然，程颢生前也多谈《中庸》，但并未撰写著作；然而，程颢的思想的确对吕大临产生了重要影响，诸如吕大临以"中"论"本心"、"反本之要，吾心诚然而已"④ 等观点具有明显的程颢思想的痕迹。这或为后人误以为吕书为程颢所作的原因。

历史上关于《中庸解》的作者问题之争，实际上也在一定程度上展现出

---

① （宋）朱熹：《四书或问》，上海古籍出版社、安徽教育出版社 2001 年版，第 53—54 页。

② （宋）黎靖德编：《朱子语类》卷六十二，第 1485 页。

③ （宋）晁公武撰，孙猛校证，《郡斋读书志校证》，第 79 页。

④ （宋）程颢、程颐：《中庸解》，《河南程氏经说》卷八，《二程集》，第 1164 页。

吕大临与程颢思想历史认同的争议。他们二人在关于“中”的问题理解上的近似性，成为整个问题产生的渊源之所在。但《中庸解》除了有程颢思想的影响外，尚有不少程颐和张载思想的痕迹。如其所倡“思”说：“人心至灵，一萌于思，善与不善，莫不知之。”[①] “故思成己，必思所以成物，乃谓仁知之具也。”[②] 其间也有程颐“一于理”的观点，“复于故，则一于理。”[③] 吕大临认为通过致曲，恢复原有的天理本性，则可一于理。故其言：“吾生所有，既一于理，则理之所有，皆吾性也。”[④] 另外，还讲：“实有是理，故实有是物；实有是物，故实有是用；实有是用，故实有是心；实有是心，故实有是事。”[⑤] 尽管吕大临对理的理解和程颐不完全一样，但仍可从上述引文中看出程颐对他的影响。此外，吕大临在《中庸解》里，还对二程的至诚感通理论进行了理论评析：“诚一于理，无所闲杂，则天地人物，古今后世，融彻洞达，一体而已。兴亡之兆，今之有思虑，如有萌焉，无不前知。盖有方所，则有彼此先后之别。既无方所，彼即我也，先即后也，未尝分别隔碍，自将达乎神明，非特前知而已。”[⑥] 二程认为至诚则能不受时空限制而有感必通，体现了其万物贯通于一理的观点，当然其中也有张载“大心”的天德良知的思想影响。吕大临《中庸解》中的不少表述都与张载语有相似之处。如《中庸解》中讲：“尽己之性，则天下之性皆然，故能尽人之性。蔽有浅深，故为昏明；蔽有开塞，故为人物。”[⑦] 张载讲：“凡物莫不有是性，由通蔽开塞，所以有人物之别；由蔽有厚薄，故有智愚之别。”[⑧] 具有高度的相似性，显示出吕大临对于张载思想的继承。

由以上可见，《中庸解》是以程颢的本心义、一元论、性无内外和反省本心的观点为主线，同时糅合了程颐的理本论、与理为一的观点，又吸收了张

---

① （宋）程颢、程颐：《中庸解》，《河南程氏经说》卷八，《二程集》，第1152页。
② （宋）程颢、程颐：《中庸解》，《河南程氏经说》卷八，《二程集》，第1161页。
③ （宋）程颢、程颐：《中庸解》，《河南程氏经说》卷八，《二程集》，第1160页。
④ （宋）程颢、程颐：《中庸解》，《河南程氏经说》卷八，《二程集》，第1159页。
⑤ （宋）程颢、程颐：《中庸解》，《河南程氏经说》卷八，《二程集》，第1160页。
⑥ （宋）程颢、程颐：《中庸解》，《河南程氏经说》卷八，《二程集》，第1160页。
⑦ （宋）程颢、程颐：《中庸解》，《河南程氏经说》卷八，《二程集》，第1159页。
⑧ （宋）张载：《性理拾遗》，《张子全书》（增订本）卷十三，第239页。

载观点的关洛思想的交织体，[①] 因此《中庸解》成为关洛思想融通的典范。

## 三　吕大临对二程的整体评价

我们知道，张载去世后，吕大临曾有着自觉地向程颢、程颐学习的倾向，这在他为张载所作的《横渠先生行状》中体现得比较明显。在《行状》初稿中，他说张载在见到二程后"尽弃其学而学焉"，之后在二程兄弟批评下，才改为"尽弃异学，淳如也"。无论是前者，还是后者，都可以体现出在吕大临看来，张载之学曾深受二程影响。而通观整个《行状》，我们又看到，吕大临对张载的学术思想和人格气象表现出无限的崇敬，而且在张载去世后，尽管已经东入洛阳求学于二程，仍被视为"守横渠之学甚固"。一方面是他认为张载曾深受二程的影响，一方面又坚守横渠之学，且对其人推崇有加，这种矛盾的现象到底如何理解呢？恐怕不能简单地以逢迎二程之浅陋庸俗之见来作解读，这恐与吕大临的个人品行和学术性格极不相符。北宋时期特定的思想文化环境，可以成为解读这一学术公案的重要因缘。正如张立文先生所言："这期间学术开放，无有'师法''家法'。学派互相交流、对话、论辩频繁，他们相互吸收、渗透、补充、完善。慕名而互相师事，也不被视为有违师道，反而表现出一种追求真理的虔诚心情和吾爱吾师吾更爱真理的精神。"[②] 吕大临独特的人生经历和学术性格，也注定了其在对"性与天道"问题的探究上，展现出更为强烈的求真情结。无论是在张载那里，还是在二程那里，吕大临皆被视为资美而精思的典范。这可以从其对形上道体的探索与凝练中看出来。无论是自我理论探索时期，还是受学于张载、二程时期，吕大临都以其"以道自任"的道统意识与"持中守一"的理性精神，追求对道体的深度体认，对传统儒学思想做出了自己独到的理解和阐释。依此来看，在吕大临这里实际上不存在所谓的厚此薄彼之举，更不存在所谓的背叛师门之实。

吕大临在程颢去世之后，曾撰写《哀词》一篇：

---

① 庞万里：《二程哲学体系》，北京航空航天大学出版社 1992 年版，第 420 页。

② 张立文：《序》，陈海红《吕大临理学思想研究——兼论浙东学派的学术进程》，第 1 页。

先生负特立之才，知《大学》之要；博闻强识，躬行力究；察伦明物，极其所止；涣然心释，洞见道体。其造于约也，虽事变之感不一，知应以是心而不穷；虽天下之理至众，知反之吾身而自足。其致于一也，异端并立而不能移，圣人复起而不与易。其养之成也，和气充浃，见于声容，然望之崇深，不可慢也；遇事优为，从容不迫，然诚心恳恻，弗之措也。其自任之重也，宁学圣人而未至，不欲以一善成名；宁以一物不被泽为己病，不欲以一时之利为己功。其自信之笃也，吾志可行，不苟洁其去就；吾义所安，虽小官有所不屑。

夫位天地，育万物者，道也；传斯道者，斯文也；振已坠之文，达未行之道者，先生也。使学不卒传，志不卒行，至于此极者，天也。先生之德，可形容者，犹可道也；其独智自得，合乎天，契乎先圣者，不可得而道也。①

该文充分展现了吕大临对程颢的追思与评价。该文之末署：“元丰八年六月，明道先生卒。门人学者皆以所自得者名先生之德，先生之德未易名也，亦各伸其志尔。汲郡吕大临书。”可见吕大临对于曾经不止一次对自己的为学进行点拨的师者予以了极高的评价。

其实，早在1070年，尚问学于张载的吕大临就已经与程颢有了学术探讨与交流，集中体现在《与程伯淳书》中：

某自闻横渠见诲，始有不敢自弃之心。乃知圣学虽微，道在有德。不能千里往见，有愧昔人，然求有余师，方惧不勉。但执事伯仲与横渠始倡此道，世俗讻讻，和者盖寡。虽自明之德，上达不已，而礼乐之文，尚有未进，学士大夫无所效法。道将兴欤，不应如是之晦，此有道者当任其责。尝侍横渠，每语及此，心实病之。盖欲一见执事，共图振起，不识执事以为然乎？未获侍坐，敢祈自爱以道。②

① （宋）程颢、程颐：《河南程氏遗书》附录，《二程集》，第337页。

② （宋）吕大钧、吕大临等著，陈俊民辑校：《与程伯淳书》，《蓝田吕氏遗著辑校》，第415页。

通过这封书信我们可以看到，在吕大临看来，张载、二程兄弟，都是倡导道学的开创者，但受世风影响，其思想主张并未被民众广泛接受，并且认为，此道学人人可自明而诚以达至，同时也有必要提供一个具有操作性的礼乐制度。在这封书信中，吕大临也表达了其追随程颢“侍坐”的愿望，以共同担当“道学”复兴之重任。在此以后二十余年间，尤其是从 1079 年开始，吕大临与程颢之间有着更为密切的学术交往与交流。所涉的诸多问题充分展现出关洛学术思想的争鸣，也在一定意义上丰富了后世理学讨论的问题域。

程颢元丰八年（1085）去世以后，吕大临则主要和程颐展开了论学。次年，吕大临任太学博士，主要为太学生讲《礼记》。这一年，他与程颐之间的学术交往频繁。据程颐《答吕进伯简三》所载：“与叔每过从，至慰至幸。引傣门墙，坐驰神爽。”[①] 展现出他对吕大临较高的评价。现存于《河南程氏文集》中的《论中书》，实际上乃是吕大临所辑其与程颐多封往来书信的摘编。[②] 两人围绕“中”的讨论，在此得以充分展现。吕大临对道学问题的研究深度、独立思考意识，让程颐对其有非常高的评价。而这在吕大临《与程正叔书》中也有着一定程度的体现。故而，在吕大临死后两年，程颐“因阅故编”《雍行录》，以致“思与叔之不幸早死，为之泣下”[③]。尽管今天很少能够看到吕大临对程颐的直面评价，但通过他们之间的讨论及吕大临后期思想的变化，我们不难看出其对吕大临的影响。

总体来看，兼学关洛的吕大临，固然有其自身个性鲜明的理论特点和学术性格，但从思想史发展的脉络来看，在早期道学话语体系建构过程中，吕大临在参与关洛之间的学术讨论中不断进行自我的理论调整，当是一个不争的历史事实。尽管我们今天很难基于分析的方法解剖出其哪些思想是张载的，哪些是二程的，但从其自身思想发展的链条来看，关洛融通于其身，乃是最值得关注和探讨的历史现象。而这一特点实际上在后世的理学集大成者朱熹

① （宋）程颐：《答吕进伯简三》，《河南程氏文集》卷九，《二程集》，第 605 页。

② 《河南程氏文集》卷九《与吕大临论中书》题目下小注记曰：“此书其全不可复见，今只据吕氏所录到者编之。”（《二程集》，第 605 页。）陈俊民先生从《国朝二百家名贤文萃》中辑出的《与程正叔书》，从内容上来看或可视为两人论中诸多书信中的一封。中有“前日所云”字样，说明其讨论往复不止一次。中间所涉的“赤子之心”“已发”“未发”的论证，与《论中书》颇多相合。

③ （宋）程颐：《雍行录》，《河南程氏文集》卷八，《二程集》，第 587 页。

那里也明显地表现了出来。沿着这样的脉络，我们似乎可以说，朱熹是承接了吕大临关洛融通的思路才形成了其博大而影响深远的理论体系。正如唐君毅先生所云：

> 与伊川问答之吕大临，则更见得心在未有思未有动之时，此心体之昭昭自在。其意在言人能存此心体之昭昭自在，即为使其内所包涵之性理之大，得显于已发之心，而有其达道者。此其所见，实精切过于伊川，亦明道所未言及者。此盖由吕大临先学于横渠。横渠乃以虚明言心之所以为心，并教人先存此心之虚明。此心之虚明，初固不只是伊川所谓一心之思。盖缘横渠言心之虚明之义，而吕大临即进而见得此昭昭自在之心体。后之朱子之反覆参究此中之问题，其所进于伊川者，亦正在见得此心有其未发未动，而虚灵不昧之体之自在之一义。遂能深契于大临之说。①

在朱子哲学体系中占据重要地位的“中和说”，乃是在当年程颐与吕大临论中问题基础上的有益推进。在唐君毅先生看来，伊川所谈的“心之未发为体”，“心之已发为用”所延伸出来的敬的工夫，以及格物穷理之致知工夫，都是在心之用上说，这是伊川之局限所在。而受启发于横渠后又融摄有大程思想的吕大临从心之体角度入手的观点则更多地启发了朱子，方可使其理论在伊川基础上有所进步，足见吕大临对朱子影响之深，亦可见朱子何以会对吕大临有那么高的评价。

通过以上以杨时和吕大临为个案进行的分析，我们可以看到，关学与洛学之间的思想争鸣实际上并没有随着张载、二程的去世而宣告结束，而是不断被其后学所传承、延续。作为洛学最纯粹的传人的杨时，和被张载所高度认可的吕大临，他们的思想理论建构都在一定程度上对关洛两大学派的思想有所批判继承，并予以融会贯通以资发展。而这也成为我们今天探讨关洛学派思想关系不容忽视的一个方面。

① 唐君毅：《中国哲学原论》（原教篇），第129页。

# 第七章　朱陆之辩的先声

## ——关洛之辩的历史定位

关学与洛学之间的正面理论交锋随着1077年张载的去世而终结，但是之后二程对于张载思想的评介也从一个侧面延续了两大学派之间的思想关系。宋哲宗即位后，王安石新法被废除，朝廷上下对二程的一致赞誉很快令洛学声名大震。在司马光、朱光庭、王岩叟等人的共同举荐下，身为布衣的程颐被诏为崇政殿说书，逐渐成为当时新的文化权威。也正是借力于在当时拥有较高社会地位的官员与士大夫的言说，二程获得了与士大夫以及后进学者交流的机会，从而广泛地宣传自己的思想和学说。[①] “鬻田走洛，见颐问之”[②]的福建人罗从彦，闻伊川讲学于洛，“洁衣往见，弃其学而学焉”[③] 的川人谯定，及大量于开封任官、读书而专程到洛阳拜二程为师者，逐步形成了遍及中原、河东、蜀中、关中、吴越、湖湘、闽赣各地的广泛的洛学传播圈。二程理学在王安石变法之后重要影响的形成，及之后与王学之间的彼此消长与沉浮，奠定了两宋之际思想界的基本格局。蓝田三吕、苏昞、范育等原张载弟子，此时亦因求学于二程门下，而使关学的影响通过当时影响日剧的洛学门人得以进一步传承。周行己兼传关洛的现象即是得之于此。这客观上对于此后南宋学术思想的发展产生了一定的影响，尤其是对其间朱子学和陆九渊心学的形成发挥了促动作用。关洛之学由交锋到交融，也逐渐成为思想史发展的必然走向。其间所包蕴的诸多理论面向，也正是在洛学不同传承方向及

① 陆敏珍：《宋代永嘉学派的建构》，浙江大学出版社2013年版，第76页。

② （元）脱脱等：《宋史》卷四百二十八《罗从彦传》，第12743页。

③ （元）脱脱等：《宋史》卷四百五十九《谯定传》，第13460页。

与关学的不同融通方式上显示出种种的差异，从而逐步拉开了对宋元明清思想史影响深远的朱陆之辩的序幕。

## 第一节　关洛之辩对朱熹理论建构的影响

### 一　朱熹视野中的张载、二程

众所周知，二程之学，尤其是程颐之学，经杨时、罗从彦传至李侗，由李侗传至朱熹。作为二程再传弟子的朱熹，自对于二程学说有很多继承。然而，在朱熹的思想建构过程中，实际上不仅对二程思想有所传承，对于关学创立者张载的思想他也颇为关注并且有充分的吸收。

我们知道，朱熹并不是一开始就接受了二程的理学观点，而是经历了一个曲折的思想转变过程。这在很大程度上得益于其师李侗充满智慧的引导。宋绍兴五年（1135），5 岁的朱熹随其父朱松由尤溪途经延平往政和时，第一次得见父亲朱松的学友李侗。十八年后的南宋绍兴二十三年（1153），将赴同安县任主簿的朱熹第一次慕名到延平拜见李侗。当时的朱熹对李侗的观点似有不屑，李侗似亦识透朱熹的心态，用非常平和的语气和循循善诱的耐心劝导、引导朱熹，劝其熟读孔孟圣贤之书，并要认真思考。历经长时间的认真思索，尤其是在同安任职时，朱熹逐渐认识到佛禅之说无法切实解决社会问题，于是他的思想才开始转向儒学，加之对李侗论儒家圣贤书的反复研读及李侗的博学多才和人格魅力对其的吸引，朱熹终于决定暂将修习多年之禅学放置一边，潜心研读儒学和二程理学。后经宋孝宗绍兴二十七年（1157）五月、同年十月、宋绍兴二十八年（1158）一月、宋绍兴三十年（1160）十月、宋绍兴三十二年（1162）正月、宋隆兴元年（1163）六月，和同年八月七次历史性会见，朱熹不仅从其师李侗那里领会到了居敬持志、涵养工夫，而且把儒家学说用于安邦治国。而且朱子在师从李侗的十年间，先后校订了《谢上蔡语录》，撰写了《论语纂训序》，且将自己与恩师论学语录编写成《延平问答》，弥补了李侗著书甚少的缺憾。他就是这样谨遵杨时、罗从彦、李侗等先师传承下来的二程理学之道，经自身践行努力，达到思想与理论的巅峰。

然而，对于朱熹来说，他又并非完完全全地只是在传承着二程洛学之道，而是通过对张载思想的汲取，常对二程之学进行批评。朱熹认为："明道说话尽高，邵张说得端的处，尽好。"① 他还对伊川"鬼神者造化之迹"与张载的"鬼神者二气之良能也"进行对比分析，指出张载之说因有"阴阳在"而更加符合实际，不像伊川"浑沦不清"。还说伊川"仁者天下之公，善之本也"说得"宽而不切"，不像张载那样说得切实、严密。

总体来看，他对程张之学有不同的定位。他认为："横渠之学是苦心得之，乃是'致曲'，与伊川异。"② "横渠之于程子，犹伯夷伊尹之于孔子。"③《孟子·公孙丑上》云："伯夷、伊尹于孔子，若是班乎？曰：否。自有生民以来，未有孔子也。"朱熹对此作注曰："公孙丑问，而孟子答之以不同也。"④ 在孟子那里，孔子的地位要高于伯夷、伊尹。朱熹将横渠与程子之关系比作伯夷、伊尹之于孔子，实借孟子之典展现他对于程子的敬仰，此第一层意思。"伯夷，圣之清者也；伊尹，圣之任者也；柳下惠，圣之和者也；孔子，圣之时者也。"⑤ 孟子将柳下惠、伯夷、伊尹、孔子并称四大圣人。只是他们在达至圣人之境上却各有特点。伊尹达到圣人的境界表现在他胜任工作上；伯夷达到圣人的境界表现在他为人清廉上；柳下惠达到圣人的境界表现在他思想的和谐上；孔子达到圣人的境界表现在他顺应时势上。朱熹这里将横渠与程子比作"伯夷伊尹之于孔子"，充分说明他对于张程皆推崇有加，并未固守所谓的程门之狭，厚此薄彼。

朱熹对张程评价的差异，主要表现在其基于二程的天理论立场，对张载太虚本体论的批评上。在朱熹的思想建构中，张载的思想资源发挥了重要作用。从总体上来看，朱熹继承了二程对张载的评价，对《西铭》予以高度评价，而对《正蒙》却多存异议。其中非常关键的方面，即是承袭二程在形上理论的建构上对张载"清虚一大"的批评。从《朱子语类》《朱子文集》等文献来看，在朱子讲学过程中，有不少学生对于"清虚一大"的问题进行问

① （宋）黎靖德编：《朱子语类》卷九十三，第 2363 页。

② （宋）黎靖德编：《朱子语类》卷九十三，第 2362 页。

③ （宋）黎靖德编：《朱子语类》卷九十三，第 2363 页。

④ （宋）朱熹：《孟子集注》，《四书章句集注》，第 234 页。

⑤ （宋）朱熹：《孟子集注》，《四书章句集注》，第 315 页。

询，进一步展现出对张载思想理解上的重要分歧。综括朱子所论，其有关“清虚一大”观点略有如下数端。

首先，在朱子看来，张载本来是想通过“清虚一大”建构彻上彻下的完整形而上学，结果却因为兼“浊实二小”而沦入形而下。

> 问：“横渠有‘清虚一大’之说，又要兼清浊虚实。”曰：“渠初云‘清虚一大’，为伊川诘难，乃云‘清兼浊，虚兼实，一兼二，大兼小’。渠本要说形而上，反成形而下，最是于此处不分明。如《参两》云，以参为阳，两为阴，阳有太极，阴无太极。他要强索精思，必得于己，而其差如此。”又问：“横渠云‘太虚即气’，乃是指理为虚，似非形而下。”曰：“纵指理为虚，亦如何夹气作一处？”问：“《西铭》所见又的当，何故却于此差？”曰：“伊川云：‘譬如以管窥天，四旁虽不见，而其见处甚分明。’渠他处见错，独于《西铭》见得好。”①

在朱子看来，张载在建构理论过程中“强思力索”，“有迫切气象”，即其学非本乎天然，有很强的人为刻意色彩。在他看来，张载这里的“虚”即是“理”，本应以此为本，结果却因太虚与气之关系不明，故才有了“夹气作一处”而导致反成形而下的客观理论效果。在朱子的思想世界中，“性是形而上者，气是形而下者。形而上者全是天理，形而下者只是那渣滓”②。从这里可以看出，朱子那里的气实际上是一个承担负面价值的概念，而此用法在宋元明清的理学中影响颇为深远，并成为后世对气学评价的主流格调。③ 从理论深层来看，朱子认为张载“清虚一大”之说并没有该遍天地万物，而是形成了有方所、有阻滞、不够通达的局面，所以才会有“阳有太极，阴无太极”之论。

其次，在朱子看来，张载“清虚一大”之说讲偏了，未能达到形上理论

① （宋）黎靖德编：《朱子语类》卷九十九，第2538页。

② （宋）黎靖德编：《朱子语类》卷五，第97页。

③ 台湾政治大学刘又铭说：“在朱子理本论‘理’、‘气’异质异层、对比二分的脉络当中，‘气’是个承担负面价值的概念，而这个用法在传统理学中是很普遍且流传久远的。”（参见氏文《宋明清气本论研究的若干问题》，《儒学的气论与工夫论》，第147页。）

建构的预期目标。他认为张载将“清虚一大”与“浊实二小”相提并论，“一滚论之”，反倒不明晰，在构建形上理论时跑偏了。他认为张载尽管从理论方法上是力图以大该小，然在理论效果上却出现了形上、形下混作一处的格局。朱熹无法理解张载所讲的“太虚无理”之说。其实在张载看来，太虚乃为实理，乃其针对佛老之空无之虚所构建，这里的“无理”当是意谓不指向具体之理，如同老子所言之“道可道，非常道”之说。

或问：“横渠先生‘清虚一大’之说如何?”曰：“他是拣那大底说话来该摄那小底，却不知道才是恁说，便偏了；便是形而下者，不是形而上者。须是兼清浊、虚实、一二、小大来看，方见得形而上者行乎其间。”①

横渠“清虚一大”却是偏。他后来又要兼清浊虚实言，然皆是形而下。盖有此理，则清浊、虚实皆在其中。②

横渠说气“清虚一大”，恰似道有有处，有无处。须是清浊、虚实、一二、大小皆行乎其间，乃是道也。其欲大之，乃反小之！③

此处朱子认为张载的本意是要建构一个能够囊括万有的上下贯通的理论体系，但是太虚概念的引入，反倒使得本应将清浊、虚实、一二、小大等两方面贯通的理论体系落入仅仅强调形而下的层面。按照朱子的理解，张载的气实际上和太虚相等同，即太虚就是气。从而忽视了横渠太虚概念的引入既凸显了儒家本有的天的主宰意义，又将气在宇宙化生中的作用明晰了起来。这也正是张载整个理论体系的建构初衷之所在。

陈后之问：“横渠‘清虚一大’，恐入空去否?”曰：“也不是入空。他都向一边了。这道理本乎正，清也有是理，浊也有是理，虚也有是理，实也有是理：皆此理之所为也。他说成这一边有，那一边无，要将这一

① （宋）黎靖德编：《朱子语类》卷九十九，第2538页。
② （宋）黎靖德编：《朱子语类》卷九十九，第2539页。
③ （宋）黎靖德编：《朱子语类》卷九十九，第2539页。

边去管那一边。”①

“清虚一大”，形容道体如此。道兼虚实言，虚只说得一边。②

横渠言“清虚一大为道体”，是于形器中拣出好底来说耳。《遗书》中明道尝辨之。③

“或者别立一天”，疑即是横渠。④

在朱子这里，张载的太虚仅被理解为与“实”相对应的范畴，这是朱子对张载虚气观诠释的关键点。尽管他对于学生提出的张载之虚易流入佛老之空无进行了辩驳，但实际上又将对张载之虚的理解引入了单向度的与“实”相对应的范畴。故而才会有“虚只说得一边”的不周延之论断。那么为什么会出现张载的“虚只说得一边”的理解呢？实际上朱熹在此乃是借助于二程的“或者别立一天”之语对宇宙论根源进行了诠解。“别立一天”是二程视野中张载理论不够圆融的重要根源。在他们看来，“天人本一，不必言合”，并以此为基础对张载“天人合一”思想的进行批判。

再次，在朱子看来，张载所讲的太虚未能该贯宇宙之全体，“至虚无应”。

问横渠说虚。云：“亦有个意思，只是难说。要之，只‘动而无动，静而无静’说为善。横渠又说‘至虚无应’，有病。”⑤

“至虚无应”指的是在张载那里太虚是至高无上的本体，既是不动摇的，也是不可方所的，无法与具体事物以及时空形成一种对应。朱子并没有看到这一点，因为他所理解的张载的太虚依然是一个形而下的东西，还没有超越于天地万物的本体属性。这里所提到的“动而无动，静而无静”实际上是周敦颐提出的动静观。动中无静，静中无动，则不能贯通动静，所以说“物则不通”。即动即静，始可通万物之动静，以现万物神妙莫测之变化，所以说

① （宋）黎靖德编：《朱子语类》卷九十九，第2539页。
② （宋）黎靖德编：《朱子语类》卷九十九，第2539页。
③ （宋）黎靖德编：《朱子语类》卷九十九，第2539页。
④ （宋）黎靖德编：《朱子语类》卷九十九，第2539页。
⑤ （宋）黎靖德编：《朱子语类》卷九十九，第2539页。

“神妙万物”。周敦颐关于动静的观点，看到了动与静的相互对立和相互依赖，是有合理性的。但他还是把动静看作截然分离的两回事，只是从外在的表现上讲二者的关系，实际上仍然割裂了动静的内在联系。在朱子看来，周敦颐的“动而无动，静而无静”之说讲得很好，大概朱子没有认识到动和静既有相分的层面，也有其不可割裂而相互联系的方面。张载所言的“惟太虚不动摇”中的太虚实际上涵括了虚实动静之太虚，朱子之所以认为其“至虚无应”存在问题，实际上缘于他将张载之太虚理解为形而下者，似乎张载只是看到了“太虚”本身的“动”的意味，而忽视了其“至静无感”的另一面。横渠曾言：“神者，太虚妙应之目。”① 神在这里被视为对太虚神妙而感应无穷的称呼，而此神乃“鼓天下之动”者，乃是“有感必通，不可得而窥测也”②。诚如朱汉民先生所言：“张载以‘太虚’释天，以‘虚与气’释人，他最终还以太虚重新解读《礼记》，故而能够超越亲亲之爱、礼义等差，拓展出一种无等差的人类博爱精神。”③ 张载曾言：“礼本于天，天无形，固有无体之礼。礼有形，则明于地。明于地，则有山川、宗庙、五祀、百神，以致达于丧、祭、射、御、冠、婚、朝、聘，是见于迹也。盖礼无不在，天所自有，人以节文之也。”④ 依此可以看到，在张载的思想中，天、太虚皆是代表无形无象的本体，与此相关的精神境界是无亲疏差别的“大同”与博爱；而地、气、物则是有形有象的世界，与此相关的伦理精神是有亲疏差别的“小康”与亲亲之爱。由此可以看出，“太虚”并不是“虚而无应”，朱熹的理解存在理论上的不周延。若看不到这一点，就很容易形成对张载“至虚无应”的误解。

最后，在朱熹看来，张载的“万物散为太虚”之说实际上是沦入了禅学，与佛教讲的轮回转世说没有差别，这成为张载之说备受批评的重要方面。

> 若夫“万物散为太虚”之说，则虽若有以小异于轮回之陋，然于天地之化育，盖未得为深知之者也。此未易言，今且当熟读圣贤之书，而

---

① （宋）张载：《正蒙·太和》，《张子全书》（增订本）卷一，第 2 页。

② （明）刘玑：《正蒙会稿》，收入林乐昌《正蒙合校集释》，中华书局 2012 年版，第 69 页。

③ 朱汉民：《张载究天人之际的太虚论》，《人文杂志》2020 年第 11 期。

④ （宋）张载：《礼记说·礼运第九》，《张子全书》（增订本）卷十四，第 267—268 页。

以渐求之耳。[①]

（《正蒙》）说聚散处，其流乃是个大轮回。[②]

其实这是对张载宇宙论的一种误解。在张载看来，天地参赞化育的过程乃是太虚之气的自然流转，只是气的不同形态而已。如其在《太和》篇所言之“冰水之喻”中言明的，此只是就其存在的形态而言，乃“客感客形”，其与“无感无形”一起，唯有所谓的“尽性者”方可“一之”“通之”“明之”。若认识不到这一点，只是看到表面上的“太虚—气—万物”三者之间或虚与气之间的循环[③]，则将张载之论降到了与佛老同等的地步，抹杀了张载理论建构的贡献。应当看到，张载这里所强调的“太虚—气—万物”的宇宙生成模式，并非是在构建一个太虚与气的循环模式，恰恰是要打破佛老“殉生执有”与“物而不化”的理论误区，而实际上这一模式正是对儒家自然“生生”之论的具体化。其“至实”的理论诉求，乃是通过贯通“清虚一大”与“浊实二小”，在“一物两体”“分合统一”的理论方法指引下进行新的理论建构。理解其的关键点则在于太虚在宇宙生成上与气相即不离，而在本体层面则独立自足，对此两方面需要合而观之，不可孤立地只看一点而不及其余。[④]

尽管朱熹对张载的虚气关系理论有较多的批评，但其将张载的气论纳入其自身的理论体系中也是不争的事实。朱熹吸取了张载的气论，创立了理本气末论。他对气的内涵、气化生物的过程、理气关系等皆作了非常详尽的论

---

① （宋）朱熹:《答吕道一》,《晦庵先生朱文公文集》卷四十六，第2122页。

② （宋）黎靖德编:《朱子语类》卷九十九，第2533页。

③ 杨立华教授在新近发表的《隐显与有无：再论张载哲学中的虚气问题》一文中指出：“太虚聚为气和万物，万物又散为太虚，这在某种意义上意味着太虚反倒来源于万物的‘既毙之形，既返之气’了。程颐认为这违背了自然生生不穷的造化之理。这一条语录虽未明白点出，但显然是针对横渠而发的。从程颐的批评看，张载所主张的就是虚气循环。”（见《中国哲学史》2020年第4期。）而且杨教授在文章第二部分着重论证的也是张载是讲“虚气循环”，若此说成立的话，当如何解释张载批判佛老的虚无穷而气有限的“体用殊绝”的批评？

④ 这里需要从宇宙生成论和宇宙本体论两个层面对张载的宇宙论哲学进行全面的理解和把握，这将有效地解决“气本论”者在气为价值之源问题上的难以自洽，也将解决从万物生成意义上单纯“虚”和单纯“气”所难以实现对宇宙化生的准确理解问题。（详参林乐昌《张载两层结构的宇宙论哲学探微》,《中国哲学史》2008年第4期。）

述，其理论的精致和逻辑的严密达到了较高的水平。[①] 朱熹强调理气不相离、理本气末、理先气后，对此进行了大量的精彩的论证，其理本气末论已达到了较高的思辨水平，其中张载思想的影响亦是非常明显的。朱熹认为，理生万物的过程，离不开气化，甚至人之始生，也在于气化。问："生第一个人时如何?" 朱熹答："以气化。"[②] 可见气在朱熹哲学理论体系中的重要地位。很明显，这是对张载思想的汲取。朱熹将二程思想中的不同倾向统一了起来外，"还批判吸取了张载的气化学说，第一次全面地讨论了理气关系问题"。朱熹"不仅讨论了理气关系问题，而且提出了系统的气化学说"。[③] 当然我们也要看到，"朱熹基于理气关系对'太虚即气'的诠释更加精致细微，从形而上与形而下、体与用、动与静、先与后等层面予以深入的分析，在综合张载关学与二程理学本体论的基础上建构起集大成的理学本体论，显然是宋代理学的重要理论成果。但同时，朱熹辨析入微的努力也造成了理气分张、疏离乃至悬隔的危险，原本'太虚即气'中相即相入、相感相资、混融无碍的关系被消除了，由此造成理本论的困境"[④]。此当是我们把握朱子对张载思想进行改造而须反思的另一个方面。在朱熹思想的形成与发展过程中，"张载《西铭》的影响至深至远。从其早年读《西铭》，到中年时期完成以《西铭解》为主的一系列解释工作，再到其弥留之际仍对《西铭》注解增删改易，朱熹的虔诚和服膺之情始终如一。从朱熹留下的大量《西铭》解释史料中，我们可以看出，朱熹对张载《西铭》是非常重视的"[⑤]。在这一点上，朱熹基本上承继了二程的基本思路。换一个角度来说，崇尚《西铭》贬抑《正蒙》的程朱化张载诠释的格局经由朱熹的强化，被包括其门人弟子在内的后世学者所广泛认同，形成了一种在古典时期影响颇大的程朱化张载诠释的重要路径。

当然，朱熹对于关洛学派之学旨、学风差异还是有比较清晰的认识的："明道之学，从容涵泳之味洽；横渠之学，苦心力索之功深。"[⑥] 他将大程与

---

① 蔡方鹿：《中国经学与宋明理学研究》，人民出版社 2011 年版，第 424 页。

② （宋）黎靖德编：《朱子语类》卷一，第 7 页。

③ 蒙培元：《理学的演变》，方光出版社 2007 年版，第 14 页。

④ 许宁：《朱熹对张载理学命题的再诠释》，《中国哲学史》2020 年第 6 期。

⑤ 肖发荣：《朱熹〈西铭〉研究的史料问题考述》，《宝鸡文理学院学报》（社会科学版）2014 年第 4 期。

⑥ （宋）黎靖德编：《朱子语类》卷九十三，第 2363 页。

张载的工夫论进行对比，认为大程的涵泳工夫显得比较自然、从容，而张载的工夫显得刻意、艰难。但他又说："横渠最亲切。程氏规模广大，其后学者少有如横渠辈用工者。近看得横渠用工最亲切，直是可畏！学者用工，须是如此亲切。"① 他一方面觉得张载有"苦心极力之嫌"，另一方面又高度评价张载的工夫，鼓励学者应该认真学习张载方便循守的修养工夫，这对于修身养性是大有益处的。

## 二　关洛之辩对朱熹思想形成的影响

对于关学与洛学的学术争鸣，朱熹在其理论建构过程中非常关心。《伊洛渊源录》将张载二程皆收入其中，并没有将与二程有着密切学术联系，但为学路径迥然有别的张载排除在外。朱熹的理论实际上是张载宇宙论与程颐天理论的结合。他从张载那里汲取了其气学思想，对于在北宋儒学那里已经有所讨论的理气关系问题有了进一步的认识。尽管我们说张程的思想理路从入手的地方就有差别，一主"先识造化"，一主"先识仁"。张载主张先要认识造化之源，以此而明性命之理，其主要的理论支撑是其"以人合天"的思路，所以才会有"由太虚，有天之名；由气化，有道之名；合虚与气，有性之名；合性与知觉，有心之名"②，倡导一天人、同庸圣、合内外，形成了一条注重客观天道的理论路径；而二程，尤其是程颐则强调"天人本一"，不必言合，提倡"当下便任取""不必旁求"，严分形上、形下。若从宇宙生成的角度去推究，程颐的理论可能会存在一些不够周延之处。故此，朱熹实际上对张程的思想进行了有效的综合，从而才有了其自身比较庞大的思想体系。在他看来，"横渠规模广大"，他对于张载的《西铭》专门作了注解，对于张载的大量语录都有解释、评论。可以看出，在朱子的视野中，张载的思想地位非常重要。所以他才会从师承的意义上和道统谱系的构建上接续程颐，而从思想建构上亦兼取张载。

二程云："吾学虽有所授受，天理二字却是自家体贴出来。"③ "天理云

① （宋）黎靖德编：《朱子语类》卷九十三，第2363页。

② （宋）张载：《正蒙·太和》，《张子全书》（增订本）卷一，第2页。

③ （宋）程颢、程颐：《河南程氏外书》卷十二，《二程集》，第424页。

者，这一个道理，更有甚穷已？不为尧存，不为桀亡……更怎生说得存亡加减？是它元无少欠，百理具备。”① “凡物之散，其气遂尽，无复归本原之理。”② 从二程之理到朱熹之理，“理”的地位日益高于“气”，从而对由张载开创的“天理”“人欲”之分，“天地之性”与“气质之性”、“德性之知”与“见闻之知”等二分的理论，以及天、道、气、形上、形下等方面，作了理论上更为圆融、更能贯彻到底的系统建构。从而使得永恒、无限、普遍、必然的“理”取代了物质性色彩更为浓厚的“气”，成为不增不减无所欠缺的本体存在。“天”—“命”—“性”—“心”皆由“理”贯串起来，从而形成“性即是理”的重要命题，也让长期争论不休的天道性命问题至此有了可以被广为接受的结论。从另一方面来说，在张载那里被描绘得颇为形象、壮观的宇宙图景和辩证景象，其“先识造化”的理路到二程那里则被代之以“先识仁”以打通天道、人道的理路。而到了朱熹那里，正如李泽厚先生所论：“撇开对人世、自然、事物的客观描述研究，剩下的当然只能是对那个简化、单一化了的‘理’的枯燥空洞的说教论证，尽管理论的逻辑性和系统性似乎更为清晰明白。朱熹是由于吸收了张载以及周敦颐等人的思想，才使他的体系不像二程那样单薄。”③

关洛之辩中讨论得最为热烈的问题实际上还是为学之方的问题，是先“穷理”“尽性”再“至于命”，还是三者本一，当一时（事）完成。这一问题对朱熹影响是颇大的。朱熹也正是看到了张程之间的这一讨论，才会在其理论建构中自觉地处理理、性、命三者之间的关系。既严格区分理、性、命，但又不可刻意割裂三者之间的关系。既要让天理的至高无上的地位得以彰显，也不能忽视它与性、命之间的关联。所以，在朱熹那里，于人性论上继承了张程的“天命（地）之性”“气质之性”的两分之说，而对礼仪的强调以及于洒扫应对间展现天理的思路则不能不说是对张载“以礼为教”为学特征的吸收。他认同二程“横渠以礼教学者，最善，使先有所据守”④ 的观点，表

---

① （宋）程颢、程颐：《河南程氏遗书》卷二上，《二程集》，第 31 页。

② （宋）程颢、程颐：《河南程氏遗书》卷十五，《二程集》，第 163 页。

③ 李泽厚：《宋明理学片论》，《中国社会科学》1981 年第 1 期；收入《中国古代思想史论》，生活·读书·新知三联书店 2008 年版，第 241 页。

④ （宋）程颢、程颐：《河南程氏遗书》卷二上，《二程集》，第 23 页。

明他对于张载的学术路径还是非常认可的。如：

> 问：“横渠之教，以礼为先。浩恐谓之礼，则有品节，每遇事，须用秤停当，礼方可遵守。初学者或未曾识礼，恐无下手处。敬则有一念之肃；便已改容更貌，不费安排，事事上见得此意。如何?”先生曰：“古人自幼入小学，便教以礼；及长，自然在规矩之中。横渠却是用官法教人，礼也易学。今人乍见，往往以为难。某尝要取《三礼》编成一书，事多蹉过。若有朋友，只两年工夫可成。”①

这里我们可以看到，当有人对张载以礼为教提出质疑，表彰二程的持敬工夫时，朱熹对此进行了委婉的批评。他认为教人还是要从切实可循守的礼出发，况张载教人之礼一般也为社会上比较通行的古礼，并不难学。可见他对于张载教学者以礼为入手工夫之路径是非常肯定的。其实朱熹毕生都在坚持礼理并重，不是一味地只重视理，其耗费大量精力所撰的《仪礼经传通解》影响颇大。另有《朱子家礼》流传于世。《朱子家礼》集孔子、孟子、荀子等人的孝道思想之长，共分五卷，分别为通礼、冠礼、昏（婚）礼、丧礼和祭礼。从祠堂、丧服、土葬、忌日、入殓等仪式来体现其孝道主张，并讲如何做到“忠义孝悌”，如何遵从长幼尊卑等礼节礼仪。进而从理念的、抽象的“孝”转化为世俗的“孝”，使之平民化，影响更为深广。另外，他还继承了张载思想中被牟宗三视为“孤语”的“心统性情”说，对其评价甚高，认为：“横渠云‘心统性情’，此说极好。”② 并通过“心主性情”“心兼性情”等不同层面的论证，丰富了张载那里缺乏系统论证的“心统性情”思想，在一定意义上解决了张载那里“心小性大”而难以与“心统性情”理论自洽的问题。③ 实际上解决这个难题，朱熹依托的主要是程颐的心性理论。心在这里

---

① （宋）黎靖德编：《朱子语类》卷九十三，第 2363 页。

② （宋）黎靖德编：《朱子语类》卷五十三，第 1286 页。

③ 我们看到，朱熹通过对张载“心统性情”的阐释，他从心主性情和心兼性情两大方面作了阐发，又将其细化为心兼体用、动静、已发未发、统御性情等多个方面，不仅涵盖心、性、情，而且吸纳了理气、动静、体用、已发未发等范畴，从而构筑了宋明理学中最为精致宏大的心性论系统。（详参陈来《朱熹的心统性情说》，《浙江学刊》1986 年第 6 期；许宁《朱熹对张载理学命题的再诠释》，《中国哲学史》2020 年第 6 期。）

主要表征为一种道德心，而非一般的作为思考官能之心，从而有了超越空间的意义，这就在理论模式上实现了由小大之辩到主次之辩的转换，为天理人欲之辩奠定了基础。

朱熹在《伊洛渊源录》中以周敦颐、邵雍、二程、张载并列；在《书近思录后》中说："淳熙乙未之夏，东莱吕伯恭来自东阳……相与读周子、程子、张子之书，叹其广大闳博，若无津涯，而惧夫初学者不知所入也。"[①] 将周、邵、二程、张视为五君子，鼓励后学要从他们那里汲取营养。在南宋淳熙、庆元年间的反道学斗争中，张载也被反道学者视为道学家。他们认为朱熹"剽窃张载、程颐之余论，寓以吃菜事魔之妖术，以簧鼓后进，张浮驾诞，私立品题……"[②] 在当时反道学学者林粟、沈继祖等人看来，朱熹的思想是直接剽窃张载、程颐的。尽管其论多有夸张不实之处，但却从一个侧面说明关洛之学在朱熹思想建构中的重要作用。此诚如曾春海先生所言："朱子将张载的气化宇宙论发展出理一分殊的理气最高哲学范畴，且将天理与人欲透过一心之觉发的一而二，二而一关系，发展出'允执厥中'的本天理安顿人欲的天人合德之学。不但如此，他受张载《经学理窟》主张读书明理和知礼成性的修心养德的实践方法来变化气质之启发，借取程伊川的'涵养须用敬，进学在致知'的品德修养法，发展其圆熟的居敬穷理，敬贯动静的'惟精惟一'之心统性情的理论伦理学和实践伦理学。朱熹所以能集宋代理学之大成，且对后世中国乃至东亚儒学有深厚的影响力，他所构作的理学从张载的问题意识和原创性诸多思想中受启发、继承、发展有不可分割的重要关系。"[③] 曾春海先生比较全面地论及了朱熹对张载思想的吸收及影响问题。由此我们可以看到，在宋代思想演变与发展的脉络中，朱熹实际上主要是通过兼取关洛学派的思想特点，扬长避短，实现了理学之集大成，从而确立其在中国儒学史上超迈地位的。

---

① （宋）朱熹：《晦庵先生朱文公文集》卷八十一，《朱子全书》第 24 册，第 3826 页。

② （清）黄宗羲原著，全祖望补修：《宋元学案》卷六十二《西山蔡氏学案》，第 1979 页。

③ 曾春海：《朱熹对张载思想的传承与发展》，《哲学与文化》2018 年第 9 期。

## 第二节 关洛之辩对陆九渊理论建构的影响

### 一 二程与陆九渊心学理论的形成

长期以来，在宋明理学研究界，大家对于朱熹思想的形成问题已经认识得比较清楚，程颐—杨时—罗从彦—李侗—朱熹的脉络，已成学界共识。而对于陆九渊心学思想的形成却争论不休，其讨论也基本未超出《宋元学案》的范围和水平。[①] 刘玉敏在《心学源流——张九成心学与浙东学派》一书中就心学的起源归纳出六种观点：一认为始于程颢；二认为始于谢良佐；三认为始于王蘋、张九成；四认为始于陆九渊；五认为始于程颐；六认为始于胡宏。[②] 综观学界的主要观点，绝大多数学者其实还是认为心学始于程颢。实际上，这种观点早在南宋时期即已出现。宋末元初的学者陈普即已明言：

> 谓朱似伊川，陆似明道，朱似伊川则有之矣，陆似明道，岂不以陆之持敬有类于终日危坐如泥塑人者邪？又岂不以明道未尝著书，而陆鄙薄传注似之，抑谓陆亦元气之会，能有龙德正中气象邪？明道不寿，不及有书；伊川得年，以有《易传》。若如陆说，则《易传》为虚作，而大、小程异趣矣。[③]

据陈普所论，南宋时期学者即已有了“朱似伊川，陆似明道”的观点，他针对这种观点及论据进行了批评，认为二程的差异只是在思想方法上，就思想内容本身而言，并没有实质的差别。在现代学术背景下，无论是中国哲学史学科初创之时的谢无量、冯友兰、蒋伯潜、吕思勉，还是当代著名学者张立文、卢广森、卢连章、庞万里、蔡方鹿、徐远和、刘宗贤等都坚持认为

---

① 《宋元学案序录》中云：“程门自谢上蔡以后，王信伯、林竹轩、张无垢至于林艾轩，皆其前茅，及象山而大成。”（黄宗羲原著，全祖望补修：《宋元学案》卷首，第11页。）

② 刘玉敏：《心学源流——张九成心学与浙东学派》，人民出版社2013年版，第2页。

③ （清）黄宗羲原著，全祖望补修：《宋元学案》卷六十四《潜庵学案》，第2065页。

程颢开启了心学。[①] 实际上，二程性格上的差异乃是其学风差异的重要因素。宽舒裕如的程颢倡导“仁者以天地万物为一体”，“物来而顺应，廓然而大公”，被后世思想界多所推崇，而究其贡献而言，实际上主要还是在对传统儒家境界论的提升上[②]，而他与程颐“境界的不同，并不是南宋心学和理学的根本分歧”[③]。据此而言，认为程颢属于心学或者开启心学的观点恐是值得推敲的。实际上，程颢的思想包蕴有心学的一些萌芽，这当是不争的事实。尽管有学者认为陆九渊的思想“主要吸收的是孟学，而与濂洛之学以《中庸》《大学》为基础的思想表现为不同的特点，这也表明陆学还不能说是程门中的一派，应当是独立的一派”[④]。这种观点实际上是放大了孟子对陆九渊的影响，而遮蔽了程颢等宋儒思想的心学意蕴，割断了陆氏心学与北宋思想发展之间的联系。从目前流传下来的材料来看，程颢的思想对陆九渊思想具有一定的导发作用，这当是一个不争的事实。程颢提出“心即理”，应该说已在形式上开出了儒学心性论新的面向，程门四大弟子在对程颢的工夫论进行推阐时，亦基本呈现出偏于内向体验的特征。王苹则明确提出了“心即性、性即天、天即性、性即心”，将“心”“性”和“天”直接打通为一，这已展现出心学心性论的鲜明特征。而张九成则直接突出了“心”的本体地位，建构了以“心”为本的哲学体系。这些无疑是对程颢思想的有力推进，使其向心学进一步靠拢。陆九渊则直接突破理学窠臼，将心学的核心命题凸现出来。因此，可以这么说，程门后学将程颢之学向深处推进，他们将心学主旨一步步地揭示出来，至陆九渊则基本完成了心学体系的建立。因此，当全祖望论及心学时说“程门已有此一种矣”[⑤] 时，实际上是对程颢对陆九渊心学形成作用的充分肯定。

## 二　张载与陆九渊心学的理论建构

在陆九渊的现存论著中罕有提及张载者。经仔细考察，实际上只有一处，

① 刘玉敏：《心学源流——张九成心学与浙东学派》，第 2 页注释 2。

② 魏涛：《程颢对传统儒家境界论的提升及其意义》，《华夏文化》2020 年第 3 期。

③ 陈来：《宋明理学》，华东师范大学出版社 2004 年版，第 92 页。

④ 陈来：《宋明理学》，第 206 页。

⑤ （清）黄宗羲原著，全祖望补修：《宋元学案》卷二十九《震泽学案》，第 1047 页。

保留在《陆九渊集》卷三《与曹立之》的书信中："横渠先生云：'见识长得一格，看得又别。'此语诚是。"① 对横渠所提的读书之法予以表彰。查其出处，此语在今本《经学理窟》中，张载云："某观《中庸》义二十年，每观每有义，已长得一格。六经循环，年欲一观。观书以静为心，但只是物，不入心，然人岂能长静，须以制其乱。"② 《经学理窟》提到了"已长得一格"一句，"看得又别"未及，或陆九渊只是意引而已。这在古人那里当为平常之事。尽管从文本上来看，陆九渊对张载思想似乎关注有限，而从思想史发展的内在脉络来看，张载的心学思想实际上应当对陆九渊思想的形成产生了一定影响。

从某种意义上来说，相较于二程，张载对于孟子思想的吸收恐要更为明显一些。故有"世将横渠比孟子"之说。尽管张程在进行儒家道统谱系建构时都认为其学乃遥承孟子之学，但实际上对孟子的思想承传还是有不同的侧重。张载整个学术体系的建构，是与他融合六经、推本《论》《孟》密不可分的。《宋史·张载传》称张载"以孔孟为法"，《宋元学案·横渠学案》称张载"以孔孟为极"，王夫之在《张子正蒙注》序论中称张载以《论》《孟》为"要归"，皆可见《孟子》对张载的影响。张载曾云："要见圣人，无如《论》《孟》为要。《论》《孟》二书于学者大足，只是须涵泳。"③ 张载还曾说："学者至于与孟子之心同，然后能尽其义而不疑。"④ 可见，孟子对心性问题的重视，尤其是对心的界定，已引起张载的高度关注。

我们知道，在张载的思想体系中，心并不是最重要的哲学范畴，但这并不意味着张载的心学就没有意义。从对心学的影响而言，张载的思想中所包蕴的心学因素当不可忽视。⑤ 张载提出了一系列重要的心性论命题，其中与心有关的，最主要的有五个：一为"为天地立心"；二为"合性与知觉，有心之名"；三为"心统性情"；四为"心小性大"；五为"礼之原在心"。张岱年先

---

① （宋）陆九渊：《与曹立之》，《陆九渊集》卷三，中华书局 1980 年版，第 42 页。

② （宋）张载：《经学理窟·义理》，《张子全书》（增订本）卷五，第 71 页。

③ （宋）张载：《经学理窟·义理》，《张子全书》（增订本）卷五，第 67 页。

④ （宋）张载：《张子语录上》，《张子全书》（增订本）卷十一，第 199 页。

⑤ 详参董平《张载心学结构发微》，《宝鸡文理学院学报》（社会科学版）2007 年第 6 期；林乐昌《张载心学论纲》，《哲学研究》2020 年第 6 期。

生主要强调了前两个[①]，林乐昌先生主要强调了中间三个。[②] 笔者以为要全面把握张载的心学思想，需要全面考察这五个命题。

首先是“为天地立心”。这是著名的“横渠四句”中的首句。关于其意涵的理解历来众说纷纭，成为张载思想研究中的难点。应该说，张载所谈的“为天地立心”，其目的是非常明确的，那就是要确立在“天地人”三才结构中人的核心地位和价值，具有强烈的价值论指向，并非从认识论层面而言。尽管张载曾经讲过，“天地本无心，因物而生心”，但他所强调的“心”不是从认识论的角度而言，不是在强调天地万物的客观性，而是要为世界“立法”，确立人作为世界主宰的中心地位，从而挺立起人们认识世界、改造世界时的主体性。按照中国传统哲学的看法，对于生命体来说，心是其本源，同时也是其主宰者。照此逻辑，天地宇宙的本源便是“天地之心”，“天地之心”自然也是宇宙的主宰。由此，张载重提“天地之心”并予以崭新的解释：“大抵言‘天地之心’者，天地之大德曰生，则以生物为本者，乃天地之心也。”[③] 这种天地之心，张载有时候简称为“天心”：“大其心则能体天下之物……天大无外，故有外之心不足以合天心。”[④] 天心即天地之心，这种天地之心不同于闻见或认知心。张载甚至提出：“天本无心，及其生成万物，则须归功于天……立本以此心，多识前言往行以畜其德，是亦从此而辨，非亦从此而辨矣。”[⑤] 所以天地之心并不是认知心。在此生生不已的宇宙背后一定存在着某种力量左右着它，这就是天地之心。天地之心不仅是宇宙的生存本源，亦是决定者。因此，把握住这个决定者之心似乎就可以主宰世界了。于是，张载提出了千古名句：“为天地立心，为生民立道，为去圣继绝学，为万世开太平。”[⑥]力图为宇宙间万事万物寻找一个终极决定者，进而通过它来决定宇宙万物的生存性质和方向。林乐昌先生说：“‘为天地立心’的基本意涵……是人（通常指儒家圣人）具有领悟‘天地之仁’的能力，并以‘天地之仁’的

---

① 张岱年：《中国古典哲学概念范畴要论》，中国社会科学出版社 1987 年版，第 192 页。

② 林乐昌：《张载心学论纲》，《哲学研究》2020 年第 6 期。

③ （宋）张载：《横渠易说·上经·复卦》，《张子全书》（增订本）卷八，第 123 页。

④ （宋）张载：《正蒙·大心》，《张子全书》（增订本）卷一，第 13—14 页。

⑤ （宋）张载：《经学理窟·气质》，《张子全书》（增订本）卷四，第 61 页。

⑥ （宋）张载：《张子语录中》，《张子全书》（增订本）卷十一，第 206 页。

价值意蕴作为宇宙论根据，从而为社会确立仁、孝、礼等道德价值系统。"[①] 这一立场虽然消除了传统误解，逼近真理，却依然有所不足。天地之心是宇宙的主宰。为天地立心即主导宇宙。主导的核心自然是仁。杨国荣先生说："人为天地立心，实质上从价值的层面上，凸显了人的创造力量以及人赋予世界以意义的能力。"[②] 张载的这一伟大志向体现了他彰显人类主体性的意愿或理想。这也是传统儒家的共同理想。另外，天地之心是宇宙的本源，作为本源，传统儒家又把它叫作性。张载曰："性者万物之一源，非有我之得私也。"[③] 性是宇宙万物生成之源，这种本源之性同时也是主宰者。张载曰："乾称父，坤称母；予兹藐焉，乃混然中处。故天地之塞，吾〔其〕体；天地之帅，吾其性。民，吾同胞，物，吾与也。"[④] 天地万物合为一个整体。其中，万物是整体，而性则是这个整体的主宰者（即"帅"）。故，同为本源，心、性所指为一："由太虚，有天之名；由气化，有道之名；合虚与气，有性之名；合性与〔知〕觉，有心之名。"[⑤] 心即性与"知觉"的合一，此即"心统性情者也。"[⑥] 心统性情即是作为本源的心与作为本源的性是统一的。天心即天地之性。

其次是"合性与知觉、有心之名"。这是著名的"太和四句"中的最后一句，也是备受各家讨论、批评的一句。在二程看来，心即是性，没有必要还要"合知觉"，若如此说，则恰恰说明"心"之不自足。朱熹则继承了二程的观点。牟宗三也认为张载此句有问题，他认为性本自足，无需再与知觉相合。这些理解皆非正解。实际上，张载这里所涉及的心，关涉到人性的问题。人是作为"气质之性"与"天地之性"的合体，而"天地之性"乃是人别于禽物的关键属性。若离开了"知觉"去谈性，则将人的特殊性予以抹杀了。

再次是"心统性情"。尽管在张载的文本中，"心统性情"似乎是一句

---

① 林乐昌：《"为天地立心"——张载"四为句"新释》，《哲学研究》2009 年第 5 期。

② 杨国荣：《关学的哲学意蕴——基于张载思想的考察》，《华东师范大学学报》（哲学社会科学版）2017 年第 1 期。

③ （宋）张载：《正蒙·诚明》，《张子全书》（增订本）卷一，第 11 页。

④ （宋）张载：《正蒙·乾称》，《张子全书》（增订本）卷二，第 62 页。

⑤ （宋）张载：《正蒙·太和》，《张子全书》（增订本）卷一，第 2 页。

⑥ （宋）张载：《性理拾遗》，《张子全书》（增订本）卷十三，第 239 页。

“孤语”，仅在《张子全书·近思录拾遗》中对“心统性情”作了集中论述：“心统性情者也。有形则有体，有性则有情。发于性则见于情，发于情则见于色，以类而应也。”① 张载借助《中庸》“已发”“未发”观念对于性与情的关系进行了新的阐发。他认为万事万物之实体形成之后，性和情即相伴而生，性作为情之来源，情是性的表现。张载曾经指出：“孟子之言性情皆一也，亦观其文势如何。情未必为恶，哀乐喜怒发而皆中节谓之和，不中节则为恶。”②“心统性情”与张载其他处论心之思想是相通的，如前所言的“合性与知觉有心之名”的命题，从思想内涵上与“心统性情”关系最为密切。既然心是“性”与“知觉”相合的产物，那么从理论上来说，心即可以实现与性、情的贯通。如此，则在张载的概念范畴中，“情”与“知觉”亦具有相通性。张载的这种思想不仅被朱熹所吸收、丰富，而且在一定程度上当亦影响了陆九渊。

再其次是“心小性大”。在张载佚著《孟子说》中有一段话：“性，原也；心，派也。性大于心。”③ 程、朱对“心小性大”多有批评，这使研究者能够从中获取一些相关信息。程颐批评说：“不当以体会为非心，以体会为非心，故有‘心小性大’之说。圣人之神，与天（一有地字。）为一，安得有二？至于不勉而中，不思而得，莫不在此。此心即与天地无异，不可小了它，不可（一作若或。）将心滞在知识上，故反以心为小。”④ 程颐反对张载“心小性大”的观点，认为圣人之心与天为一，此心即是天地，不能把心局限于认识主体的意义上。这里程颐所讲的心即程颢作为本体的心，心、性、天是一致的，都是宇宙的本体；而且此心是具体的能动的，心既是神又是认识能力。⑤所以程颐还说：“道孰为大？性为大。千里之远，数千岁之日，其所动静起居，随若亡矣。然时而思之，则千里之远在于目前，数千岁之久无异数日之近，人之性亦大矣。噫！人之自小者，亦可哀也已。人之性一也，而世人皆

---

① （宋）张载：《性理拾遗》，《张子全书》（增订本）卷十三，第239页。
② （宋）张载：《张子语录中》，《张子全书》（增订本）卷十一，第208页。
③ （宋）张载：《孟子说》，《张子全书》卷十六，第352页。
④ （宋）程颢、程颐：《河南程氏遗书》卷二上，《二程集》，第22页。
⑤ 庞万里：《二程哲学体系》，第78—79页。

曰吾何能为圣人，是自不信也。其亦不察乎！”① 根据庞万里的观点，程颐这里强调的是：“性为大，人人具有与圣人同样的本性。但他在这里讲的性实际上是心，因为这里的性不是指静止的抽象的东西，而是在仁心的认识能力和知识是不受时间和空间局限的意义上讲性大。”② 在朱熹与学生的对话中对此有着充分的讨论：

问：“‘不当以体会为非心’，是如何？”曰：“此句晓未得。它本是辟横渠‘心小性大’之说。心性则一，岂有小大！横渠却自说‘心统性情’，不知怎生却恁地说？”③

问：“‘不当以体会为非心，故有心小性大之说’，如何是体会？”曰：“此必是横渠有此语，今其书中失之矣。横渠云‘心御见闻，不弘于性’，却做两般说。渠说‘人能弘道，非道弘人’处云：‘心能检其性，人能弘道也，性不知检其心，非道弘人也。’此意却好。又不知它当初把此心、性作如何分？横渠说话有差处，多如此。”④

这里是对程颐批评张载“心小性大”之说时所提出的“不当以体会为非心”的讨论，从中可以看出，在朱熹那里对张载之“心小性大”之说也主要是一种批评的态度。在朱熹看来，心和性不可以小大来论，两者本来是一体的，有了小大之分后，则与其所说的“心统性情”的观点发生冲突。从朱熹的答语中可见，张载的“心小性大”之说在当时流传的张载著作中已不得而见。他从张载的“心御见闻，不弘于性”与“心能检其性，人能弘道也，性不知检其心，非道弘人也。”命题的矛盾性，形成了对张载义理表达的难以自洽的观感。依如上朱熹与学生的相关对话可以推知，程颐所说“谓体会为为非心”的主语和“或者”，都指的是张载。从这个意义上说，张载的“心小性大”的观点，尽管未能获得程朱的认同，但却作为张载心学中的重要命题支撑着其心学理论向着更为完善的方向发展。

---

① （宋）程颢、程颐：《河南程氏遗书》卷二十五，《二程集》，第 318 页。
② 庞万里：《二程哲学体系》，第 79 页。
③ （宋）黎靖德编：《朱子语类》卷九十七，第 2502 页。
④ （宋）黎靖德编：《朱子语类》卷九十七，第 2502 页。

最后是“礼之原在心”。张载向以“以礼为教”著称。礼在其哲学思想体系中具有特殊的地位。尽管我们在张载“天道性心”的哲学总纲中找不到“礼”的位置，但实际上礼则贯穿于其思想的方方面面。如其所言“爱恶之情同出于太虚”①，“除了礼天下更无道矣”②，“知礼成性”③，“礼之原在心”④等。尤其是这里的“礼之原在心”则明确了儒家伦理纲常规范的内在源泉。张载之所以提出这个命题，其非常重要的考虑则在于批判形式上的外在礼仪的泛滥，为礼在当时社会的践行提出了很高的内在要求和尺度。其价值不言而喻。张载还在理论上对礼作了众多新规定，他提出：“礼非止见于外，亦有无体之礼。”⑤ 他在对丧礼的阐释中，就非常重视“心丧”，如他在《有丧》一诗中说：“举世只知隆考妣，功缌不见我心悲。”⑥ “盖礼之原在心。礼者圣人之成法也，除了礼天下更无道矣。”⑦ 认为心者乃礼之体，而外在的礼仪乃是礼之用。他非常强调要践行有德之礼，而且将礼与道并提，说：“欲养民当自井田始，治民则教化刑罚俱不出于礼外。”⑧ 因为“今学者之心，出入无时，记得时存，记不得时即休”，⑨ 所以应该养心，如其所言：“学不长者无他术，惟是与朋友讲治，多识前言往行以有其德，非礼勿言，非礼勿动，即是养心之术也。”⑩ “常不为外物所牵引去。”⑪ 也就在这个意义上，张载批评时人：“今人自强自是，乐己之同，恶己之异，便是有固、必、意、我，无由得虚。”⑫ 充分发挥人的主体性学礼、知礼，才能保证在实践中所行之礼乃纯粹发乎本心。故而他指出：“礼，使人来悦己则可，己不可妄悦于人。”⑬ “虚

---

① （宋）张载：《正蒙·太和》，《张子全书》（增订本）卷一，第3页。
② （宋）张载：《经学理窟·礼乐》，《张子全书》（增订本）卷四，第60页。
③ （宋）张载：《横渠易说·系辞下》，《张子全书》（增订本）卷八，第172页。
④ （宋）张载：《经学理窟·礼乐》，《张子全书》（增订本）卷四，第60页。
⑤ （宋）张载：《经学理窟·礼乐》，《张子全书》（增订本）卷四，第60页。
⑥ （宋）张载：《文集抄·杂诗·有丧》，《张子全书》（增订本）卷十二，第237页。
⑦ （宋）张载：《经学理窟·礼乐》，《张子全书》（增订本）卷四，第60页。
⑧ （宋）张载：《经学理窟·礼乐》，《张子全书》（增订本）卷四，，第60页。
⑨ （宋）张载：《经学理窟·气质》，《张子全书》（增订本）卷四，第62页。
⑩ （宋）张载：《经学理窟·学大原下》，《张子全书》（增订本）卷六，第78页。
⑪ （宋）张载：《经学理窟·气质》，《张子全书》（增订本）卷四，第63页。
⑫ （宋）张载：《经学理窟·义理》，《张子全书》（增订本）卷五，第67页。
⑬ （宋）张载：《经学理窟·学大原上》，《张子全书》（增订本）卷五，第74页。

则事物皆在其中，身亦物也，治身以道与治物以道，同是治物也。然治身当在先，然后物乃从。由此便有亲疏远近先后之次，入礼义处。”① “大其心则能体天下之物”，② 大其心，才能博通众礼，于虚中求出实，于平旷中见道。而只有“中礼”，才能避免“多闻见适足以长小人之气”③ 的弊端。超越初学时的牵勉，把握为己之学的精髓。心正则本正，“立本既正，然后修持。修持之道，既须虚心，又须得礼，内外发明，此合内外之道也”④。这可谓是他对礼与心关系的一个总结，只有使虚心与得礼相互配合，方可有效地改善修养过程。“以此（有）〔存〕心，则无有不善。”⑤所谓本心，即仁心、天心，能尽仁心皆 、反天心，则能变化气质。以此，故横渠所到之处，皆能化民成俗，风俗丕变。

张载通过多个层面的心学命题建构起了一个自天心（天地之心）到礼之原之心的心学体系。虽然张载未明确地将心作为宇宙本体，但应该说其思想中有包括“大心”“虚心”等在内的浓厚的后世心学的意蕴。这对于倡导“宇宙便是吾心，吾心即是宇宙”“心即理”的陆九渊来说，当具有一定的导发作用。尽管张载也提及“格物致知”之说，但其解“格”为“去”，这和诸儒有很大差别，展现出张载对格物致知理解的独特路径。他将格理解为去除外物障蔽之去除意，与其在他处所言及之虚其心之意旨相统一。只有去物，心方可“虚明”，也只有不断地格除外物、外欲之蔽和诱，方可达至“天心”。这一思路同程颢所言之“物来而顺应，廓然而大公”，不必刻意绝外诱的思路截然不同。但无论如何，张载对于格物的理解并没有从认知的意义出发，而是从“大其心”，提升其德性的意义入手，实现主体自我意识的超越，达致成圣成贤的目标。而在陆九渊那里，“心理合一”乃为根本命题，心不仅是道德本体，也是宇宙本体。张载所谈的“有外之心不足以合天心”，其主旨无疑是倡导不断地“大其心”，突破重重障蔽，实现心与天合。这与陆九渊所讲的“心体甚大”“充塞宇宙”如出一辙，都是在把主体意识超越化、绝对

① （宋）张载：《经学理窟·学大原下》，《张子全书》（增订本）卷六，第81页。
② （宋）张载：《正蒙·大心》，《张子全书》（增订本）卷一，第13页。
③ （宋）张载：《经学理窟·气质》，《张子全书》（增订本）卷四，第63页。
④ （宋）张载：《经学理窟·气质》，《张子全书》（增订本）卷四，第64页。
⑤ （宋）张载：《经学理窟·气质》，《张子全书》（增订本）卷四，第62页。

化，将其扩展到整个自然界，实现主体向客体的无限接近。张载“天道性心”的哲学总纲中，“心”处于最后一个环节，这表明张载虽然究心力索于天道，却又将其关切落实于人心、人道。在张载看来，他所谓的心，是以德性为根据的道德主体，是凡人之心。但心对性具有能动性，即“心能尽性，人能弘道也”。那么“心”对性的能动性如何体现呢？张载认为要通过穷理尽性的修养功夫，使心能够自觉体认到内在的本体根据，并尽力实现和弘扬天道，达到“性与天道合一存乎诚”的圣人境界。在穷理的认识路径上，张载提出了“若只以闻见为心，但恐小却心”①，要“大其心”最终合于“天心”，就应该超越感性闻见之知，努力去“尽其心”，即充分发挥心的作用，尽量扩大天赋的理性认识能力，让其把握无限之知，从而他才提出：“太虚者，心之实也。”② 以上便是张载以“心”为基点，穷理尽性而达到圣人境界的修养工夫路径。③ 而这明显与陆九渊的修养路径非常近似。陆九渊将儒家的修齐治平之道皆归于心学，故而有了其以心学为实学的思路。他称自己平生学问“只与理会实处，就心上理会”④，“只是一实”⑤，“一实了，万虚皆碎”⑥。当有人讥讽其学仅只“先立乎其大者”时，他闻言即加首肯。观其所论及实践，反复突出的实际上是一“实”字。这里既有他对本心的切实反省，也包含了他对现实问题的高度关注。由此可见，在陆九渊那里，发明本心之学即是他所强调的实学，“种种攻讦陆学以至整个儒学为空疏无用之学的论说，至少是并不全面了解陆学的真实内涵”⑦。正是缘于此，张立文先生才指出：“‘太虚者，心之实’的思想，成为陆九渊心学思想之来源。”⑧。

另外，在陆九渊那里，一方面倡导先立乎其大者，存其“本心”；另一方面又提出“去私”“明理”，将其作为确立大本的重要条件。在他看来：“有

① （宋）张载：《张子语录下》，《张子全书》（增订本）卷十一，第214页。
② （宋）张载：《张子语录中》，《张子全书》（增订本）卷十一，第208页。
③ 魏涛：《张载〈东铭〉之思想史意义及其价值发微》，《河北师范大学学报》（哲学社会科学版）2011年第1期。
④ （宋）陆九渊：《语录下》，《陆九渊集》卷三十五，第444页。
⑤ （宋）陆九渊：《语录上》，《陆九渊集》卷三十四，第399页。
⑥ （宋）陆九渊：《语录下》，《陆九渊集》卷三十四，第448页。
⑦ 杨柱才：《陆九渊的儒学思想》，《中国儒学史》（宋元卷），北京大学出版社2011年版，第456页。
⑧ 张立文：《中国哲学思潮发展史》，人民出版社2011年版，第932页。

己则忘理，明理则忘己。‘艮其背，不见其身，行其庭，不见其人’，则是任理而不以己与人参也。”[①] “天下事理，固有愚夫愚妇之所与知，而大贤君子不能无蔽者。”[②] “然天人之际，实相感通，虽有其数，亦有其道。”[③] 他并没有否认“理”的客观存在，但更加强调“忘己”，反对“师心自用”，而致“大公”。因为在他看来：“己私之累人，非大勇不能克。‘一日克己复礼，天下归仁焉’，岂直推排而已哉？”[④]所以在日常生活中，人们需要不断地克去己私，方可使得“充塞于宇宙”的大道流行天下。这一点，实与张载在《东铭》中所言的“克己”工夫非常近似。张载《东铭》开篇就言：“戏言，出于思也；戏动作于谋也。发于声，见乎四肢，谓非己心，不明也；欲人无己疑，不能也。”[⑤] 明确表明，平日偶然戏谑的话本是出于心中的思想，平时偶然戏谑的举动本是出于心中的谋虑。突出了“心”的道德主体性和能动性。“言虽戏谑，必出于思，动虽戏谑，必出于谋。夫声者心之发，四肢者心之用，思与谋皆心之筹度。今既发于声，见于四肢，出于思而谋，是皆本于心者也，而谓非己之心，愚也。非不明而何？则人必疑之谓非端人正士也。谓非己心若曰吾直戏耳，非实心如此也。”紧接上文的“有心之非”，后文阐述“无心之失诚实”。“过言，非心也；过动，非诚也。失于声，缪迷其四体，谓己当然，自诬也；欲他人己从，诬人也。”[⑥] 这里，张载认为这些出于心中思虑的过分言论本不是人心所固有，出于心中思虑的过分举动也本不是人的诚心所应该如此。张载主张“天人合一”。“气”散为万殊，人亦为气所聚成，自然怀有善之天性，但由于“闻见所知”而“小却心”，不能穷尽天下之理，从而产生戏言、戏动。因此“过言，非心也；过动，非诚也”。之后，张载总结道：“惑者以出于心者（引）〔归〕咎为己戏，失于思者自诬为己诚。不知戒其出汝者，归咎其不出汝者，长傲且遂非，不知孰甚焉！”[⑦] 于此批评人的顽愚品性，并告诫人们不要“长傲”，可谓“欲人深戒于言动未发之先，以为

① （宋）陆九渊：《语录下》，《陆九渊集》卷三十五，第473页。
② （宋）陆九渊：《与吕伯恭》，《陆九渊集》卷十五，第61页。
③ （宋）陆九渊：《大学春秋讲义》，《陆九渊集》卷二十三，第277页。
④ （宋）陆九渊：《与黄康年》，《陆九渊集》卷十，第132—133页。
⑤ （宋）张载：《正蒙·乾称》，《张子全书》（增订本）卷二，第46页。
⑥ （宋）张载：《正蒙·乾称》，《张子全书》（增订本）卷二，第46页。
⑦ （宋）张载：《正蒙·乾称》，《张子全书》（增订本）卷二，第46页。

正心诚意之本。欲人自咎于言动已失之后，以为迁善改过之机，其诲人之意深矣”。在张载看来，要想达到圣人境界，必须做到从“闻见所知”到“德性所知”再到“诚明所知”的不断超越，这是一个长期不断学习积累、躬身自省的过程，而其基础就是要注意平时的言行，祛除“戏谑”，避免“长傲”，在穷理尽性之路上不断求索。① 这一点上无疑与陆九渊的思想是相通的。

## 第三节　朱陆之辩对关洛之辩的问题承继

朱陆异同及其争论的问题，黄宗羲曾予以评论说：“（象山）先生之学，以尊德性为宗……同时紫阳之学，则以道问学为主……宗朱者诋陆为狂禅，宗陆者以朱为俗学，两家之学，各成门户，几如冰炭矣……二先生同植纲常，同扶名教，同宗孔孟。即使意见终于不合，亦不过仁者见仁，智者见智，所谓‘学焉而得其性之所近’。原无有背于圣人。”② 该评论在一定程度上较为客观地说明了朱陆之异同，然而在有些方面恐略有所疏。朱陆之辩在中国思想史上有着重要地位，尽管相较于先秦诸子之间的讨论，汉魏玄学与佛学之间的辩论，隋唐儒、释、道三教之间的争锋来说，恐只为一插曲而已。然而在理学居于统治地位的元明清时期，却因学术思想界长期对其讨论的延续而地位日显，渐成“数百年未了底大公案”③。我们知道，朱陆之间有同亦有异，历史上也有早异晚同之说。然而，他们之间的分歧并没有完全在朱陆之辩中予以展现。

### 一　从理气之辩到理心之辩

我们知道，在张载与二程的理论争鸣中，最根本的即在于张载主张以太虚为本，二程则主张以天理为本。而这则集中体现在其对“太极”这一范畴的理解上。

---

① 魏涛：《张载〈东铭〉之思想史意义及其价值发微》，《河北师范大学学报》（哲学社会科学版）2011 年第 1 期。

② （清）黄宗羲原著，全祖望补修：《宋元学案》卷五十八《象山学案》按语，第 1886—1887 页。

③ （明）陈建：《学蔀通辨·自序》，中华书局 1985 年版，第 1 页。

张载基于气学的立场论证了天、地、人合一之道的“太极”。① 从宇宙论上来看，张载所说的“太极”，是作为两种对立成分相统一的“太和”之气的表征。蒙培元先生认为：“这不仅是从一般宇宙生成论上说，而且是从本体论上对包括天、地、人在内的一切自然现象所作的一个最高的概括。”② 在二程那里不讲“太极”，而代之以“理”，他们超越了邵雍象数学、张载气学、周敦颐“无极而太极”说，建构起了以“天理”为本的理学体系。程颐说：“有理而后有象，有象而后有数。易因象以明理，由象而知数。得其义，则象数在其中矣。必欲穷象之隐微，尽数之毫忽，乃寻流逐末，术家之所尚，非儒者之所务也。”③ 这里我们看到，二程讲的不是太极阴阳，而是道和阴阳。之后其高足杨时则提出了“道为太极”的思想。他在讲学时引入“太极”的观念，说：“太极本无定位，当处即是太极。”他将“太极”视为理，说：“既有太极，便有上下；有上下，便有左右前后；有左右前后，有左右前后四方，便有思维。皆自然之理也。”④ 从而丰富发展了二程的思想。之后朱熹的“万物各有一太极”⑤ 之说恐即受其启发。朱熹首次将“太极阴阳”确定为宇宙本体论的根本范畴，并将其与理气相结合，建构起了系统的宇宙本体论。

在朱熹那里，对周敦颐的“太极生阴阳”的思想进行了理本论的改造，使得原本的相生关系，转化成体用关系。太极的动静，乃是通过阴阳得以实现的，而阴阳动静之因，则在于太极之理。所以他说：“自其著者而观之，则动静不同时，阴阳不同位，而太极无不在焉；自其微者观之，则冲穆无朕，而动静阴阳之理已悉具于其中矣。虽然，推之于前而不见其始之合，引之于后而不见其终之离也。”⑥ 因为阴阳动静之理寓于太极之中，故天地万物的化生都只是从逻辑在先的意义而言：“如‘《易》有太极，是生两仪’，则先从实理处说。若论其生则俱生，太极依旧在阴阳里。但言其次序，须有这实理，

① 如其所言：“一物而两体，其太极之谓欤！阴阳天道，象之成也；刚柔地道，法之效也；仁义人道，性之立也。三才两之，莫不有乾坤之道也。易一物而合三才，天地人一。”［《横渠易说·说卦》，《张子全书》（增订本）卷十，第 192 页。］

② 蒙培元：《理学范畴系统》，第 59 页。

③ （宋）程颢、程颐：《答张闳中书》，《河南程氏文集》卷十，第 615 页。

④ （宋）杨时：《南都所闻》三，《杨时集》卷十三，第 383 页。

⑤ （宋）黎靖德编：《朱子语类》卷九十四，第 2409 页。

⑥ （宋）朱熹：《太极图说解》，《朱子全书》第 13 册，第 72—73 页。

方始有阴阳也，其理则一。虽然，自现在事物而观之，则阴阳函太极，推其本，则太极生阴阳。”[①] 也就是说太极是在本体论上的使之然者，阴阳之所以能化生万物之原因所在。陆九渊对朱熹的太极阴阳说完全不能接受，二人进行了激烈的讨论。这集中体现在他们关于“无极太极”的问题争鸣上。朱熹将周敦颐的“无极而太极”解释为“无形而有理”，陆九渊则认为“无极而太极”是老子之说，在“太极”之上不能加“无极”。如其所言：

> “无极”二字出于《老子》“知其雄”章，吾圣人之书无所有也。《老子》首章言“无名天地之始，有名万物之母”，而卒同之，此老氏宗旨也。“无极而太极”即是此旨。[②]

显然，陆九渊以“无极”为道家的概念，自无生有亦为道家理论观念两项判据将“无极而太极”判定为“老氏宗旨”。而朱熹则努力将“无极而太极”命题与道家思想加以区别。在他看来，从思想内涵上来看，周敦颐的《太极图说》的“无极”不同于道家之“无极”。此外，他还努力去弥合“太极”与“太虚”。他的这种弥合主要体现在以“理”界说、训释“太极”的内涵，同样以“理”训解、界定“太虚”。他视周敦颐的“太极”为万物根源、万物本然和总体之理；将张载“气之本体”的太虚改造为“理”，因此与被他解释为“二气五行之理”的周敦颐的“太极”就没有差别了。此正如蒙培元先生所说，问题的实质在于，陆九渊不同意朱熹的“以太极为理”说。[③] 在他看来，太极并不是理，而是大中之道。因道即阴阳，所以太极就是阴阳，不可以在太极阴阳之间去分形而上与形而下。当然，陆九渊所讲的形而上实际上与朱熹是不同的，但他并没有否认形上之理，所以他只讲“心即理”，却从未讲心即是太极。

尽管陆九渊并不是“心为太极”的首倡者，但在客观上却对后世的“心为太极”说产生了直接的影响。朱陆之间围绕太极的讨论，可以视为张程之间讨论的延续。在他们之后，“太极”作为理学中的重要哲学范畴，引起了学

---

① （宋）黎靖德编：《朱子语类》卷七十五，第 1929 页。

② （宋）陆九渊：《与朱元晦》，《陆九渊集》卷二，第 24 页。

③ 蒙培元：《理学范畴系统》，第 63 页。

术界的热烈讨论。从中演化出两种不同的解释路径：一主心为太极，一主气为太极，心学派和气学派即由此而展开了辩论。[①] 这对于元明清时期中国哲学的理论发展发挥了重要的推动作用。作为发端于张程之间的以“太极”为核心的讨论，演化到朱陆之辩，中国哲学的核心问题也逐步由北宋时期的理气之辩向理心之辩转移。

## 二 为学之方讨论的延续

如前所论，在关洛学术争鸣中，除了关于虚无之气的讨论之外，最为热烈的则是关于为学之方的讨论。在张载看来，为学需要“有渐”，逐级上升、提高；而在二程那里则反对这一点主张一时并了。其讨论集中在关于《易传·系辞》“穷理尽性以至于命”的解释上。张载认为先穷理，再尽性，然后再至于命；而二程则主张穷理、尽性、至命三者“一齐了得”。在修养工夫论体系中，张载强调要以德性为先，故其明确地区分了德性之知与见闻之知，并主张人们应该以追求德性之知为目标，反对孜孜于见闻小知。所以他明确提出：“不尊德性，则学问从而不道。”[②] 以尊德性为前提落实到行动必然要求加强自身修养，在心上下工夫。二程及其门人也多追求德性之知，反对停留于见闻之知。虽然二程主张“涵养须用敬，进学则在致知”[③]，道问学和尊德性齐头并进，但在实践的层面往往是将格物穷理置于首位。所以他们非常重视《大学》的修身意义，将其放到诸经之首：“入德之门，无如《大学》。”[④]“修身，当学《大学》之序。《大学》，圣人之完书也，其间先后失序者，已正之矣。”[⑤] 这意味着在二程那里，完全是按照《大学》的次序展开其修养工夫论的，这使得格物致知论对二程道学理论体系的完善和特质彰显发挥了决定性作用。于此，我们可以看出，在张载二程那里，其实已经埋下了尊德性与道问学之争的伏笔。众所周知，他们的这种争论被朱熹和陆九渊所延续。此诚如有学者所指出的：“从张载‘不尊德性，则学问从而不道’到朱子以

---

① 蒙培元：《理学范畴系统》，第 64 页。

② （宋）张载：《正蒙·中正》，《张子全书》（增订本）卷一，第 16 页。

③ （宋）程颢、程颐：《河南程氏遗书》卷十八，《二程集》，第 188 页。

④ （宋）程颢、程颐：《河南程氏遗书》卷二十二上，《二程集》，第 277 页。

⑤ （宋）程颢、程颐：《河南程氏遗书》卷二十四上，《二程集》，第 311 页。

‘尊德性’与‘道问学’为‘两事’，恰恰是南宋文教事业发展的表现，也是由其文教事业之发展促成的。从这个角度看，‘尊德性’与‘道问学’从张载时代的‘一事’演变为朱子时代的‘两事’，恰恰体现着程朱对张载‘穷理尽性’精神的继承与落实的具体化。”① 而此种“两事”的情况，实际上在张载那里还以“诚”与“明”的方式兼容并进，而至朱陆这里亦转为相争、分离之态势。张载曾指出：“须知‘〔自〕诚明’与‘〔自〕明诚’者〔有异。‘自诚明’者〕，先尽性以至于穷理也，谓先自其性理会来，以至（行）〔于穷〕理〔也〕；‘自明诚’者，先穷理以至于尽性也，谓先从学问理〔会〕，以推达于天性也。某自是以仲尼为学而知者，某今亦窃希于明诚，所以勉勉安于不退。”② 很显然，在张载看来，所谓“自诚明”的“性”与“自明诚”的“教”也可以“先尽性以至于穷理”与“先穷理以至于尽性”而予以区别。运用《周易》的“穷理尽性以至于命”来解释《中庸》的“自诚明”与“自明诚”，让两种不同的修为方式清晰明白地展现出来，此当是张载的一个重要创发。不过在这里，因“自”与“先”的对等性诠释使得“自诚明”与“自明诚”两种不同的天人合一追求进路得到同等的重视。而从以后理学的发展来看，这两种不同的为学进路，实际上落实在程朱理学与陆王心学两种不同的发展走向中。此亦可视为在张载那里实际上已经包蕴有朱陆之争的思想因子。而这种因子实际上在大程与小程的修养工夫论差异中亦是有所体现的。

朱陆因为对理的理解分歧，从而形成了在修养工夫上的重大争议。朱熹认为“理在事中”，陆九渊则认为“理在心中”，以致形成“性即理”与“心即理”的根本理论分歧，并导致了朱熹以“格物穷理”为核心的“道问学”的方法，以及陆九渊坚持以“明心”主、“先立乎其大者”的“尊德性”的方法。于是有了发生在淳熙二年（1175）初夏的“鹅湖之会”。会上朱陆就为学方法问题进行了激烈的讨论。根据随陆九渊参加该次讨论的朱亨的记载：“鹅湖之会，论及教人，元晦之意欲令人泛观博览，而后归之约。二陆之意，欲发明人之本心，而后使之博览。朱以陆之教人为太简，陆以朱之教人为支离，此颇不合。”③ 在鹅湖之会前，陆九渊在给家兄陆九龄的信中以诗的形式

① 丁为祥、孙德仁：《张载哲学对宋明理学的主要贡献》，《中国哲学史》2020 年第 6 期。

② （宋）张载：《张子语录下》，《张子全书》（增订本）卷十一，第 212 页。

③ （宋）袁燮：《年谱》，《陆九渊集》卷三十六，第 491 页。

表达了自己的观点："墟墓兴哀宗庙钦，斯人千古不磨心。涓流积至沧溟水，拳石崇成泰华岑。易简工夫终久大，支离事业竟浮沈。欲知自下升高处，真伪先须辨只今。"[①] 陆九渊认为朱熹的学问失之于"支离"，没有根基。朱熹看到这首诗后，大不悦，并在三年后陆九龄重访时和诗一首："德义风流夙所钦，别离三载更关心。偶扶藜杖出寒谷，又枉蓝舆度远岑。旧学商量加邃密，新知培养转深沉。却愁说到无言处，不信人间有古今。"[②] 朱熹认为陆九渊的方法病根在于"却是在尽废讲学而专务践履，今于践履中要人提撕省察，悟得本心，此为病之大者"[③]。并认为其"自信太过，规模窄狭，不复取人之善，将流于异学而不自知耳"[④]。所以在以上诗中讥讽陆氏之学流于空疏，师心自用。正如《宋元学案》所云："于是宗朱者诋陆为狂禅，宗陆者以朱为俗学，两家之学各成门户，几如冰炭矣。"[⑤] 鹅湖之会只是作为朱陆之辩的一个聚焦，一个侧面，有很多问题朱陆之间实际上在鹅湖之会后仍然在进行着激烈的讨论。

朱陆之辩的核心实际上是通过何种路径成圣成贤的问题，也就是如何去提升人的道德修养的问题。朱子比较重视"格物穷理""主敬涵养"等工夫，而陆九渊则着重强调要先"立乎其大者"的"尊德性"工夫。两者的分歧和争论在后世不断被放大，乃至于几成之后数百年中国思想界讨论的核心问题之一。有主朱学者，有主陆学者，更有不少学者在做着和会朱陆的工作。朱陆之辩以及围绕着朱陆之辩所展开的相关讨论，构成了朱陆以降，元、明、清诸代哲学发展的一条主线。[⑥] 这既表明了朱熹、陆九渊所开启的两大学派的卓著影响，也从另外一个侧面说明，在理学的奠基期，张载、二程所开奠的理论规模、理论深度、问题域等对于理学这种新的学术范式所产生的深远影响。

---

① （宋）陆九渊：《鹅湖和教授兄韵》，《陆九渊集》卷二十五，第 301 页。

② （宋）朱熹：《鹅湖寺和陆子寿》，《晦庵先生朱文公文集》卷四，《朱子全书》第 20 册，第 365 页。

③ （宋）朱熹：《答张钦夫（十二月）》，《晦庵先生朱文公文集》卷三十一，《朱子全书》第 21 册，第 1350 页。

④ （宋）朱熹：《答张钦夫（十二月）》，《晦庵先生朱文公文集》卷三十一，《朱子全书》第 21 册，第 1350 页。

⑤ （清）黄宗羲原著，全祖望补修：《宋元学案》卷五十八《象山学案》，第 1886 页。

⑥ 彭永捷：《朱陆之辩——朱熹陆九渊哲学比较研究》，人民出版社 2002 年版，第 3 页。

朱陆之后，其门人后学依然恪守师门之训，沿袭着相关讨论。就朱熹而言，一生坚持讲学不辍，门庭广大，弟子众多，仅收入《宋元学案》者即有百余人之多。其中尤以被视为闽学干城和嫡传的蔡氏父子、黄幹、魏了翁等最为突出。朱学以其体大思精、综罗百代的吸纳力量展现出极强的思想影响力，加之其超然的人格魅力，以及张栻、吕祖谦、陆九龄的去世，均将朱学推向一个至高的地位。尤其是在宋理宗后期，闽中、四明、金华、江右都笼罩在朱子学的影响之下。伴随着朱熹的去世，朱子学的中心也由闽中转至婺州，以何基、王柏、金履祥、许谦等"北山四先生"最为大宗。陆九渊的思想虽相较于朱熹成熟较晚，然因一生坚持以讲道授业为己任，前后数十年，培养了大批弟子。尤其是其讲学以点悟、启发本心为要，为很多文人雅客所钦爱。故而黄宗羲亦慨叹："弟子属籍者至数千人，何其盛哉!"[①] 其弟子主要分布在江西和浙江两地。在江西者史称"槐堂诸儒"，以傅梦泉、邓约礼、傅子云等为代表，以讲学为主；居浙东者史称"甬上四先生"，即指杨简、袁燮、舒璘、沈焕四人，他们以从理论上对陆九渊心学的阐发为主。陆学之影响虽仍在，但学术论争极少，且其高妙玄远，很难为一般人所把握，其门人在陆九渊逝后多有调和朱陆的倾向。总的来说，朱陆后学的论辩，各执一端，进一步强化了朱陆思想之分歧，"也将本来的学理之争带上更多的成见和义气色彩，从而变成学派之争、门户之争"[②]。朱学伴随着日益被官学化而渐盛，而陆学则渐渐沉寂，直到两百年后的阳明心学起，才重新焕发出新的生机。

综观既往研究可见，历来关于朱陆之辩的研究，大多立基于程颢与程颐之异来追源，拓展至两人思想的整体比较来深化，并下沿至元明清的哲学争鸣尤其是朱子学与阳明学的交锋来进行讨论。殊不知这一历史上影响深远的学术争鸣，与北宋时期关学与洛学这两大学派之间的学术争鸣密不可分。可以讲，关洛之辩其影响所及，不只在于奠定了洛学乃至于后世的湖湘学、朱子学等讨论的问题域，而且对于后世朱陆之辩理论争鸣的规模与深度亦有着深刻的影响。所以，从这个意义而言，关洛之辩，乃是朱陆之辩的先声。

---

① （清）黄宗羲原著，全祖望补修：《宋元学案》卷七十七《槐堂诸儒学案》，第2571页。

② 郭庆财：《南宋的学派之争与文学嬗变》，第13页。

# 结　语

北宋时期是中国儒学发展的重要时期，历经多位儒者穷天稽地地艰辛理论建构，理学——这一中国学术史上的新的范式得以出现。与此同时，思想界也异常活跃，致使“庆历之际，学统四起”。深受佛老思想的冲击与挑战所形成的“儒门淡泊，收拾不住”之局面在儒者们的相互争鸣中日渐改观。此时形成的濂学、洛学、新学、关学、蜀学和涑水之学等儒家学派既在相互争鸣中于政治上谋求统治地位，亦在争鸣中不断地强化自身的理论特色。在这中间，尤以关学创立者张载与洛学创立者程颢、程颐之间的学术争鸣影响为巨。关注关洛学术争鸣这一重要的学术史问题，对于北宋思想史乃至整个中国哲学史的研究都具有重要意义。

首先，张程在包括对宇宙本原、天理人欲、为学之方等重要问题上都拉开了宋代理学争辩的序幕。二程与张载之前，尽管各家各派也有围绕相关问题的诸多讨论，但真正上升到宇宙本体的高度对汉唐儒学展开系统的清理，并且建构起了系统的理论体系，在北宋则非张载与二程莫属。他们之间的争辩最终使得过去隐匿在儒学文献和话语体系背后的问题被显性化。激发了儒者们在此后的社会发展过程中，进一步强化了“学政不二”的儒者本色。

其次，应该看到，关洛争辩极大丰富了北宋儒学发展的方向，为道德理想与世俗伦理的结合留下了重要的理论重构空间。从理论建构的总体来看，张载重于理论的世俗化面向，故推崇渐次展开的“穷理、尽性然后至于命”的修为方式；程颢基于其“天人本一”的思想基点，倡导提升人的境界重于“明睿所照”“顺来而顺应，廓然而大公”的修为方式；而程颐则基于其严格区分形上与形下的思想提出了“格物致知”的修为思路。从整体上来看，与关学强调“以礼为教”，注重“知礼成性”“变化气质”有别，洛学则更加倾力于个体的生命体认，由此形成他们不同的理论方向。虽在张载逝后，两大学派有交融的趋向[①]，然其在争鸣中所留下的问题，在道德理想与世俗伦理的结合上各有偏失，而这则为后世留下了进一步结合与发展的可能。

最后，关洛学术争鸣也为后世的理学发展留下了诸多进一步研讨的理论问题，留下了丰富的讨论空间。尽管关洛二派皆以“倡明儒学”为己任，但从其争鸣可见，无论是话语体系的建构，还是核心问题的突出方式，以及对待儒家传统不同经典的态度都存在着诸多差异，但他们都重视从佛老思想中汲取营养，力阐孔孟儒学的真精神，在宋代儒学发展过程中，独树一帜，与宋前期的柳开、欧阳修、李觏、“宋初三先生”仅从儒家思想内部改造传统经学不同，亦与批评汉唐经学，注重会通佛道，但往往在终极存在、终极关怀上皈依佛道的周敦颐、邵雍、王安石、二苏不同，构成了北宋新儒学发展的中坚力量，为真正意义上对后世产生极大影响的理学的成熟奠定了良好的基础。正如有学者所指出的那样：“在现实问题上，张载较为理想，二程则更为现实；在道德修养问题上，则似恰好颠倒，张载注重为学次第，较为现实，二程则注重当下体认，较为理想。这明显表现出张载与二程的不同理论侧重和关怀。这种差异，为后世道学的发展拓展了规模，也为关洛后学的争论埋下了伏笔。”[②] 可以看到，关洛学术争鸣作为北宋理学发展中的重要环节，对于整个理学理论大厦的奠定发挥了极其重要的作用。

过去的研究多从张载与二程的差异处入手展开研讨，最终落脚到两大学派的分歧处，对于其理论创发的共同性及学派之间的互动性有所偏遗，从理学的整体建构来说，此可谓一大憾事！以问题的视角而非静态比较的视角基于如上的多维探讨，从四次交锋的考察、兼宗关洛的学者的理论路向的考察、

① 元丰二年（1079），吕大临自关入洛问学于二程，之后的元丰三年（1080）程颐进入关中讲学，他通过与关学诸弟子的密切交往，对关中学者推行礼学的成效深有感触。以致其在晚年编订五经解时，则将最为复杂的礼学部分交于关学后学。此可以《河南程氏遗书》卷十八中之语为证：“曰：‘闻有五经解，已成否？’曰：‘惟《易》须亲撰；诸经则关中诸公分去，以某说撰成之。礼之名数，陕西诸公删定，已送与吕与叔。与叔今死矣，不知其书安在也？’”（见《二程集》，第239—240页。）程颐这里所指当为由吕大临所撰之《礼记解》，作为其最为重要的理学论著，后则佚失，今人牛兆濂略有整理，之后由陈俊民先生从南宋卫湜《礼记集说》中辑出，略可见其对礼学之精深研究及其对关学崇尚“以礼为教”的持守，亦可见程颐之论不虚。

② 郎利平：《道由中出——吕大临的道学阐释》，第45页。

后学对其的评价、关学洛学化的再考察等多个维度展开立体讨论，略可现如下数端：

首先，在中国传统学术史上本着道统理论的影响，对于关洛学派之间的争锋，除了理论上的一般研讨外，对其背后所展现的正统论不可视而不见。关洛之辩所关乎的孰为正路的问题，虽由关洛后学引其端，客观上造成了历史上崇洛抑关的景象，但对于其间张载关学在理学建构过程中的作用，不可低估。对于其间受正统影响，被道统所牵绊的学统问题不可予以忽视。

其次，任何学派与学派之间的争鸣，都不可避免的对争鸣双方的理论建构产生影响。从存世的张载文献中虽很少看到他对二程洛学的正面评价，但不能说张载对二程的理论路径没有丝毫的觉察，也不可据此过度强调并放大张载哲学理论建构中的独立性。尽管二程对于张载之学形成了表彰《西铭》、批评《正蒙》的总体格局，但对于其间的诸多理论问题一定要结合相关讨论具体展开分析，不可盲目的“以论带史”，形成臆断，从而遮蔽了关洛学术争鸣极其丰富的理论内容。

再次，任何理论争鸣都不可避免地存在一定的理论误解。这既表现在二程对张载的误解方面，也表现在张载对二程的误解上。从解释学的意义上来说，理解只有在“视域融合”的前提下才有可能。张载对二程的批评从文字上尽管不能直接看出，但我们可以借助于张载哲学著作中的散杂命题的严密构造辨析出来。张载既是在辟佛老，亦是在辟陋儒的“不知择术而求”，更是在其提领的“先识造化”的造道之言中，针对他视野中的二程理论偏失进行有针对性的建构。二程亦是如此，他们一方面批评张载“苦心力索”而“语多病”，但自身也在自觉地规避其所认为的张载理论的局限。这充分展现了在“崇文”政策、“疑经思潮”影响下，北宋思想多元化发展的鲜明特征。

再其次，关于关洛学派关系问题的讨论，既有历史生成与建构的客观事实为基础，亦有进入现代学术背景下基于对西方哲学概念范畴的理解差异所引发的诸多问题。从语录的互入到弟子的两派兼传、门户超越，皆充分展现了两大学派在北宋那样一个宽松、自由的学术环境下的重要理论影响。受道统、学统、正统观念的影响，在两大学派的关系问题生成历程中，二程洛学因被朱熹所继承和发扬光大，故其地位长期较为显赫，以致在宋元明清的社会发展过程中，关学几成洛学的附庸，甚而关学源于洛学的观点被广泛认同。

基于此，本书意在通过多角度的真切分析，拨开历史的迷雾，还关洛学派思想关系以真面目，期望能略有所见，以资方家斧正！

最后，关洛学术争鸣既是北宋理学发展的重要助推，也是此后影响深远的朱陆之辩的先声。关洛之辩的意义不仅在于丰富了关洛学术本身，还在于于激烈的理论争鸣中将日后朱陆之辩中所展开的道器关系问题、为学之方问题、天理人欲关系问题、未发已发问题等带了出来，为后世开辟了丰富的论题和论域，为真正意义上集纳“致广大而尽精微，尊德性而道问学，极高明而道中庸”的理学成熟范式的催生发挥了不可抹杀的作用，助推此后的中国哲学向着更为高远的理论目标去迈进！

在地缘文化研究的热潮中，目前很多地方都把具有地方特色的文化谱系拣择出来进行大力发掘。如安徽的徽学、江西的婺学、福建的闽学、四川的蜀学、湖南的湖湘学、浙江的浙学，还有陕西的关学等。如陈来先生所言：“与其他省份多侧重‘文化的展示’不同，陕西非常关注‘关学’的总结发掘。换言之，其他省份多是宣传展示广义的地域文化的特色，包括人物、历史、风物、民俗、诗文等，而陕西的《关学文库》工程更多关注的是学术思想史意义上的地域学术的传统。这是很不相同的。”① 尽管二程洛学作为地方文化的一道亮丽风景还未被河南省所高度重视，但是从目前其他省份所开展的地域文化和地方学派的研究情况来看，我们不仅要发掘他们的个性特点，同时也不可抹杀、遮蔽历史上包括张载、二程在内的哲学家们对人类哲学的普遍性思考和贡献。从这个意义而言，厘清历史上的学派争鸣，让我们今天的文化讨论迈向更为充分、开阔、高远、有效的理想状态，推进新时代的文化、学术发展，既是我们的职志，也是新时代赋予我们的使命与担当。

① 陈来：《“关学”的精神》，《陕西师范大学学报》（哲学社会科学版）2016年第3期。

# 参考文献

## 一　古籍

（清）毕沅：《续资治通鉴》，中华书局1957年版。
（明）陈邦瞻：《宋史纪事本末》，中华书局2015年版。
（宋）程颢、程颐：《二程集》，中华书局1981年版。
（宋）陈淳：《北溪字义》，中华书局1983年版。
（宋）陈亮：《陈亮集》，中华书局1987年版。
（明）陈建：《学蔀通辨》，中华书局1985年版。
（宋）晁公武著，孙猛校证：《郡斋读书志校证》，上海古籍出版社2011年版。
（明）冯从吾撰：《关学编（附续编）》，中华书局1987年版。
（宋）胡宏：《胡宏集》，中华书局1987年版。
（宋）洪迈：《夷坚志》，中华书局2006年版。
（清）黄宗羲原著，全祖望补修：《宋元学案》，中华书局1986年版。
（宋）吕本中：《童蒙训》，《文渊阁四库全书》第698册，台湾商务印书馆1983年版。
（宋）吕大钧、吕大临等著，陈俊民辑校：《蓝田吕氏遗著辑校》，《儒藏（精华编）》第220册，北京大学出版社2007年版。
（宋）李廌：《济南集》，《文渊阁四库全书》第1115册，台湾商务印书馆1983年版。
（宋）李复：《李复集》，西北大学出版社2015年版。
（宋）陆九渊：《陆九渊集》，中华书局1980年版。
（宋）黎靖德编：《朱子语类》，中华书局1986年版。

（清）陆世仪：《思辨录辑要》，《文渊阁四库全书》第724册，台湾商务印书馆1983年版。
（清）厉鄂：《宋诗记事》，上海古籍出版社1983年版。
（清）皮锡瑞：《经学历史》，中华书局2008年版。
（元）脱脱：《宋史》，中华书局1997年版。
（宋）卫湜：《礼记集说》，《四库全书荟要》本，吉林出版集团股份有限公司2005年版。
（清）王夫之：《张子正蒙注》，中华书局1975年版。
（清）王梓材、冯云濠：《宋元学案补遗》，中华书局2012年版。
（宋）魏了翁：《鹤山大全集》，四部丛刊本。
（宋）谢良佐：《上蔡语录》，《文渊阁四库全书》第698册，台湾商务印书馆1983年版。
（宋）杨时：《杨时集》，中华书局2018年版。
（宋）张载：《张载集》，中华书局1978年版。
（宋）张载：《张子全书》（增订本），西北大学出版社2021年版。
（宋）朱熹：《四书章句集注》，中华书局1983年版。
（宋）朱熹：《朱熹集》，四川教育出版社1997年版。
（宋）朱熹：《朱子文集》，台湾允晨文化公司2000年版。
（宋）朱熹：《四书或问》，上海古籍出版社、安徽教育出版社2001年版。
（宋）朱熹、吕祖谦：《近思录》，上海古籍出版社2002年版。
（宋）朱熹：《朱子全书》，上海古籍出版社、安徽教育出版社2002年版。
（宋）周敦颐：《周敦颐集》，中华书局2009年版。
（宋）真德秀：《真文忠公读书记》，《文渊阁四库全书》第705—706册，台湾商务印书馆1983年版。
（宋）周行己：《周行己集》，上海社会科学院出版社2002年版。

## 二　专著

蔡方鹿：《程颢程颐与中国文化》，贵州人民出版社1996年版。
蔡方鹿：《中国经学与宋明理学研究》，人民出版社2011年版。
陈谷嘉、朱汉民：《湖湘学派源流》，湖南教育出版社1992年版。

陈海红:《吕大临理学思想研究》,浙江工商大学出版社 2013 年版。
陈海红:《吕大临评传》,西北大学出版社 2015 年版。
陈俊民:《张载哲学思想与关学学派》,台湾学生书局 1990 年版。
陈俊民:《张载关学的历史重构》,中华书局 2020 年版。
陈来:《宋明理学》,华东师范大学出版社 2004 年版。
陈来主编:《早期道学话语的形成与演变》,安徽教育出版社 2007 年版。
陈荣捷:《近思录详注集评》,华东师范大学出版社 2007 年版。
陈政扬:《张载思想的哲学诠释》,台湾文史哲出版社 2007 年版。
陈植锷:《北宋文化史述论》,中国社会科学出版社 1992 年版。
陈钟凡:《两宋思想述评》,东方出版社 1996 年版。
程宜山:《张载哲学的系统分析》,学林出版社 1989 年版。
程膺、张红均:《二程故里志》,河南大学出版社 1992 年版。
程鹰:《伊洛学派及其教育思想》,教育科学出版社 1993 年版。
崔大华:《儒学引论》,人民出版社 2001 年版。
[美] 葛艾儒:《张载的思想 (1020－1077)》,罗立刚译,上海古籍出版社 2010 年版。
邸利平:《道由中出——吕大临的道学阐释》,中华书局 2020 年版。
丁为祥:《虚气相即——张载哲学体系及其定位》,人民出版社 2000 年版。
方光华主编:《古都西安——关学及其著述》,西安出版社 2003 年版。
方光华、曹振明:《张载思想研究》,西北大学出版社 2015 年版。
冯友兰:《中国哲学史新编》,人民出版社 2001 年版。
高建立、王蕾:《佛道与宋代儒学内部结构调整研究》,河南人民出版社 2017 年版。
葛荣晋等:《张载关学与实学》,西安地图出版社 2000 年版。
[英] 葛瑞汉:《中国的两位哲学家:二程兄弟的新儒学》,大象出版社 2000 年版。
龚杰:《张载评传》,南京大学出版社 1996 年版。
郭庆财:《南宋的学派之争与文学嬗变》,人民出版社 2020 年版。
郭晓东:《识仁与定性——工夫论视域下的程明道哲学研究》,复旦大学出版社 2006 年版。

河南社科院哲学所主编：《二程思想研究文集》，河南人民出版社 1986 年版。
河南哲学学会编：《洛学与传统文化》，求实出版社 1989 年版。
侯外庐、邱汉生、张岂之主编：《宋明理学史》，人民出版社 1984 年版。
侯外庐主编：《中国思想通史》，人民出版社 1959 年版。
胡元玲：《张载易学与道学》，台湾学生书局 2004 年版。
姜国柱：《张载的哲学思想》，辽宁人民出版社 1982 年版。
姜国柱：《张载关学》，陕西人民出版社 2000 年版。
劳思光：《新编中国哲学史》第三卷上册，生活·读书·新知三联书店 2015 年版。
李蕉：《张载政治思想述论》，中华书局 2011 年版。
李敬峰：《二程后学研究》，中国社会科学出版社 2020 年版。
李敬峰：《二程门人》，中央编译出版社 2020 年版。
梁庚尧：《宋代科举社会》，东方出版中心 2017 年版。
林乐昌：《正蒙合校集释》，中华书局 2012 年版。
林乐昌：《张载理学与文献探研》，人民出版社 2015 年版。
林乐昌主编：《关学源流》，陕西师范大学出版总社 2020 年版。
林乐昌：《张载理学论集：思想·著作·影响》，中国社会科学出版社 2020 年版。
刘述先：《当代中国哲学论·问题篇》，香港八方文化公司 1996 年版。
刘学智：《儒道哲学阐释》，中华书局 2003 年版。
刘学智：《关学思想史》，西北大学出版社 2015 年版。
刘玉敏：《心学源流——张九成心学与浙东学派》，人民出版社 2013 年版。
卢连章：《二程学谱》，中州古籍出版社 1988 年版。
卢有才：《张载哲学发微》，河南人民出版社 2021 年版。
陆敏珍：《宋代永嘉学派的建构》，浙江大学出版社 2013 年版。
罗光：《中国哲学思想史（宋代篇）》，台湾学生书局 1980 年版。
吕思勉：《理学纲要》，东方出版社 1996 年版。
马宗霍：《中国经学史》，上海书店 1984 年影印版。
蒙培元：《理学范畴系统》，人民出版社 1989 年版。
牟宗三：《心体与性体》，吉林出版集团股份有限公司 2013 年版。

潘富恩、徐余庆：《程颢程颐理学思想研究》，复旦大学出版社 1987 年版。
庞万里：《二程哲学体系》，北京航空航天大学出版社 1992 年版。
彭永捷：《朱陆之辩——朱熹陆九渊哲学比较研究》，人民出版社 2002 年版。
漆侠：《宋学的发展和演变》，河北人民出版社、人民出版社 2011 年版。
钱穆：《宋明理学概述》，台湾学生书局 1977 年版。
汤用彤：《魏晋玄学论稿》，人民出版社 1957 年版。
唐君毅：《中国哲学原论（原教篇）》，中国社会科学出版社 2006 年版。
王美凤、张波、刘宗镐：《关学学术编年》，西北大学出版社 2015 年版。
王美凤：《关学史文献辑校》，西北大学出版社 2015 年版。
王巧生：《二程弟子心性论研究》，湖北人民出版社 2016 年版。
王心竹：《理学与佛学》，长春出版社 2011 年版。
王雪卿：《当代张载学》，台湾联经出版公司 2021 年版。
韦政通：《中国思想史》，上海书店出版社 2003 年版。
温伟耀：《成圣之道——北宋二程修养功夫论研究》，河南大学出版社 2004 年版。
文碧方：《关洛之间——以吕大临思想为中心》，中华书局 2011 年版。
吴国武：《经术与性理——北宋儒学转型考论》，学苑出版社 2009 年版。
向世陵：《善恶之上：胡宏·性学·理学》，中国广播电视出版社 2000 年版。
向世陵：《理气性心之间——宋明理学的分系与四系》，人民出版社 2008 年版。
谢无量：《中国哲学史》，中华书局 1977 年版。
辛亚民：《张载易学研究》，中国社会科学出版社 2015 年版。
徐洪兴：《思想的转型——理学发生过程研究》，上海人民出版社 1996 年版。
徐洪兴：《旷世大儒——二程》，河北人民出版社 2000 年版。
徐远和、石训等：《北宋哲学史》（下），河南人民出版社 1987 年版。
徐远和：《洛学源流》，齐鲁书社 1987 年版。
杨立华：《气本与神化》，北京大学出版社 2008 年版。
杨立华：《宋明理学十五讲》，北京大学出版社 2015 年版。
杨儒宾、祝平次编：《儒学的气论与工夫论》，华东师范大学出版社 2008 年版。

杨柱才等：《中国儒学史》宋元卷，北京大学出版社 2011 年版。
姚名达：《程伊川年谱》，知识产权出版社 2013 年版。
于浩：《宋明理学家年谱》，北京图书馆出版社 2005 年版。
余敦康：《内圣外王的贯通——北宋易学的现代阐释》，学林出版社 1997 年版。
余敦康：《汉宋易学解读》，华夏出版社 2006 年版。
张波：《张载年谱》，西北大学出版社 2015 年版。
张岱年：《张载——十一世纪中国唯物主义哲学家》，湖北人民出版社 1957 年版。
张岱年：《中国哲学大纲》，中国社会科学出版社 1981 年版。
张岱年：《中国古典哲学概念范畴要论》，中国社会科学出版社 1982 年版。
张岱年：《张岱年全集》第三卷，河北人民出版社 2007 年版。
张金兰：《关学与洛学思想关系研究》，台湾花木兰文化出版社 2016 年版。
张立文：《中国哲学范畴发展史（天道篇）》，中国人民大学出版社 1988 年版。
张立文：《宋明理学逻辑结构的演化》，台北万卷楼图书有限公司 1993 年版。
张立文：《宋明理学研究》，人民出版社 2002 年版。
张立文：《中国哲学思潮发展史》，人民出版社 2011 年版。
张岂之、刘学智主编：《中国学术思想编年》（宋元卷），陕西师范大学出版社 2006 年版。
赵馥洁：《中国传统哲学价值论》，陕西人民出版社 1991 年版。
赵馥洁：《关学精神论》，西北大学出版社 2015 年版。
赵吉惠、刘学智：《张载关学与南冥学研究》，社会科学文献出版社 2004 年版。
赵金昭主编：《二程洛学与实学研究》，学苑出版社 2005 年版。
赵振：《二程语录研究》，人民出版社 2015 年版。
郑臣：《内圣外王之道——实践哲学视域内的二程》，上海人民出版社 2015 年版。
周赟：《张载天人关系新说——论作为宗教哲学的理学》，中华书局 2015 年版。
朱伯崑：《易学哲学史》第二卷，昆仑出版社 2005 年版。

朱建民：《张载思想研究》，台湾文津出版社 1990 年版。

## 三 论文

### （一）期刊论文

毕梦曦：《张载与二程语录混入问题辨析》，《船山学刊》2021 年第 4 期。
曹树明：《淡化学派意识　回归原初语境——“关学洛学化”辨正》，《中国社会科学报》2020 年 8 月 13 日。
曾春海：《朱熹对张载哲学之继承与发展》，《哲学与文化》2018 年第 9 期。
陈俊民：《关学序说》，《陕西师范大学学报》（哲学社会科学版）1982 年第 2 期。
陈俊民：《论吕大临易学思想及关学与洛学之关系（上）》，《浙江学刊》1991 年第 2 期。
陈俊民：《论吕大临易学思想及关学与洛学之关系（下）》，《浙江学刊》1991 年第 3 期。
陈来：《〈气本与神化：张载哲学述论〉序》，《中国哲学史》2008 年第 4 期。
陈来：《“关学”的精神》，《中华读书报》2016 年 1 月 2 日。
丁为祥：《张载虚气观解读》，《中国哲学史》2001 年第 2 期。
丁为祥：《张载太虚三解》，《孔子研究》2002 年第 6 期。
丁为祥：《从“太虚”到“天理”——简论关洛学旨的承继与转进》，《哲学与文化》2018 年第 9 期。
丁为祥、孙德仁：《张载哲学对宋明理学的主要贡献》，《中国哲学史》2020 年第 6 期。
董平：《张载心学结构发微》，《宝鸡文理学院学报》（社会科学版）2007 年第 6 期。
范立舟：《范仲淹、张载思想授受关系的历史考察》，《人文杂志》2017 年第 3 期。
范立舟：《张载“太虚即气”的界说与价值意蕴》，《人文杂志》2020 年第 11 期。
葛兆光：《洛阳与汴梁：文化重心与政治重心的分离——关于 11 世纪 80 年代理学历史与思想的考察》，《历史研究》2000 年第 10 期。

谷继明:《张载与王夫之关于乾父坤母说的政治哲学差异》,《人文杂志》2021 年第 1 期。
韩书安:《“关学洛学化”问题的再认识》,《中国社会科学报》2021 年 1 月 12 日。
何乃川、张培春:《简论杨时的理一元论思想》,《厦门大学学报》(哲学社会科学版)1984 年第 4 期。
姜国柱:《“关学”与“洛学”》,《哲学研究》1982 年第 9 期。
姜国柱:《洛学的产生及其思想渊源》,《中州学刊》1984 年第 2 期。
金春峰:《宋明理学若干特性的再认识》,《陕西师范大学学报》(哲学社会科学版)2008 年第 4 期。
康中乾:《论张载“气”范畴的逻辑矛盾——兼论关学衰落的理论根源》,《人文杂志》1992 年第 2 期。
李存山:《“先识造化”与“先识仁”——从关学与洛学的异同看中国传统哲学的特质及其转型》,《人文杂志》1989 年第 5 期。
李存山:《程颐与杨时关于〈西铭〉的讨论》,《人文论丛》2017 年第 2 辑。
李锦全:《从洛学与关学的比较看二程思想的地位》,《哲学研究》1988 年第 2 期。
李景林:《二程心性论之异同与儒学精神》,《中州学刊》1991 年第 3 期。
林鹄:《〈经学理窟·宗法〉与程颐语录——兼论卫湜〈礼记集说〉中的张载说》,《中国哲学史》2015 年第 2 期。
林乐昌:《张载答范育书三通与关学学风之特质》,《中国哲学史》2002 年第 1 期。
林乐昌:《张载佚书〈孟子说〉辑考》,《中国哲学史》2003 年第 4 期。
林乐昌:《张载“心统性情”说的基本意涵和历史定位》,《哲学研究》2003 年第 12 期。
林乐昌:《20 世纪张载哲学研究的主要趋向反思》,《哲学研究》2004 年第 12 期。
林乐昌:《张载成性论及其哲理基础研究》,《中国哲学史》2005 年第 1 期。
林乐昌:《张载两层结构的宇宙论哲学探微》,《中国哲学史》2008 年第 4 期。
林乐昌:《“为天地立心”——张载“四为句”新释》,《哲学研究》2009 年第

5 期。
林乐昌：《张载对中国古代思想文化的贡献》，《光明日报》2015 年 5 月 12 日国学版。
林乐昌：《论〈中庸〉对张载理学建构的特别影响》，《哲学与文化》2018 年第 9 期。
林乐昌：《张载心学论纲》，《哲学研究》2020 年第 6 期。
刘京菊：《杨时解读张载之〈西铭〉》，《晋阳学刊》2014 年第 6 期。
刘学智：《关于张载哲学研究的几点思考》，《哲学研究》1991 年第 12 期。
刘学智：《朱熹“中和新说”与关学关系探微》，《哲学研究》2015 年第 12 期。
刘学智：《“关学洛学化”辨析》，《中国哲学史》2016 年第 3 期。
卢连章：《论程颐理学思想的传承与发展》，《洛阳大学学报》（社会科学版）2003 年第 1 期。
陆敏珍：《被拒绝的洛学门人：周行己及其思想》，《中国哲学史》2010 年第 3 期。
申忠玲：《“关学”奠基者：北宋华阴名儒侯可、申颜先生事略》，《宝鸡社会科学》2018 年第 4 期。
舒大刚、潘斌：《张载〈礼记〉学述论》，《古籍整理研究学刊》2007 年第 12 期。
汤勤福：《太虚非气：张载“太虚”与“气”之关系新说》，《南开学报》（哲学社会科学版）2000 年第 3 期。
王凤贤：《北宋——浙东学术的“草昧时期”》，《浙江学刊》1990 年第 5 期。
王新春：《仁与天理通而为一视域下的程颢易学》，《周易研究》2006 年第 6 期。
魏涛：《张载〈东铭〉之思想史意义及其价值发微》，《河北师范大学学报》（哲学社会科学版）2011 年第 1 期。
魏涛：《李复与张载思想辨异——兼对李复为“关学正传”说的质疑》，《孔子研究》2011 年第 6 期。
魏涛：《张载著作的新发现——张载佚书〈礼记说〉考论》，《河北师范大学学报》（哲学社会科学版）2014 年第 6 期。

魏涛:《程颢对传统儒家境界论的提升及其贡献》,《华夏文化》2020 年第 3 期。
魏涛:《从〈洛阳议论〉看张载二程思想的分歧》,《宝鸡文理学院学报》(社会科学版)2018 年第 6 期。
吴震:《张载道学论纲》,《哲学研究》2020 年第 6 期。
徐洪兴:《"太虚无形,气之本体"——略论张载的宇宙本体论及其成因和意义》,《复旦学报》(社会科学版)2005 年第 3 期。
许宁:《张载关学的现代诠释》,《社会科学报》2021 年 1 月 28 日。
杨国荣:《关学的哲学意蕴——基于张载思想的考察》,《华东师范大学学报》(哲学社会科学版)2017 年第 1 期。
余敦康:《张载哲学探索的主题及其出入佛老的原因》,《中国哲学史》1996 年第 1 期。
张岱年:《中国哲学中"天人合一"思想的剖析》,《北京大学学报》(哲学社会科学版)1985 年第 1 期。
张金兰:《张载与二程的"穷理尽性以至于命"解析》,《中国社会科学院研究生院学报》2009 年第 6 期。
张清江:《理学生死论辩中的性、形与气——以朱熹对张载"水冰"比喻的批评为中心》,《中国哲学史》2018 年第 2 期。
赵馥洁:《论关学的基本精神》,《西北大学学报》(哲学社会科学版)2005 年第 6 期。
赵振:《二程语录的文献误入问题辨析》,《图书馆杂志》2007 年第 6 期。
赵振:《试论二程语录在二程学术体系中的地位》,《山西师范大学学报》(社会科学版)2009 年第 3 期。
周梦江:《试论周行己》,《浙江学刊》1985 年第 6 期。
朱汉民:《宋儒〈中庸〉学的学术渊源与思想发展》,《北京大学学报》(哲学社会科学版)2019 年第 4 期。
朱汉民:《张载究天人之际的太虚论》,《人文杂志》2020 年第 11 期。

**(二)论文集**

葛荣晋、赵馥洁、赵吉惠主编:《张载关学与实学》,西安地图出版社 2000 年。
陕西省哲学学会编:《气化之道——张载哲学新论》,陕西人民教育出版社 1991 年版。

宋义霞主编:《张载关学与东亚文明》,陕西人民出版社 2008 年版。
吴震主编:《宋代新儒学的精神世界》,华东师范大学出版社 2009 年版。
张亨:《定性书在中国思想史上的意义》,《思文之际论集》,台北允晨文化实业股份有限公司 1997 年第 1 版。

**(三)学位论文**

邸利平:《吕大临思想研究——基于工夫论视角的考察》,陕西师范大学博士学位论文,2010 年。
丁涛:《程颢理学思想研究》,西北大学博士学位论文,2019 年。
董艺:《张载易学思想研究》,山东大学博士学位论文,2010 年。
方惠玲:《张载思想之研究》,台湾东海大学博士学位论文,1994 年。
黄棕源:《张载哲学研究——以天人关系为中心》,北京大学博士学位论文,2002 年。
李东峰:《李复及其思想研究》,陕西师范大学硕士学位论文,2007 年。
李学卫:《张载与程颐易学比较研究》,陕西师范大学博士学位论文,2018 年。
王帆:《张载哲学体系》,山东大学博士学位论文,2007 年。
王英:《气与感——张载哲学研究》,复旦大学博士学位论文,2010 年。
肖发荣:《论朱熹对张载思想的继承与发展》,陕西师范大学博士学位论文,2007 年。
谢寒枫:《程颢哲学研究》,中国社会科学院研究生院博士学位论文,2002 年。
谢荣华:《张载哲学新探》,北京大学博士学位论文,2005 年。
张恒:《理学的发生——基于范式转换的视角》,山东大学博士学位论文,2020 年。
张金兰:《关洛学派关系研究》,陕西师范大学博士学位论文,2010 年。
郑岳和:《张载哲学的体系及其向度》,台湾东海大学博士学位论文,2016 年。

# 后　记

二十年前，尚在读大三的我，一天在学校图书馆里翻书，一个偶然的机会在书架上看到了南京大学思想家丛书里的《张载评传》，翻开一看，对生于长安、生活于陕西的传主张载及其思想萌生了兴趣。于是在认真读完该书之后，按图索骥，找来《宋元学案》，对其中的《横渠学案》进行研读，并结合中华书局的《张载集》进行尝试性的阅读。实事求是地说，尽管有兴趣，但没读几页，即被《正蒙》开篇的艰深之语所震慑，很多天停留在《太和》篇而举步维艰。于是想起了古人所讲的“心知其意而不阈于一字一句”的读法，很快囫囵吞枣地读完了那本后来长期陪伴自己读书研究生活的《张载集》。从此形成了对张载关学研究的理论兴趣，并在读书之余开始尝试着就其中的相关问题进行初步的探讨。之后用了近乎半年的时间完成了我研究生涯的第一篇习作——《浅析张载“民胞物与”思想与墨家“兼爱”思想之异同》，初稿发表在陕西师范大学历史文化学院的学生刊（内刊）——《唐潮》杂志上，受到相关同学和老师的好评。（后来经过反复修改于两年后发表在《西安联合大学学报》上。）接着我沿着该文的思路继续前行，广泛地查阅资料，在商国君老师的指导下形成了此后的本科毕业论文《试论张载伦理思想的特质及其影响》（部分内容后来发表在《西藏民族学院学报》）。后来了解到本校政治经济学院（今改名为“哲学与政府管理学院”）有专门的关学研究机构——关学研究中心，于是专门到政经院去找，然却未果。一个偶然的机会在政经院办公室碰到了后来成为我师母的孙康宁老师，她向我详细介绍了关学研究中心的情况，让我明确了方向，她的鼓励也坚定了我坚持前行的信心。

总算比较顺利，我如愿考上了本校中国哲学专业的研究生，跟随著名关学研究专家林乐昌老师学习张载关学。初次去拜访林老师，我即带了之前完成的两篇习作。林老师看到两篇小文后，非常高兴。鼓励我在研究生阶段沿着关学研究的方向继续努力。作为中国哲学专业的第一届硕士，刘学智老师、丁为祥老师等关学研究的专家们都给我们授课，一年的时间下来，收获很大。尤其是在林老师“善读精思”“文献与义理并重”方法的指引下，我通过认真、广泛的研读，对国内外关于张载关学研究的相关情况有了更进一步的了解。历经三年努力所完成的硕士论文——《张载以礼为教思想探析》，受到盲审专家和老师们的好评。本来想着毕业后继续深造，无奈因家庭因素，暂时中断了求学生涯，到关学的萌生地——宝鸡去任教。

参加工作之初，时任系主任苏振武教授了解到我一直在进行张载关学的学习与研究，对我鼓励有加，在次年两个师弟——米文科、李伟也到同单位工作后，即给我们成立了关学研究室，今天想来，这是很好的一个开端。尽管当时自身和团队的研究都非常有限，但毕竟从那时开始，真正的高校教学、研究并重，且以关学研究为精神归宿的生活方正式开启。几年间虽在具体的问题研究上未有太大推进，但利用授课之余进行的大量阅读却为此后的研究打下了很好的基础。今天想来，还是非常怀念那段难忘的自由读书生活。

后来因为要解决生活上两地分居的问题，在林老师的鼓励下，我又在工作了三年后报考了他的博士。顺利入学后，我利用一切可能的时间充分地研读相关文献，本想着按照林老师的建议，继续完成对张载礼学思想相关材料的整理和研究，但后来考虑时间紧迫，于是就将该工作予以暂时搁置，而选择了较有可能在有限时间内完成的司马光哲学思想作为研究对象。所幸的是，经过两年的努力，终于以五篇外审和答辩皆优的良好成绩如期毕业。一个偶然的机会，进入了河南的最高学府——郑州大学工作。作为一个学习、研究关学的关中人，开始了在河洛大地生活、研究的新征程，从形体和思想都进入到一个“行走关洛间”的生活状态。这令我想起了当年由关入洛的蓝田三吕、苏昞、范育等，同学老师也戏称我为今之“吕大临”，也让我把研究思路不断地向关学与洛学的学派关系研究上靠拢。所以，从某种意义上来说，这本小书乃是凝结了我多年思考和研究工作的产物。

作为北宋时期的两大学派，基于共同的问题探讨和激烈的理论争鸣，在“共语道学之要”中将中国的思想和学术真正推进到了理学的发展境地，真正开启了一种新的学术范式，对后世数百年思想界问题域和讨论深度的奠定，意义自是不言而喻的。尽管以往学界围绕该问题已多有讨论，然而本着关洛兼得的学习研究的真切经历，却是少见。身在河洛大地的关中人，虽不像当年吕与叔“守横渠之学甚固”，但也是从精神层面保有不少的关学遗痕和深刻影响。而且几乎每年也都在参加着张载关学和二程洛学的相关学术研讨，在这两大学派的共同塑造中，我也在朝着自己心中的理想圣域去迈进。

2013 年，我以“关洛学术争鸣与北宋理学的发展研究”为题申报了河南省社科规划项目，顺利获批。历经数年的努力，于 2017 年顺利结项。之后的数年间，教学之余，亦多是在对结项书稿的认真修改中度过的。其间亦曾就书稿中所涉及的问题多次向导师林乐昌教授、河南师范大学赵振教授、郑州大学公共管理学院原副院长刘太恒教授及好友宝鸡文理学院张波教授、米文科教授请教、交流，他们的很多建议对于书稿的修改完善发挥了重要作用。2021 年 9 月，我将修改完善的书稿提交学校 2021 年精品学术著作出版资助项目评审，得到有关专家的充分肯定顺利获批。在此向以上的师友和学校的支持表示衷心的感谢！

衷心感谢爱妻孙灵霞博士长期默默的支持！多年来，她在繁忙的读博、工作之余，几乎用了全部时间在做家务、带孩子，为我提供了充分的时间保障。作为一个人文学科的研究者，本身很难说从物质上会对家庭有多大的回馈，然而爱妻却长期默默宽容地支持着我成年累月的繁忙，牺牲了自己发展的很多时间和机会。每当我止步不前时，都深感愧疚。天资平平的我，只能通过大量的时间消耗，长期坚持，不断积累，以期或会略有所成。在此向她表示最诚挚的感谢！

感谢我的父母亲人。我出身农家，为了供我读书，作为普通到不能再普通的农民，父母以他们的勤劳和坚韧，默默地支持着我不断向着他们心中“供出一个有出息的读书人”的梦想去努力，也让我很多时候只能选择残忍和自私，在有限的条件下，牺牲了弟弟妹妹进一步读书的机会。回想当年的种种艰难情形，我只能向他们致以在现实问题的解决上时常无力的歉意。

衷心感谢恩师著名关学研究专家林乐昌教授多年来的悉心指导与关怀，同时也感谢陕西师范大学中国哲学研究团队的刘学智教授、丁为祥教授的指导与提携！感谢郑州大学原副校长、郑州大学嵩阳书院院长宋毛平教授、郑州大学副校长韩国河教授及历史学院领导和国学系同仁多年来的鼎力支持！

特别感谢中国社会科学出版社韩国茹女士的精心编辑！在本书出版过程中，韩女士就稿子的章节标题、参考文献的版本、文字表达等都提出了很多宝贵的意见。对稿子从多方面严格把关，仔细核校，为本书的高质量出版付出了艰苦的劳动，展现出精益求精、认真负责的精神，在时下匆匆而又功利的时代，殊不多见，在此特致以崇高的敬意，并表示衷心的感谢！

尽管这本小书乃是多年心得所寄，然时断时续，本非一气呵成，个中问题恐为数不少，本着“丑媳妇总是要见公婆”的世俗观念，故不自量将此陋作面世，希望在就教于学界过程中，实现“穷理”“尽性”“至命”三者在现实生活中的有序完成和在理想世界的“一齐了得”。

魏涛

2021 年 12 月识于郑州陋室